情報と秩序

原子から経済までを動かす根本原理を求めて

セザー・ヒダルゴ
千葉敏生 訳

WHY INFORMATION GROWS:
The Evolution of Order, from Atoms to Economies

César Hidalgo

早川書房

情報と秩序

――原子から経済までを動かす根本原理を求めて

WHY INFORMATION GROWS

The Evolution of Order, from Atoms to Economies

by

César Hidalgo

Translated by
Toshio Chiba
First published 2017 in Japan by
Hayakawa Publishing, Inc.
This book is published in Japan by
direct arrangement with
Brockman, Inc.

装幀／小口翔平・上坊菜々子（tobufune）

アイリス、アンナ、そしてムリドゥに捧ぐ

目次

プロローグ——終わりなき戦い

宇宙はエネルギー、物質、情報でできている。だが、宇宙を興味深いものにしているのは情報だ。情報がなければ、宇宙はどろっとしたスープにすぎなくなり、宇宙に美しさと複雑さを与える形状も、構造も、非周期的な秩序も、フラクタルも存在しなくなるだろう。

しかし、情報は稀少だ。情報は宇宙の各所にあるポケットに隠れながら、無秩序への行進、つまりエントロピーの増大と戦う。本書は情報の成長、つまり情報がランダム性と戦いながら成長していくメカニズムを扱ったものだ。このメカニズムとしては、情報が発生する自然なプロセスや、社会のなかで情報を飛躍的に成長させる社会的・経済的なメカニズムがある。本書では、この地球をユニークで、豊かで、不均一な場所にしている情報の成長、つまり原子から経済にいたるまで物理的秩序が増大していくプロセスについてお話ししていく。

本書では主に、地球と人類にスポットライトを当てたいと思う。というのも、宇宙全体から見ると、私たちの地球は実に特別な場所だからだ。確かに、宇宙には地球よりも物質やエネルギーの密集している場所があまた知られているが、地球よりも情報が密集している場所は知られていない。中性子星は密度がものすごく高く、スプーン一杯程度でエンパイア・ステート・ビル以上の重さがある。ブラックホールは空間の幾何学的構造をゆがめてしまうほどの質量を持つ。銀河系に億単位で存在する恒星には莫大なエネルギーが存在するが、地球のエネルギーは特別高いわけではない。つまり、私たちの地球《ほし》が特別なのは、地球が物質やエネルギーの特異点であるからではなく、物理的秩序、つまり情報の特異点だからなのである。地球にとっての情報は、ブラックホールにとっての物質、恒星にとってのエネルギーに等しい。不毛の荒野がどこまでも続く宇宙のなかで、この地球だけは、情報がひっそりと息づき、成長しているのだ。

とはいえ、情報はどこからやってくるのか？　なぜ情報は地球に集中しているのか？　生命は情報の成長をどう促すのか？　社会のなかで情報を成長させつづけている社会的・経済的なメカニズムとは？　社会に情報が蓄積されると、ますます情報の蓄積能力が高まるのはなぜなのか？　そして、情報の成長メカニズムは、世界経済の社会的・経済的な格差をどう助長するのか？

以降のページでは、情報とは何か、情報はどこからやってくるのか、なぜ成長していくのかを学んでいく。また、情報がエントロピーの増大に逆行するのを手助けしている自然、社会、経済のメカニズムについても学ぶ。さらには、情報が無数の小さな戦いに勝ち、宇宙最大の戦争——秩序と無秩序、エントロピーと情報との戦争——に勝利するのを支えているメカニズムについても学んでいきたいと思う。

はじめに——原子から人間、そして経済へ

ルートヴィッヒは不幸な男だった。息子の死が彼の心を壊したのか？　仲間からの猛烈な批判が彼を気落ちさせたのか？　それとも、彼は原子を愛しすぎたのか？

夏の休暇中、ルートヴィッヒはみずからの命を絶った。彼がロープで首を吊っているのを発見したのは、いちばん下の娘のエルザだった。彼女は生涯、そのときの話をするのを頑《がん》として拒んだ。

もちろん、私の言っているルートヴィッヒとはルートヴィッヒ・ボルツマンのことだ。彼は一流の科学者だったが、心の弱い男でもあった。ルートヴィッヒは私たちの自然理解に大きく貢献した。しかし、彼の科学的貢献は批判と無縁ではなかった。

多くの科学者が原子は便宜的なたとえにすぎない、と考えていた時代に、ルートヴィッヒは原子の存在を信じた。彼は科学者仲間からの疑いの目に苦しんだが、その一方で、方向性は間違っていないという確信も持っていた。彼は気体の経験的な挙動を、分子集団の運動、つまり原子で説明しうるこ

とをすでに証明していた。それは原子の存在を裏づける間接的な証拠だったが、原子を直接観察する手立てがなかった。

直接の証拠がないゆえに、ルートヴィッヒは科学者仲間からの批判にさらされた。彼の天敵であり、物理学者から哲学者に転身したエルンスト・マッハは、直接観察できる量どうしの関係だけに注目するのが科学なのだ、と主張した。ボルツマンの原子のように、いかにも取って付けたかのような理論的構築物は認めようとしなかったのだ。

しかし、ルートヴィッヒの悩みは人間関係だけにとどまらなかった。その何十年も前から、彼は物理的秩序の起源を説明しようとしてきた。彼の試みは、科学的には実りあるものだったが、やはり成功しなかった。ルートヴィッヒの理論は、彼が本来証明したいこととは正反対のことを予測していた。彼の日常的な経験によれば、周囲のものはみな秩序が増大していた。花は咲き、木は芽を吹き、急速に工業化する社会は日々新しい装置を大量生産していた。しかし、ルートヴィッヒの理論の予測によれば、秩序は増大するどころか消失するはずだった。彼の理論は、熱が温かいところから冷たいところへと流れる理由、コーヒーに垂らしたミルクの渦が消えていく理由、ささやき声が風にかき消される理由をうまく説明していた。ルートヴィッヒは、宇宙のミクロな構造が秩序を削り取り、短時間で消滅させることを証明した。しかし、それだけでは何もかも説明できないこともまた承知していた。情報が生き残るメカニズムが抜けていることに気づいていたのだ。

ルートヴィッヒの頭を悩ませた難問は、秩序の増大だった。それは科学者にしか理解《わか》らない悩みであった。自分の理論に一味足りないことはわかっていたが、何が足りないのかを突き止められずにいたのだ。晩年を迎え、彼はとうとう人間や自然と戦うことに疲れ切った。一本のロープを手に取り、自分の手ですべてに終止符を打つ決意をした。そうして、あとには原子の殻だけが残った。ゆっくりと確実に崩壊を続ける原子の殻が。ちょうど、彼の理論が予測したように。

*

ルートヴィッヒは一九〇六年に生涯を終えたが、彼を悩ませた哲学的問題のほうは生き残った。彼は物理的秩序の起源を説明するため、異なる空間スケールで起きている現象、主に原子と気体とを結びつけて考察した[1]。現代では当たり前のように行なわれているが、ルートヴィッヒの時代、異なる空間スケールにまたがって研究を行なうのは、科学者どうしの暗黙の了解に背く行為とされていた。彼の科学者仲間の多くは科学をロシアのマトリョーシカ人形のようなものだと考えていた——ひとつ殻を剝《は》ぐたびに新しい構造が現われるようなものだと。この階層構造では、境界を越える必要はないと考えられていた。経済学に心理学は不要だったし、心理学に生物学は不要だった。生物学に化学は不要だったし、化学に物理学は不要だった。気体を原子で説明するのは、人間の行動を生物学で説明するほど不合理ではないにしても、この暗黙の了解に背く行為とみなされた。彼は気体の巨視的性質を原子の運動で説明しようとして、〝罪〟を犯したのである。

二〇世紀になると、ルートヴィッヒの原子観の正当性が完全に証明された。そして、学問の垣根を飛び越えようとする彼の情熱があながち不合理でないことも。量子力学はルートヴィッヒの原子を化学や物質科学と結びつけ、分子生物学や生化学は細胞生物学を細胞内のたんぱく質の性質と結びつけた。それと並行して、生物学は心理学と愛を結び、ダーウィンの進化論は人間の行動を説明するのに欠かせない道具にさえなった。(2) しかし、こうした異種交配がすべて今まで知られている科学の境界付近で起こったわけではなかった。この学問の垣根を越えた愛のダンスを踊る人々のなかに、誰にでもちょっかいを出すプレイボーイがひとりだけいた。それが「情報」である。

＊

情報はルートヴィッヒを魅了した。彼がいくら追いかけてもとらえられなかったもの、そして彼が生涯あきらめずに説明しようとしたもの――それが「情報」という概念だった。なぜ宇宙では秩序が低下していくのに、地球ではむしろ増大する、などということがありうるのか？

二〇世紀になり、情報が膨れ上がるとともに、情報を理解しようとする学術的な試みも膨れ上がっていった。しかし今回、情報研究の刺激となったのは自然の美しさではなく、戦争の恐怖だった。第二次世界大戦中、激戦を繰り広げる軍は暗号で通信する必要に迫られた。暗号の開発は、傍受したメッセージを解読する活動へと発展し、情報の数学的研究に弾みをもたらした。

メッセージの符号化と復号は、戦争が下火になっても、放棄するには惜しいくらい興味深い数学的問題だった。数学者たちはその後も情報という概念を形式化していったが、彼らは傍受したメッセージの解読というよりも、むしろ通信技術の観点から情報の問題をとらえた。理論化に成功した数学者たちは、情報理論やサイバネティックスの世界初の専門家として名をなした。クロード・シャノン、ウォーレン・ウィーバー、アラン・チューリング、ノーバート・ウィーナーらはその草分け的存在だ。

一九五〇年代から六〇年代にかけて、情報という概念は科学界を席巻した。情報は科学の境界を超越する強力な概念として、あらゆる学問分野から熱烈な歓迎を受けたのだ。もはや情報は微視的なものとも巨視的なものともいえなくなった[3]。情報は粘土板に点々と刻み込まれることもあれば、DNAの鎖にぎゅっと詰め込まれることもある。実用的な目的に関していえば、情報を具象化するスケールそのものはさほど重要でないことが多かった。あらゆる学問分野の学者が情報に惹きつけられたのは、スケールに依存しないからだ。学者たちは情報という概念を採《と》り入れ、自分の学問に合った味つけをしていった。

生物学者は遺伝子が遺伝的形質をコードする仕組みを考察するにあたって、情報という概念を採り入れた。工学者はシャノンの研究に刺激を受け、送信機や受信機を設計し、世界をアナログとデジタルのネットワークで結んだ。コンピュータ科学者、心理学者、言語学者は電子的な思考機械を作り、人間の頭脳をモデル化しようとした。二〇世紀の時代精神が原子という枠では収まりきらなくなると、情報が全員の新しい切り札となった。

情報という概念は社会科学、特に経済学へも進出した。オーストリア生まれの経済学者でシャノンと同時代の人物であるフリードリヒ・ハイエクは、価格が財の供給と需要に関する情報を伝達すると主張したことで有名だ。価格によって、アダム・スミスの「見えざる手」が働くのに必要な情報が明らかになるというのだ。「関連する事実に関する知識が多数の人々に分散しているようなシステムにおいては、価格がさまざまな人々の個別の行動を調整する役割を果たしうる」とハイエクは記した。(4)情報という概念は、経済学者たちにとって、市場の重大な失敗を理解するのにも役立った。ジョージ・アカロフは、取引しようとしている商品の品質に関する情報が買い手と売り手のあいだで非対称だと、市場は機能しなくなるおそれがあることを証明し、名をなした。(5)また、経済学、組織理論、人工知能の分野に貢献した多才な学者、ハーバート・サイモンは、限定合理性という概念を提唱した。世界について限定した情報しか持たない経済主体の行動に着目したものだ。

二〇世紀がけたたましく進んでいくなか、情報は世界的に重要な概念へとのぼり詰めた。ところが、情報という概念が広まるにつれて、私たちはボルツマンの頭を悩ませた情報の「物理性」のことを少しずつ忘れはじめた。「情報」という単語は、非現実のもの、非物理的なもの、デジタルなもの、重量のないもの、非物質的なものと同じ意味を持つようになった。しかし本来、情報は物理的なものだ。ボルツマンの原子やその運動エネルギーと同じくらい、物理的な意味を持つのだ。確かに、情報は触《さわ》れない。固体でも液体でもない。情報の粒子があるわけでもない。それでも、同じく固有の粒子を持たない運動や温度と同じくらい物理的なものだ。情報は実体を持たないが、いつでも物理的に具象化されている。情報はモノではない。むしろ、物理的なモノの「配列」、つまり物理的秩序といえる。

たとえるなら、一組のトランプをさまざまな方法でシャッフルした状態と同じだ。意外なのは、情報自体は意味を持たないという点だ。しかし、情報の無意味性は、情報の物理性と同じように、実は多くの人に誤解されている……。

＊

一九四九年、クロード・シャノンとウォーレン・ウィーバーは、『通信の数学的理論』と題する短い本を出版した。その最初のセクションでは、ウィーバーが情報の概念的な側面について説明している。次のセクションでは、シャノンが今でいう情報理論の数学的性質について説明している。

情報理論を正しく理解してもらうために、シャノンとウィーバーは「情報」という言葉を口語で使われる意味としっかり切り離す必要があった。ウィーバーは本の最初のほうでその区別をしている。「通信理論においては、情報という言葉は特別な意味で用いられており、それを日常的な用法と混同してはならない。特に、情報を意味と混同してはならない」[6]

また、シャノンも自身の担当セクションの冒頭で同じことを主張しているが、彼は意味論的な区別ではなく工学的な議論を促している。「通信の根本的な課題は、ある地点において選ばれたメッセージを、別の地点で正確にあるいは近似的に復元することである。しばしば、メッセージは意味を持っており、（中略）このような、意味論的な観点から見た通信［つまりメッセージの意味］は、工学的な通信の問題とは無関係である」[7]

しかし、なぜシャノンとウィーバーはそこまでして情報を意味と切り離そうとしたのだろうか？そこには技術的な理由と哲学的な理由があった。技術的な面でいうと、シャノンはメッセージの意味によらず情報を伝達できる機械を構築したいと思っていた。情報と意味をごっちゃにしてしまうと、この工学的な問題が複雑になってしまう。哲学的な面でいうと、シャノンとウィーバーは、「情報」と「意味」という単語を、根本的に異なる概念を指すものとして使っていた。人間や一部の機械は、メッセージを解釈し、そこに意味を吹き込む能力を持っている。しかし、電線や電磁波のなかを伝わるのは意味ではない。もっと単純なもの、つまり情報にすぎないのだ。

私たち人間にとって、情報と意味を区別するのは難しい。人間はメッセージを解釈せずにはいられないからだ。私たちは反射的にメッセージに意味を吹き込み、メッセージ自体のなかにメッセージの意味が含まれていると信じ込んでしまう。だが、それは幻想にすぎない。意味は文脈や過去の知識から生まれる。意味は知識を持つ主体（人間など）がメッセージに与える解釈であって、メッセージが持つ物理的秩序とは別物であるし、メッセージそのものとも別物だ。意味とは、メッセージが情報を処理できる生命体や機械に届いたときに初めて生じるものであって、情報を伝達させるインクの染み、音波、光線、パルスに含まれているわけではないのだ。

たとえば、「9・11」という単語を考えてみてほしい。私がこの言葉を発すると、ほとんどのアメリカ人は反射的にワールド・トレード・センターへの二〇〇一年のテロ攻撃を思い浮かべる。一方、多くのチリ人は一九七三年のクーデターを思い浮かべる。しかし、私は九月一一日に大学に戻ってくる、ということを学生に伝えたいだけなのかもしれない。つまり、メッセージの意味とは受け取る側が組み立てるものであって、たとえメッセージ自体に意味が含まれているように見えても、実は含まれていないのだ。人間は次々と押し寄せてくる物理的秩序を解釈せずにはいられない生き物なので、当たり前のようにメッセージに意味を与えようとする。そのプロセスがいかに〝すんなり〟進められるものであっても、意味と情報が同じものということにはならない。

メッセージの意味によらず情報を伝達できる機械を作るためには、メッセージの符号化に必要な最小の文字数を推定する式が必要だった。シャノンはハリー・ナイキストやラルフ・ハートレーの研究をもとに、ノイズのない通信路とある通信路を通じてメッセージを伝送するのに必要な情報量を推定した。また、彼はメッセージの構造に見られる相関関係——たとえば英語ではtのあとにqよりもhが続くことのほうが多いという事実——がもたらす通信の経済性も推定した。この哲学の旅によって、シャノンはボルツマンと同じ数学の道のりを歩むことになった。その道の終点で、シャノンは任意のメッセージを最大の効率で符号化する基本公式を発見した。この式を使えば、誰でも磁気ディスク、電磁波、あるいはインクと紙のなかに情報を具象化することができた。何より、シャノンの式はボルツマンがおよそ五〇年前に導き出したものとまったく同じだった。[8] それは決して偶然などではなかった。

＊

シャノンの式がボルツマンと一致したという事実は、情報が物理的な性質を持つことを示している。この物理的な現実は、「なぜ原子を調べると経済がわかるのか」を理解するうえで重要だ。おおむね自然科学は、単純な原子と複雑な生命を結びつけることで、原子から人間にいたるまでの宇宙の実像を暴き出そうとしてきた。* 社会科学は、人間を基本的な単位——いわば社会と経済のなかの〝原子〟——としてとらえ直すことで、人々、社会、経済の関係に着目してきた。しかし、こうした切り分けには犠牲がないわけではない。情報を成長させるメカニズムは、非生物と生物、生物と社会、社会と経済の境目をも乗り越えてしまうからだ。

そこで、以降のページでは、原子から経済まで、あらゆるスケールで情報の成長を引き起こすメカニズムについて考察してみたいと思う。自然科学や社会科学でよく行なわれるように、原子から人間まで、人間から経済まで、と区切ったりはしない。そうすることで、一方では情報の成長を促し、もう一方では人間の情報処理能力を制限している、物理的、生物的、社会的、経済的な要因どうしを結びつけられるのではないか、と思っている。その情報処理能力には計算能力が必要であり、人間というスケールでいえば、私たちが日常的に「知識」とか「ノウハウ」と呼んでいる〝ソフトウェア〟が必要になる。こうした考察の集大成として、時間の矢ではなく「複雑性の矢」を中心とする宇宙の歴史を描ければ、と思っている。

---

* その明らかな例外が、地質学と天文学。

実際、宇宙と人類の歴史を特徴づけるのは、まさしくその「複雑性の矢」、つまり情報の成長なのである。数十億年前、ビッグバン直後の宇宙には、ボルツマンを驚嘆させ、現在の私たちが当然のように享受している「秩序」を生み出す能力はなかった。以来、宇宙はボルツマンの予測どおり無秩序への行進を続けているが、その一方で、膨大な量の物理的秩序――つまり情報――が集中するポケットもせっせと生み出している。そうしたポケットの主な例のひとつが、そう、私たちの地球だ。

太陽系が形成される前、無数の恒星で、炭素、酸素、カルシウム、窒素、鉄といった生命誕生に欠かせない元素が合成された。そうした恒星が死を迎えると、新しい世代の恒星が形成された。その恒星の周囲を回る惑星は、生命の進化に必要な「化学的な豊かさ」を備えていた。四〇～五〇億年前に誕生した地球は、それ以来、この化学的な豊かさを利用して複雑性の特異点となった。数十億年をかけて、情報はこの地球で成長を繰り返してきた。初めは化学物質、次は単純な生物、そしてついには人間、という形で。無《む》の空間が大部分を占める宇宙のなかで、地球は情報、知識、ノウハウが増加しつづけるオアシスのような場所だ。そのエネルギーのみなもとは太陽だが、私たちが生命と呼ぶ自己増強のメカニズムも情報の成長に一役買っている。

しかし、恒星物理学から地球上の生命体までを結んでいる複雑性と情報の時系列には、始点と終点のふたつしかなく、途中駅がひとつもない。その点、情報の進化はいかなる境界をも超え、経済や社会の生み出す情報にまで及ぶ。情報を物理的秩序という広い意味で理解するとすれば、私たちの経済が生み出すのは情報にほかならない。いやむしろ、生体細胞であれ製造工場であれ、私たちの生み出すものすべてが情報なのだ。なぜなら、情報はメッセージに限られないからだ。情報は、私たちの生み出す物理的なモノのすべてに内在する。自転車も、建物も、街灯も、ミキサーも、ドライヤーも、靴も、シャンデリアも、収穫機も、下着も、みんな情報でできている。それは、これらがアイデアからできているからではなく、物理的秩序を具象化しているからだ。私たちの世界は情報を孕《はら》んでいる。どろっとした原子のスープではなく、さまざまな構造、形状、色、相関関係が、整然と集まって組織されている。たとえそういう物理的秩序になんら意味がないとしても、その整然とした構造は情報の顕《あら》われなのである。

ただし、情報を生み出すのは簡単ではない。宇宙は情報を生み出すのに四苦八苦している。情報を生み出し、私たちが繁栄と同一視するような品物、インフラストラクチャー、制度を作るためには、無秩序への行進に逆らわなければならない。無秩序への行進こそが宇宙の特徴であり、ボルツマンの頭を悩ませた事実でもある。無秩序と戦い、情報を成長させるため、私たちの宇宙はいくつかの秘策を用意している――それは本篇で述べるとおり、「非平衡系」、「固体での情報の蓄積」、「物質の持つ計算能力」だ。人体や地球のように、情報がひっそりと身を隠して成長していけるような小さな島やポケットのなかでは、この三つのメカニズムが連動して、情報の成長を促している。

つまり、物理、生物、社会、経済のあらゆるものの成長の方向性を決めるのは、情報の蓄積、そして人間の情報処理能力の蓄積なのだ。そして、その蓄積は宇宙の誕生時から現代の経済までずっと続いている。生命の誕生と経済の成長、複雑性の出現と富の創造をひとつに結ぶもの――それが情報の成長というわけだ。

しかし、情報は均一に成長していくわけではない。それは宇宙全体だけでなく、私たちの地球のなかだけを見ても同じだ。情報の成長は、情報を生み出し、蓄えておける〝ポケット〟のなかで起こる。都市、企業、チームはそうしたポケットが形となったもので、人間は情報を生み出す能力をそこに蓄積していく。もちろん、都市、企業、チームの情報を生み出す能力にはばらつきがある。SFばりのアイデアを実現するような情報を生み出せる都市、企業、チームもあれば、そうでないものもある。

そこで本書では、「情報とは何か」「情報はなぜ成長するのか」と問うことで、物理的秩序の進化だけでなく、経済的秩序の進化についても考察していこうと思う。基本的な物理原理を情報理論だけでなく、社会関係資本《ソーシャル・キャピタル》の理論、経済社会学、知識の理論、そして産業の多様化や経済発展の知見と関連づけてみたい。「情報はなぜ成長するのか」と問うことで、繁栄の進化、富裕国と貧困国、生産性の高いチームと低いチーム、知識の蓄積において制度が果たす役割、物質として具象化された情報を生み出す人間の能力を制限するメカニズムについて考えてみたい。社会や経済の現象を理解するための従来の方法とは少し距離を置き、モノではない〝あるもの〟が一貫して成長していく理由を説明できるような、物理、生物、社会、経済の統一的なメカニズムを作り上げてみたい。その〝あるもの〟というのは、ボルツマンを魅了した物理的秩序、つまり情報である。目を開けるたび、私たちの目には複雑性がぎゅっと凝集した世界が飛び込んでくる。それは宇宙に情報がありふれているからではなく、私たちが情報から生まれるからであり、情報が私たちから生まれるからなのだ。

パート1

原子のビット

第1章　タイムトラベルの秘密

娘の誕生を待つ椅子は、あまり座り心地が良くなかった。妻のアンナと私は、その土曜日の午後六時半にマサチューセッツ総合病院に到着した。私たちは自宅でアンナの陣痛が強まるのを待ち、陣痛が数分間隔になったところで病院を訪れた。トリアージを受けている最中に陣痛は強くなったが、数時間後に硬膜外麻酔を受けてからは、痛みは引き、妻は眠りに落ちた。午前二時。静かな夜だった。ときおり聞こえてくるのは、血圧計を膨らませるポンプの音だけ。数台のモニターとチャールズ川に反射する街灯が部屋を照らす。その薄暗い明かりのなかに映るのは、ベッドに静かに横たわるアンナの姿だけだった。娘の出産の時を待ちながら、私はアンナの手を握っていた——その座り心地の良くない肘掛け椅子に座って。

午前三時、看護師がアンナにいきむよう伝えた。アンナの子宮口は全開になり、娘のアイリスは人生最大の旅を遂げようとしていた。アイリスはわずか二六分でその旅を終えた。下で待ち受ける医学生は、緊張しながらも集中した様子でアイリスを受け取った。二六分というとお産にしてはかなり短く思えるが、実際にあっという間だ。それでも、アイリスがその夜に遂げた旅は、数センチの産道を下る二六分間の旅などではなく、遠い過去から異質な未来までの一〇万年の旅なのだ、と私は思う。二六分間で、アイリスは母親の子宮という太古の世界から、二一世紀の社会という現代の世界へと旅をした。出産とは、つまるところタイムトラベルなのだ。

その夜まで、何種類かの音を除けば、アイリスは一〇万年前の赤ん坊とほとんど変わらない世界を体験していた。母親の子宮内に身ごもられ、周囲に渦巻く現代社会の複雑さとは無縁な場所で、ほとんど両親の声だけを聞いていた——この世に誕生するその夜までは。

アイリスは午前三時二六分に生まれた。だが、部屋を照らすのは日光ではなく、蛍光灯と白熱電球の明かりだ。出産の知らせを今か今かと待っていたアイリスの祖父母は、メールの添付写真で初めて孫の顔を見た。アイリス誕生の数分後、分娩室を満たしたのは、鳥のさえずりや葉擦《はず》れの音ではなく、タブレット・コンピュータがアルゴリズムに従って選び、スピーカーから流した曲だ。* その夜のアイリスの旅は、わずか数センチ、時間にして数分間の旅だったが、ある意味では、それよりずっと長い旅だったともいえる。その夜、アイリスは遠い過去から、文字どおり夢のような現在《いま》へと旅をしたのである。

アイリスの旅は私にとっては特別だが、彼女がしたようなタイムトラベルは珍しくない。二一世紀に生まれるというのは、ほとんどの赤ん坊にとって異質な体験なのだ。二一世紀の世界は人類が進化してきた世界とはまるきり異なる。そこは人間が夢想から作り上げたモノであふれる超現実の世界だ。アイリスが旅を遂げた分娩室は、形のあるモノでびっしりと埋め尽くされていたが、この世界を現代的にしているのは、そのモノそのものではない。アイリスの生まれた世界と初期のヒトの暮らしていた世界との最大の違いは、物質の物理性ではなく、物質の「配列」の仕方にある。その物理的秩序こそ情報である。アイリスの夜間のお産をスムーズにしたのはモノそのものではなく、そのモノに具象化されている情報や、そのモノが暗黙のうちに抱える知識やノウハウの実用性である。アイリスの夜間のお産を照らし出していたのは単なる電球そのものではなく、その電球に具象化されている電気エネルギー、材料に関する知識だ。その夜のアイリスを暖めていたのは、ランダムな糸の束《たば》ではなく、物質、知識、想像を織り合わせた毛布だ。逆説的にも、アイリスが生まれたのは、形のあるフィクションで構成されたノンフィクションの世界なのだ。この世界が人類の進化してきた世界と違う点はただひとつ――そう、物質の配列である。

　モノに情報や想像が具象化されるという事実は、一見すると当たり前かもしれない。情報は、生命よりもずっと昔から存在する自然界の基本的な側面のひとつだからだ。そして、生命の誕生が弾みをもたらした側面でもある。情報を豊富に含んだ分子、DNAとRNAの複製について考えてほしい。DNAとRNAの複製は物質の複製ではなく、むしろ物質に具象化された情報の複製といえる。有機

＊　その曲とはCilloの“Raindrops”。自動選曲ラジオ「パンドラ」が流した曲で、私はその夜のうちに「いいね」した。

体は情報を処理して生み出す、高度に組織化された構造を持つ。ただし、ここで着目しようとしているのは、細胞に具象化された情報生成能力ではなくて、人間や社会とともに出現した情報生成能力のほうだ。情報という点でいえば、人間は特殊な動物であり、ほかの種《しゅ》と違って、大量の情報を外部に書き込む能力を身につけてきた。情報と言われて真っ先に思い浮かべるのは、私たちが本、楽譜、音声、動画として書き込むような情報だろう。しかし、人間は「書く」能力を有するよりもずっと長い期間、矢から電子レンジまで、石斧からインターネットまで、モノという形で情報を具象化してきた。したがって、椅子、コンピュータ、テーブルクロス、ワイングラスなどを作る人間の能力こそが、「人間とほかの種の違いは何か？」という永遠の疑問に対するひとつの単純な答えといえる。つまり、人間はみずからの想像したものを物理的な形にすることができるが、ほかの種は自然界にもともとあるものを利用することしかできないのだ(1)。

以降のページでは、人間社会や宇宙における情報の成長の仕組みを説明しうる物理的、社会的、経済的なメカニズムについてお話ししたいと思う。そのメカニズムこそが、物理的秩序を生み出し、アイリスが生まれたこの世界を形のあるもの、魔法のようなものにしているのである。まず、情報の物理学について考える。そうすることで、情報とは何なのか、情報を生み出す物理的なメカニズムとはどういうものなのかを説明できるだろう。しかし、情報の物理学だけでは、もっとも単純な形の物理的秩序しか説明できない。私たちの現代社会に広がる秩序を説明するには、物理学の域を抜け出し、人間の集団が情報を生み出す社会的・経済的なプロセスについても考察しなければならないだろう。

その一例が、社会的ネットワークや職業的ネットワークを形成するプロセスだ。こうしたネットワークには、社会規模で情報を処理する能力がある。知識やノウハウの蓄積はその能力のひとつだ。

知識とノウハウは、計算能力と関連するふたつの基本的な能力であり、どちらも経済や社会に情報が蓄積していくうえで欠かせない。ただ、知識とノウハウはイコールではない。単純にいうと、知識とは何かと何かの関係性のことである。その関係性を利用すれば、実際に試すことなく何らかの試行の結果を予測できることも多い。(2) たとえば、喫煙は肺がんのリスクを増加させることがわかっている。すると、私たちはこの関係性を利用して、実際にタバコを吸わなくても、喫煙の影響を予測できるのだ。

ノウハウが知識と異なるのは、行動する能力を含むという点だ。これは暗黙の能力である。(3) たとえば、ほとんどの人は、どうやって歩いているのかは知らなくても、歩き方を知っている。認知や言語化のメカニズムなんて知らなくても、視界にあるモノを認識し、名前で呼ぶことができる。やり方をうまく説明できないとしても、さまざまな角度からモノを識別したり、表情を認識したり、食べ物を消化したり、感情を読み取ったりできる。それはノウハウがあるからだ。ノウハウとは、行動を可能にする暗黙の計算能力であり、個人と集団の両方のレベルで蓄積していく。

一見すると、ノウハウの暗黙性は奇妙に思えるかもしれない。自分がしていることすら理解していないオートマトンのような気分になるからだ。しかし、この点になんら奇妙なところはない。人工知能の父とも呼ばれるマービン・ミンスキーは、かつてこう述べた。「自分がしていることを理解できるようなコンピュータは、いまだかつて設計されていない。だが、ほとんどの時間は人間も同じなのだ[4]」

　先に断っておかなければならないもうひとつの区別は、情報自体と属性的情報の違いだ。私たちがメッセージのなかで伝達するのは属性的情報である。車を例に取ろう。私の車の色は赤。六速マニュアル・トランスミッションと一・六リッター・エンジンを搭載。これらはどれも、私の車に関する属性的情報であって、車という情報自体ではない。今後の章で説明するように、私の車を構成しているのは、モノについて物語るこうした属性的情報ではない。物理的秩序なのだ。

　たいていの場合、私は「情報」という単語を物理的秩序という意味で使うことにする。たとえば、モノに具象化された物理的秩序だ。この定義について詳しくは、次章で説明したいと思う。私がこの定義を用いるのは、そのほうがシンプルな情報の成長理論を構築できるからだ。この理論の枠組みでは、物理的秩序は、意味を伝えるために作られたかどうかにかかわらず、宇宙の計算能力の進化とともに進化していく。社会や経済の文脈でいうと、この計算能力には知識とノウハウの両方が含まれる。

　したがって、本書では、自然界と社会における情報の成長を説明するため、物理的秩序と、宇宙に物理的秩序をもたらす知識やノウハウとの共進化について考察していこうと思う。そうすることで、情報が自然発生的に生まれるようなごくごく単純な物理系から、情報が一貫して成長していくために大量の知識やノウハウの蓄積を必要とする複雑な人間社会まで、網羅して考察することができるだろう。

いちばん複雑なのは社会と経済の事例だ。社会や経済では、知識やノウハウの蓄積が大きく制限されるからだ。情報がモノに具象化されるのと同じように、知識やノウハウも必ず物理的な形で具象化される必要がある。しかし、知識やノウハウは情報と違って、人間やそのネットワークに具象化される。ところが、ひとりの人間や人々のネットワークが具象化できる知識やノウハウの量には限度がある。この有限性ゆえに、知識やノウハウを蓄積して伝達するのは難しくなる。すると、知識やノウハウの蓄積は空間的に偏り、世界に格差を生み出す。つまり、知識やノウハウを人間やそのネットワークに具象化しなければならない、という点が、世界的な格差が生まれる元凶といえるのだ。この主張についてはパート3と4で取り上げ、さまざまな地域の製品データを用いて立証したいと思う。なぜなら、情報で構成される製品は、ある地域に存在する知識やノウハウの表われといえるからだ。

まとめると、私が地球における情報の成長を説明するのに用いるのは主に、情報を物理的な形で具象化したものである「モノ」と、知識やノウハウを具象化したものである「人」である。本書では、この基本的な視点に立って、経済というものを説明してみたいと思う──経済とは、人々が知識やノウハウを蓄積して物理的秩序（つまり製品）を生み出し、知識やノウハウ、ひいては情報をいっそう蓄積していく能力を増強するためのシステムなのである。本書では主に、経済における情報、知識、ノウハウの増大に着目する。そのためにまず、物理的秩序という観点から見た製品の理論を構築する。次に、製品を生産するための知識やノウハウを社会に蓄積することを可能にする社会的・経済的メカニズムについて説明したいと思う。

しかし、その前に、情報の基本的な物理的性質やその知られざる起源について、共通の理解を築いておこう。まず、情報の数学的・物理的な定義について説明する。そうすることで、ボルツマンとシャノンが同じ式に行き当たった理由がわかるだろう。また、情報の成長を引き起こす基本的な物理原理についてもわかるはずだ。

第2章　無意味の実体

次のものを同じ仲間どうしに分類せよと言われたらどうするだろう。距離、質量、電気力、エントロピー、美、メロディ。私はエントロピーを最初の三つではなく、美やメロディと同じ仲間に分類するのがしごく合理的だと思う。エントロピーは、部分どうしの関係でとらえて初めてわかるものなのだ。美やメロディも、部分どうしを関係づけて見たり聴いたりしないと認識できない。

——アーサー・エディントン

発明には、豊かな想像力とごみの山が必要だ。

——トーマス・A・エジソン

数カ月前、チリの新聞のビジネス面の一ページめに載った記事に目が留まった。あるチリ人が、世界一高額な車を買ったという。その車、ブガッティ・ヴェイロンは、定価二五〇万ドル以上。私はそれ以上派手な散財を見たことがなかった。

ウェブを軽く検索して、私は車の一キログラム当たりの値段をざっと一三〇〇ドルと見積もった。[1] 比較のため、金《きん》と銀の一キログラム当たりの価格を見てみよう。日によって変動はあるが、純粋な銀の一キログラム当たりの価格は約一〇〇〇ドルで、金は約五万ドルだ。[2] 一般的な車の一キログラム当たりの値段を見てみると、下がヒュンダイ・アクセントの一〇ドル、上がBMWの最高級車種（M6など）の六〇ドルだ。つまり、ブガッティは、同じ重さの金よりは安いが銀よりは高く、ヒュンダイ・アクセントは少なくとも同じ重さの銅よりは高い。

ブガッティの重さと銀の重さを比べるのはまったくナンセンスだと思われるかもしれない。「一キログラム分のブガッティ」を持っていてもどうしようもないからだ。しかし、このナンセンスな考察は、物理的秩序（つまり情報）がひとつの製品に詰め込まれる仕組みに関して、なかなか面白いことを教えてくれる。

宝くじでブガッティ・ヴェイロンが当たったとしよう。すっかり舞い上がったあなたは、新車でドライブに出かける。ところが興奮のあまり、あなたはブガッティを壁に激突させてしまう。ケガはなかったが、少し悲しい。自動車保険に入っていなかったからだ。車は完全に大破。さて、このブガッティの価値は一キログラム当たりいくらだろう？

答えは明白。車の金銭的価値は壁に激突した瞬間に消えてしまったが、重量は同じだ。では、価値はどこへ消えたのか？　壁への激突で車の金銭的価値が消えたのは、激突によってブガッティを構成している原子が破壊されたからではなく、原子の配列が変わったからだ。ブガッティを構成する部品がねじ曲がりバラバラになると、ブガッティに具象化されていた情報の大部分が破壊された。別の言い方をすれば、二五〇万ドル分の価値は、車の原子ではなく、その原子の配列に蓄えられていたのである。(3)この配列こそ、ほかならぬ情報だ。(4)

したがって、ブガッティの価値は物理的秩序、つまり情報と結びついているわけだが、そもそも情報とは何なのだろうか？(5)　情報理論の生みの親であるクロード・シャノンによれば、情報とは、特定のメッセージを一意に指定するのに必要な最小の通信量の尺度である。つまり、ブガッティを構成する原子の配列のような、一定の配列を伝達するのに必要なビット数である。

しかし、シャノンの情報の定義をしっかりと理解するためには、ブガッティよりももう少し単純なものを出発点にしたほうがいいだろう。ここではツイートを例に取る。ツイートは、ツイッターというメッセージ配信プラットフォームで使われる一四〇文字のメッセージだ。ツイートは、ブガッティと同じようなひとつの小さな情報だが、ブガッティとは違って通信という行為のために作られる。しかし、シャノンの理論においては、その違いは問題にならない。シャノンの定義によると、情報とは任意のメッセージを指定するのに必要な最小のデータ量である。そのメッセージがランダムな文字列からなるツイートなのか、最高にシャレの利いたツイートなのかは、シャノンの情報理論の観点からすれば関係ないのだ。

では、一件のツイートに含まれる情報量は？　一件のツイートの情報量を数値で表わすため、ふたりのツイッター・ユーザー、アビーとブライアンが行なう架空のゲームを考えてみよう。このゲームでは、アビーとブライアンが「はい／いいえ」で答える質問だけを使ってお互いのツイートを推理する。ゲームの道具として、ツイート可能なツイートの全組み合わせが記載されている本がある。まず、アビーがこの本からツイートをひとつランダムに選んでゲームを開始し、「はい／いいえ」の質問を繰り返してツイートの文章を当てるようブライアンに言う。シャノンが言っているのは、一件のツイートに具象化されている情報量は、アビーのツイートを一〇〇パーセントの精度で言い当てるためにブライアンが繰り返さなければならない質問の最小回数に等しい、ということだ。[6] 質問は何回必要だろう？

単純化のため、アビーとブライアンは三二種類の文字を使うと仮定する。英語の小文字のアルファベットと、数個の特殊文字、つまりスペース（）、スラッシュ（/）、コンマ（,）、ピリオド（.）、そして忘れてはならないアットマーク（@）、ハッシュ記号（#）である。また、アビーとブライアンは、各文字を数値に対応づける表を持っているものとする（a＝1, b＝2, ……, @＝31, #＝32）。こうしても一般性は失われない。

ブライアンがアビーのツイートを推理する最善の方法は、質問のたびに、考えられるツイートの候補の数を半分にしていく、というものである。そのためには、一文字ずつ、アビーのツイートを推測していけばいい。この戦略を使うとした場合、最初の質問は、「一文字めは17以上ですか？」とすればいい。アビーが「いいえ」と答えたら、ブライアンはアビーのツイートの一文字めがaからpまでのどれかだとわかる。この情報を念頭に置き、ブライアンはふたつめの質問で、残りの文字の候補の数をまた半分にすればいい。「一文字めは9以上ですか?」。アビーが「はい」と答えたら、アビーのツイートの一文字めはi（＝9）からp（＝16）までのどれかだとわかる。三つめの質問はもうおわかりのはずだ。「一文字めは13以上ですか?」

質問のたび、ブライアンは文字の候補の数を半分にしていく。使える文字の数は三二個なので、五回質問するだけで各文字を言い当てられる（32を2で五回割れば、候補はひとつに絞られる）。一件のツイートは一四〇文字なので、アビーのツイートを一意に特定するには、140×5で七〇〇回の質問、つまり七〇〇ビットが必要になる。(7)

シャノンの理論が言っているのはつまり、三二種類の文字を使って書かれたツイートを伝達するのに、七〇〇ビット（七〇〇回の「はい／いいえ」の質問）が必要、ということだ。シャノンの理論は、現代の通信システムの基礎でもある。メッセージを符号化するのに必要なビット数を定量化することで、彼はデジタル通信技術の発展に大きく貢献した。しかし、シャノンが知らなかったのは、彼の確立した式が、ボルツマンが半世紀近く前に発見した式と瓜二つであるという事実だ。ハンガリー出身の著名な数学者、ジョン・フォン・ノイマンの提案で、シャノンはこの尺度を「エントロピー」と呼ぶことにした。シャノンの式は統計物理学者たちの使っていたエントロピーの式と等しかったからだ（また、伝えられるところによると、フォン・ノイマンは、エントロピーと呼べばどんな議論にも勝てる、とシャノンに断言したという。エントロピーが何たるかをきちんと理解している人はいなかったため）。

ところが、シャノンの研究から生まれたエントロピーや情報の解釈と、「情報」という単語の従来の用法、ボルツマンの研究から生まれたエントロピーの解釈は、すんなりとは相容れないものだった。シャノンの「情報」と口語の「情報」の用法の衝突が今もなお残っているというのは、コンピュータを例に取るとわかりやすい。あなたのパソコンについて考えてみてほしい。デスクトップであれ、ラップトップであれ、スマートフォンであれ、あなたはコンピュータを使って写真、文書、ソフトウェアを保存する。あなたはその写真や文書のことを「情報」と呼ぶ。そしてもちろん、その情報がコンピュータのハード・ディスクに保存されていることは十分にわかっている。さて、そのハード・ディスクのビットの並び順をめちゃくちゃにし、事実上あなたの写真や文書を削除してしまったとしよう。シャノンによると、ハード・ディスクに具象化されている情報量はむしろ増えることになる。なぜそんなことがありえるのか？　シャノンの情報の定義では、あるシステムの状態（この例の場合、ハード・ディスクに格納されているビットの列）を伝達するのに必要なビット数のみを数える。ランダムなデータで埋め尽くされたハード・ディスクの状態を伝えるほうが、写真や文書が含まれるハード・ディスクの状態を伝えるよりも必要なビット数は多くなるので（写真や文書には、ビットの列を圧縮できるような相関関係が存在するため）、シャノンの定義に従えば、ハード・ディスクに含まれる情報量は、ハード・ディスクのビットをめちゃくちゃに並び替えたあとのほうが多くなるのだ。確かに、写真や文書を含むハード・ディスクよりも、ランダムなデータばかりのハード・ディスクの内容を伝達するほうが多くのビット数を必要とするという点では、シャノンの言っていることは正しい。しかし、口語的な意味の「情報」やボルツマンの研究との折り合いを付けるためには、シャノンの情報理論（実質的には通信工学の理論）を拡張する必要がある。シャノンの研究を補完するためには、まずボルツマンの研究から生まれたエントロピーの定義について説明し、次に写真や文書で埋め尽くされたコンピュータのような、情報に富んだ状態を特定するための記述を提案する必要があるだろう。

ボルツマンとシャノンのエントロピーの定義の違いを理解するため、半分座席の埋まったスタジアムを考えてみよう。* 半分座席の埋まったスタジアムには、ある重要な特徴がある。座席の埋まり方にさまざまな組み合わせがありうる、という点だ。その組み合わせについて考察すれば、エントロピーの意味が説明できる。

まず、人々が自由に席を移動できるケースを考えてみる。この場合、半分座席の埋まった状態として、座席の上半分を空席にし、全員がフィールド側に寄り固まるケースが考えられる。もうひとつ考えられるのは、下半分を空席にして、全員がフィールドから遠い側に寄り固まるケース。また、人々がランダムな座席に座るケースも考えられるだろう。

＊　数学的な厳密性を求めるみなさんは、実際のスタジアムのようにフィールドから離れるほど座席の列番号が大きくなるのではなく、座席の列番号がその列の任意の座席からフィールドまでの距離を表わすようなスタジアムを考えるといいだろう。

さて、このスタジアムの例を用いてエントロピーを説明するため、あとふたつ概念を導入しておこう。ひとつめに、スタジアムに座っている人々の一つひとつの配置のことを、その系の「状態」（正確には「微視的状態」）と呼ぶ。ふたつめに、何らかの尺度を用いて、同等な配置というものを特定できると仮定する。この例でいえば、「埋まっている座席の列番号の平均」という単純な尺度でもかまわない。

この例の場合、エントロピーの統計物理学的な定義は、同等なすべての状態の数の割合である（厳密にいうとその「対数」だが、私が言おうとしている点にとってはあまり重要でない）。したがって、エントロピーが最小になるのは、全員がフィールド側またはその反対側に固まっている場合だ。そのように座る方法は、ただ一通りしかないからだ(8)。エントロピーが最大になるのは、埋まっている座席の列番号の平均がちょうど真ん中の列である場合だ。埋まっている座席の列番号の平均がちょうど真ん中の列になるような座り方はたくさんあるからだ。ボルツマンの定義では、エントロピーとは同等な状態の「多重度」である。スタジアムの例の場合、同等な状態の数が最大になるのは、埋まっている座席の列番号の平均がちょうど真ん中の列になる場合だ。

念のため述べておくと、エントロピーと聞いて無秩序を連想する人も多いと思うが、エントロピーは必ずしも無秩序の尺度ではない。エントロピーはある状態の多重度（同等な状態の数）を測るものである。ただし、無秩序な状態というのは多重度が高いことが多い。したがって、現実には、エントロピーの高い状態というのは無秩序である可能性がきわめて高い。そのため、無秩序とエントロピーを同一視するのは、あながち悪い単純化とはいえない。ただ、無秩序が増大しなくてもエントロピーが増大するケースもありうる。たとえば、箱の大きさが二倍になったときの気体の拡散について考えてみよう（スタジアムのサイズが二倍になったときの人々の拡散でもいい）。この気体のエントロピーは、箱の大きさとともに増加する。箱が大きければ大きいほど、気体の粒子の可能な配列方法は増えるからだ。ところが、小さな箱よりも大きな箱のなかの気体のほうが無秩序だ、とはいえない。

シャノンは、個々のツイートや架空のスタジアムに座る人々の配置のように、ある系の微視的状態を伝達することに興味があったので、情報とエントロピーを同じものとみなし、ふたつをよく同義語として使った。埋まっている座席の列番号の平均がちょうど真ん中の列になるような、一定の微視的状態を伝達するためには、ほかよりも多くのビット数が必要になる。埋まっている座席の列番号の平均がちょうど真ん中の列になるような同等な微視的状態はたくさんあるので、どの微視的状態が伝達しようとしているものなのかを一意に特定するためには、非常に具体的なメッセージが必要になるからだ。つまり、シャノンの用語でいえば、情報とエントロピーは機能的に同等ということになる。あるメッセージ（シャノンのいう情報）を指定するのに必要なビット数は、伝達可能なメッセージの数（状態の多重度、つまりエントロピー）の関数となるからだ。しかし、だからといってエントロピーと情報がまったく同じもの、ということにはならない。一九六七年にノーベル化学賞を受賞したマンフレート・アイゲンは、こう指摘した。「エントロピーとは複数の（物理的）状態の平均のことだが、情報とは特定の（物理的）状態のことだ[9]」

しかし、全員がスタジアム内のランダムな座席に座っている状態や、ハード・ディスクのビットをめちゃくちゃに並べ替えた状態を伝えるのにより多くのビット数が必要だからといって、こうした状態により高い秩序や多くの情報が具象化されている、ということにはならない。情報に含まれるビット数はどんどん増えていくが、それだけにとどまらない。スタジアムの例でいうと、人々がランダムな座席に座っている状態は無数にあるが、その状態はエントロピーが最大なのに対し、秩序は最小だ（そのなかには非常に整然とした状態も少しは含まれているだろうが）。実際、自然科学の分野や一般大衆のあいだでは、情報を単なるビットではなく、秩序を含むものとしてずっととらえてきた。DNA、楽譜、フィルム、本に含まれる情報を考えてみてほしい。この場合、「情報」という単語は、ある遺伝子配列、文章、メロディを伝達するのに必要なビット数だけではなく、秩序の存在も指し示している。

しかし、秩序立った状態というのは、稀少であり、特異でもある。まず、この文脈における「稀少」の意味について説明しよう。続いて、情報に富んだ状態の特異性について説明しよう。情報に富んだ状態には、「情報」という単語に口語的な意味を与えるような相関関係が含まれる。

秩序立った状態の稀少性について説明するため、スタジアムの例を拡張して、ボルツマンが原子に関して述べたのと近い状況を作ってみよう。スタジアムが半分埋まっているという点は同じだが、こんどは座席を自由に動いてはいけないものとする。埋まっている座席の列番号の平均が真ん中の列になるような状態しか認められないとしよう。物理系でいえば、これは系のエネルギーを一定に保つのに相当する。しかし、埋まっている座席の列番号の平均が真ん中の列になるような状態はたくさんあるので、この系には選べる状態が無数に残っている。その大半はきわめてランダムだ。しかし、それ以外はきわめて特異だ。スタジアムの人々は画面上のピクセルと同じ働きをするので、人々の配列のなかには、たまたま「情報」などの文字やハローキティの顔のような図柄に見えるものもあるだろう。しかし、こういう特異な状態はどれだけ一般的なのか？

どういう状態が一般的なのかを調べるには、考えられる全状態の集合を描き出す方法が必要だ。そのひとつの方法は、状態どうしの関係を調べるというものだ。単純な変換で、ある状態から別の状態が得られるとき、ふたつの状態には関係がある、と言うことができる。話をわかりやすくするため、全員がひとつ隣の座席に移動する、という変換全体を考えてみよう。ただし、埋まっている座席の列番号の平均が真ん中の列である、という条件は満たすものとする。この条件を満たす変換としては、たとえば全員がひとつ右の座席に移動するというものがある。また、スタジアムの下半分にいる誰かひとりがひとつ上、上半分にいる誰かひとりがひとつ下の座席に移動するという変換もＯＫだ。

原理的には、こうした変換を使えば、条件を満たす任意の状態に到達できる。しかし実際問題としては、任意の状態に到達するのはそんなに易しいことではない。隣の座席をランダムに選んで（もちろん列番号の平均が真ん中の列であるという条件は守ったうえで）、座り順を変えていっても、ちょうど文字や図柄に見えるような状態へはまず到達しないだろう。文字や図柄に見える状態は非常に稀少で、到達しにくい。この実験は、秩序を含む情報の定義について如実に物語っている。物理系では、情報とはエントロピーの正反対なのである。情報は、到達するのが困難な、非常に高い相関を持つ稀少な配置を含むからだ。

技術的にいえば、シャノンの議論は正しい。秩序立った状態に存在する相関関係を無視すれば（実際にはその関係を用いて配列を圧縮し、情報の伝達に必要なビット数を減らせる）、秩序立った配置を伝えるのも無秩序な配置を伝えるのも、必要なビット量は変わらない。しかし、ブガッティやギターのような、原子の稀少な配置には、まったく同じ原子のありふれた配置よりも多くの情報が具象化されている。それでも、シャノンのアイデアとボルツマンのアイデアの両立を難しくするこうした解釈の違いは存在しつつも、こう結論づけることはできる――メッセージのみならず、ほとんどのものは情報で構成されているのである。

そこで、もういちどブガッティの例に戻ろう。ブガッティの例は一件のツイートほど単純ではない。たったの一四〇文字ではなく、とんでもない数の原子の配置がかかわっているからだ。また、つい先ほどもお話ししたとおり、ブガッティの事例では、原子の可能な配置を求めているわけではない。むしろ、ブガッティ状のものを作り上げるような原子の配置を求めている（スタジアムの珍しい座り順の例と似ている）。たとえば、ブガッティのタイヤを回転させると、原子の配置は変わるが、私たちにとって興味のある基本的な性質はなんら変わらない。したがって、一定角度だけタイヤを回転させたブガッティはすべて同等と考える。しかし、完璧な形状をしたブガッティの集合は比較的小さい。つまり、スタジアムの座席を移動する人々と同じように、考えられる原子の全配列の集合のなかで、完璧な状態のブガッティに相当するものはほんの一部なのだ。一方、大破したブガッティの原子の配置は、状態の多重度（つまりエントロピー）が高いので、その状態を伝達するのに必要なビット数は多いにもかかわらず、具象化されている情報は少ない、というわけである。しかし、全体のなかで最大の集合は、人々がスタジアムの座席にランダムに座っているのと同じ状態、つまりブガッティの〝自然〟な状態だ。鉄が鉱石であり、アルミニウムがボーキサイトから精錬される前の状態である。したがって、ブガッティの破壊は情報の破壊を意味する。一方、ブガッティの製造は情報の具象化を意味する。

スタジアムの例からわかるとおり、ブガッティのような情報を具象化する物質の配置は、稀少であり、到達しにくい。また、スタジアムの例は、秩序の力学的な起源も示している。秩序が生じるためには、原子がそれにふさわしい場所を見つけなければならないからだ。問題は、特定の系はある状態から別の状態へと自由自在にジャンプすることはできない、という点だ。スタジアムの例が示すように、ある系の現在の状態は、その系が取りうる経路を制限する。ある系が無秩序から秩序へと変化するためには、いくつもの連続した移動が必要になるのだ。不幸なことに、系が無秩序から秩序へと変化する経路は、秩序から無秩序へと変化する経路よりも圧倒的に少ない。統計物理学の系と同じように、偶然によって進化していく系では、そういう連続した変化を正しく繰り返すのは易しくない。

ルービック・キューブを考えてほしい。ルービック・キューブは、可能な経路とエントロピーとの関係を見事に物語っている。どんなにがんばっても、偶然ルービック・キューブが完成するということはまずありえないからだ。なんといっても、ルービック・キューブには四三〇〇京《けい》（4.3×10^{19}）通り以上の状態があり（厳密にいうと、四三二五京二〇〇三兆二七四四億八九八五万六〇〇〇通り）、完成した状態はそのなかの一通りしかない。それなのに、ルービック・キューブは秩序が目と鼻の先にある系でもある。必ず二〇手以内で解けるのだ。(10)と聞くとすぐ解けそうな気もするが、正しい二〇手を見つけるのは至難の業《わざ》。ほとんどの人はもっと回り道をして完成させる。ふつう、ルービック・キューブの基本的な解法（上面クロスを作り、隅を揃え、中段を完成させる……など）では、完成まで五〇手はかかる（しかも最近まで、完成までの最小手数《てすう》は二〇手を超えると考えられていた）。(11)ルービック・キューブの場合、完璧に秩序立った状態までたどり着く経路は、手数が多いか少ないかにかかわらずごくまれであり、ルービック・キューブを無秩序へと追いやる無数の経路のなかに紛れていることがわかる。つまり、エントロピーの増大とは、ルービック・キューブを子どもに渡すようなものなのだ。自然界で情報がまれなのは、情報に富んだ状態が珍しいからだけでなく、自然界が取りうる状態をたどっていく方法を考えると、とうてい情報に富んだ状態までたどり着かないからでもあるのだ。

では、情報に富んだ状態にはどんな性質があるのか？　そして、その性質に関する知識を利用して情報に富んだ状態を見分けるにはどうすればいいか？　情報に富んだ状態のひとつの重大な特徴は、長距離相関と短距離相関の両方を含むという点だ。ルービック・キューブの場合、その相関は目に見える。(12)キューブが完成したとき、それぞれの色は同じ色になるべく多く囲まれた状態となる。しかし、相関がはっきりと見えるものは、ルービック・キューブのような人工物だけではなく、自然界にも存在する。DNAの鎖を考えてみよう。DNAはヌクレオチド（A、C、T、G）の長い列からなる。DNAの鎖はとても長く、これだけ科学が進歩したというのに、ほとんどのDNA配列の役割はいまだ不明だ。それでも、情報に富んだDNAの部分を特定することはできる。情報を特定するいちばん単純な方法は、実際のDNAの鎖と、ヌクレオチドのランダムな列（四面サイコロを投げてA、C、T、Gを選択していったときにできる列）とを比較する、というものだ。実際のDNAの配列とランダムな配列を比較することで、DNAの稀少な部分、つまりランダムな配列ではまずお目にかかれない部分を特定できる。この稀少な配列のなかには、隣接するヌクレオチドどうしの意外な相関（〝単語が綴《つづ》られる〟部分）もあるし、遠く離れたヌクレオチドどうしの相関（〝段落や章〟が綴られる部分、以前出現した〝単語〟を〝参照〟する部分）もある。煎じ詰めれば、こういう相関はDNAに情報が存在することを明らかにする。DNAに見られる配列が、ランダムに配列を探っていくことで到達できるものではないことを物語っているからだ。むしろ、DNAの配列は、反復的な進化のプロセスによって発見され、維持され、洗練され、拡大していったものなのだ(13)。また、DNAの例は、情報が存在することと人間が情報を解読できることはまったく別の話であることも物語っている。DNAに見られる秩序は、情報の定義に意味をもたらすわけではない。たとえ多くの配列の意味や役割を理解するのに難儀《なんぎ》するとしても、DNAに情報が存在するということはわかる。したがって、情報と意味を混同してはいけないし、あるものが見る人にとって情報であったりなかったりしてはならない。

私たちが人間特有の伝達手段（英語など）や生物特有の伝達手段（DNAなど）を通じて伝える情報を特徴づける相関は、私たちがその解読方法を知っているかどうかにかかわらず、現にそこに存在するのだ。この相関は情報に富んだ状態の特徴であり、観察している人に固有のものではない。そう考えると、通信という点でいえば、意味のあるものは無意味なものに乗って運ばれる、ということになる。私たちが意味のあるメッセージを伝達できるのは、無意味な形態の物理的秩序がもともと存在するからだといえる。この無意味な形態の物理的秩序こそ、情報の真の姿なのである。*

最後に、状態の多重度によるエントロピーの定義と、人間の情報処理能力（つまり計算能力）とを結びつけてみよう。ルービック・キューブの例で見たように、情報に富んだ状態が見つかりにくいのは、単にそういう状態が珍しいからだけではなく、その状態に至る経路がごく少ないからでもある。だからこそ、私たちはルービック・キューブを解く能力と知能とを同一視する。ルービック・キューブを解ける人は、その数少ない経路を見つける（またはその見つけ方を丸暗記する）能力がある、ということになるからだ。しかし、ルービック・キューブよりも単純で、ある系の状態の多重度と計算能力との関係を示す例はほかにもある。たとえば、円形の板や立方体などの図形を穴にはめていくゲームを考えてみよう。ほとんどの赤ん坊は、一四カ月くらいになると、球《きゅう》や円形の板を穴にはめるのはかなりうまくなるが、立方体、正方形や三角形の板などをはめるのには苦労する。(14) なぜだろうか？球を穴にはめるのが易しいのは、球はどう回転しても常に形が変わらないからだ（すべての状態が同等）。同じように、円形の板を穴にはめるのが易しいのは、軸を中心に回転しても形が変化しないからだ。ところが、立方体を穴にはめようとすると難しくなる。うまくいく回転のさせ方はごく一部だけだからだ。三角形の板の場合はさらに悪く、うまくいく回転のさせ方はもっと少なくなる。不等辺三角形の板となると（正しい回転のさせ方は一通り）、赤ん坊にとってはルービック・キューブみたいなもので、解ける子どもはほとんどいない。つまり、幼児が図形を穴にはめる能力を養うというのは、換言すればエントロピーの低い珍しい状態を見つける能力を養うことなのだ。無数にある可能な配置のなかから、珍しくて貴重な状態を見つけるというのは、人間の情報処理能力、つまり計算能力を単純化した絶好のモデルといえよう。このことは、穴に図形をはめる赤ん坊にも、ルービック・キューブを解こうとする若者にもいえるのだ。

＊

本章の冒頭で、架空のブガッティを大破させて、製品のなかに具象化されているものが物理的秩序、つまり情報であることを説明した。しかし、その秩序がどこから生まれるのか、どうして増大するの

＊　もちろん、完全に相関した絵、たとえば一色でべったりと塗られた絵（巨大な赤い正方形）というのも、ほとんど情報が具象化されないもののひとつだろう。相関が強すぎて、たったひとつのピクセルを見ただけで絵の全体が予測できてしまうからだ。つまり、情報というのは、完璧に秩序立った構造や無秩序な構造ではなく、フラクタルのように、周期的ではないがある意味で規則的な構造に含まれることになる。たとえば、顔、木、車のエンジン、雲のように、さまざまな距離で相関が具象化されているような構造である。

か、なぜ経済的価値を持つのかを説明するにはとうてい至っていない。次章では、物理的秩序の起源について根本的な視点から考察してみたいと思う。人間はどういう種類の秩序を経済に蓄積していくのか、なぜその秩序が重要なのか、人間は秩序をどう増大させるのか、といった疑問については、その後の章で考えていこうと思う。製品を情報という観点から説明し終えたら、次はブガッティのような「秩序」を生み出す人間の能力を制限する社会的・経済的なメカニズムについて説明してみたい。そうすれば、世界の経済格差が増していく仕組みを理解し、情報の成長に関する知識を、社会や経済の発展という概念へと広げていくことができるだろう。

第３章　永遠の異常

時間の不可逆性こそが混沌から秩序を生み出す機構である。

――イリヤ・プリゴジン

誰しも、時間を巻き戻したいと思ったことがあるだろう。時にはちょっとしたミスを取り返すため、そして時には大きな失敗を取り返すために。しかし、問題は失敗の大小でないことはみんな知っている。時間は一方向にしか流れないのだ――過去から現在、若《じゃく》から老、生から死へと。(1)

時間の不可逆性は、重力の引きつける力と同じで、明らかな物理的現実なので、明確な説明があるはずだと思うかもしれない。しかし、それは違う。実際、二〇世紀まで、時間の不可逆性は人類最高の天才たちをも唸《うな》らせる難問だった。アイザック・ニュートンやアルベルト・アインシュタインが作り上げた見事な運動の理論は、理論上は時間的に可逆である。(2) 彼らの理論は、物体の位置と向かう場所をはっきりと区別することなく、大砲の弾、惑星、衛星の運動を説明する。この対称性は、単純な系に対しては成り立つのだが、なぜライオンが動物を食べて消化することはあっても、生きた動物をまるまる吐き出すことはないのか、なぜめちゃめちゃになったブガッティが自然と組み立てられ、走行可能な車に戻ることはないのかを説明できない。

ここで私たちが時間の不可逆性に着目するのは、単に自然界の難問として面白いからだけではなくて、情報の物理的な起源と密接に結びついているからでもある。時間の不可逆性と情報の物理的な起源はいずれも、単一粒子の動きをつかさどる運動の法則（それがニュートンの法則であれアインシュタインの法則であれ）には刻み込まれていない宇宙の特性である。むしろ、多数の粒子の集まりの挙動をつかさどる別の物理法則に依存する宇宙の性質である。そこは荒々しい理論的領域であり、軌道（物体の移動する経路）という基本的な概念が意味を失う場所だ。驚くべきことに、軌道が意味を失うとき、時間が生まれるのである。

時間の不可逆性と情報の遍在性が組み合わさると、さらなる難問が生じる。あとでお話しするように、時間の不可逆性は、秩序から無秩序への宇宙の行進と結びついている。しかし、私たちの知るかぎり、地球ではその正反対のことが起こりつづけている。地球上の情報量は、減少するどころか着実に増えつづけているように見える。

地球の至るところで情報が成長しているという事実は、一九世紀の物理学の前にたちはだかる難問だった。一九世紀の物理学者たちは、目では窓の外の世界がどんどん複雑化していく光景を見ながらも、頭では時間が経過するにつれて情報はおおむね破壊されていくというボルツマンの発見を理解していた。事実、ギターの奏でる音は、音波が空気中を浸透していくにしたがって消滅する。小石が生み出す池の波紋はやがて収まり、池は静止状態へと戻る。この情報の消失は一九世紀に発見された物理学で説明できたが、宇宙にある特別なポケットのなかで起きている情報の成長は説明できなかった。

この秩序のパラドックスへの注目が一九世紀に高まったきっかけは、チャールズ・ライエルとチャールズ・ダーウィンが、地球の年齢は聖書の記述どおり六〇〇〇歳ではなく、実は数十億歳だと主張したことだった。私たちの目にしている情報の異常な成長が、数十億年前から起こっていることを示す驚きの新事実である。しかし、本来異常は短命であり、永遠に続くはずがない。ということは、この明白な矛盾から導き出せる結論はたったひとつ——私たちの自然理解のどこかに穴がある、ということだ。秩序は現に増大していたが、その理由は誰にもわからなかった。

ボルツマンの最大の成功は、多数の粒子からなる系はなるべく情報の少ない状態へと向かう傾向がある、ということを示した一八七八年の論文だった。この法則は熱力学第二法則と呼ばれ、その数十年前にルドルフ・クラウジウスがもう少し複雑な定式化を用いて予測していた。熱力学第二法則とは、閉じた物理系のエントロピーは常に増加する傾向にある、というものだ。つまり、系は秩序から無秩序へとひたすら行進を続けるのだ。透明な水の入ったグラスに少量のインクを落とすとしよう。初期の状態、つまりインク滴が美しい渦となって局在している状態は、情報に富んでいる。インクが一カ所に局在する方法はほんのわずかだが、インクがグラス内にだいたい均一に拡散する方法はたくさんある。最終状態、つまりインクが拡散しきった状態は、情報が乏しい。それと同等な状態は無数にあるからだ。したがって、グラスの水に少量のインクを垂らすと、時間の矢が動くのが見える。時間は情報に富んだ状態から情報の少ない状態へと動いていく。時間の経過に伴って、宇宙は珍しい配置からありふれた配置へと変化していく。そして、ボルツマンの理論はそれを完璧に説明していた。

それでも、宇宙はインクを垂らすのとは似ても似つかない例に満ちている。人間の赤ん坊の成長や焼失した森林の自然な再生のように、情報や複雑さが増している例はたくさんある。では、その情報はどこからやってくるのか？　ボルツマンやマクスウェルによって予測され、のちにヘルムホルツ、ギブズ、アインシュタインの熱力学によって洗練された宇宙は、均質なスープへと進化していくような宇宙だった。このスープのなかでは、情報は存在せず、エネルギーはもはや自由ではなくなる（つまり、仕事を実行できるエネルギーが存在しない状態）(3)。

二〇世紀になり、時間の矢や情報の物理的な起源に関する理解は、現実の物理的な性質と両立するようになった。新しい理論によって、情報は異常でも何でもなく、生まれて当然であることが証明できた。新理論はアインシュタインやニュートンの力学、ボルツマンの統計力学とは矛盾しなかった。情報の起源や時間の矢が別の物理原理や物理的要素に依存することを示していたからだ。この分野の第一人者といえば、ロシア生まれベルギー育ちの統計物理学者、イリヤ・プリゴジンである。プリゴジンは、「非平衡熱力学、特に散逸《さんいつ》構造理論の研究に貢献した」として、一九七七年にノーベル化学賞を受賞した(4)。プリゴジンは実に数多くの重大な発見をしたが、本書で注目するのは、「非平衡の物理系の定常状態のなかで情報が自然と発生する」という考えである。情報の物理的な起源を一言でまとめているこの文章は、おそろしく難解に聞こえる。しかし、一連の例をじっくりと見てみると、そう難解でないことに気づくだろう。そこで、次の数段落では、プリゴジンの命題を紐解《ひもと》き、その意味を明らかにしてみたいと思う。

情報の物理的な起源を理解するには、まずいくつかの点を押さえておく必要がある。ひとつめは定常状態という概念。ふたつめは動的定常状態と静的定常状態の違い。静的定常状態のごく単純な例といえば、お椀に落としたビー玉だ。どうなるかは明白。少しして、ビー玉はお椀の底にぴたりと止まる。これが静的定常状態だ。

それよりも面白いのが、気体を充満させた箱の例だ。箱に気体を入れて少し待つと、箱の右側にある気体の量と左側にある気体の量がちょうど同じになる。しかし、気体の充満した箱の定常状態は、お椀の底に止まったビー玉の定常状態と同じではない。気体の充満した箱の場合、分子がすべて一定の位置に静止しているわけではない。気体の分子は絶えず動いているが、左から右へと移動する分子の数と右から左へと移動する分子の数が等しくなることで、定常状態に達しているのだ。箱に充満した気体は、グラスの水に拡散しきったインクと同じように、動的定常状態のひとつの例だ。

ここで、非平衡系の定常状態について考えてみよう。典型的な例は、浴槽の栓を抜いたときにできる渦だ。浴槽の栓を抜いて水を流しはじめたとたん、排水口の上部の水が渦を作りはじめる。この渦は、水が流れているかぎりは安定しているので、定常状態だ。また、静止した水で自然と発生することのない珍しい水分子の配置なので、情報に富んだ状態でもある。(5) 静止した水とは異なり、渦は組織化された構造である。水分子はでたらめな方向に動いているわけではなく、隣の水分子と相関した速度や軌道を持つのだ。しかし、この渦の情報に富んだ状態は自然に発生する。非平衡系で何もしなくても手に入る状態なのである。ここまで理解したところで、先ほどのプリゴジンの文章に戻ると、渦は「非平衡の物理系の定常状態のなかで自然と発生する」情報の一例といえる。

例は渦だけではない。非平衡系で自然と発生する秩序の例は、ほかにもたくさんある。タバコの煙の渦、キャンプファイヤーの炎のゆらめき。そしてコンピュータ画面の輝きも。コンピュータ画面は電源をオンにすると間違いなく平衡でなくなる。あなたや携帯電話も、非平衡の物理系の例といえる。あなたは非平衡の状態を維持するために食事するし、携帯電話を毎晩充電する。

プリゴジンは、ボルツマンの理論は正しいものの、地球で観察される現象には当てはまらないことに気づいた。地球は、平衡に向かってまっしぐらに突き進む巨大な系――つまり宇宙――の内部にぽっかりと存在する、非平衡のポケットだからだ。実際、地球はいかなる平衡にも近づいてこなかった。地球の核の内部で起きている核崩壊と太陽のエネルギーが、地球を平衡から引っ張り出し、情報が生まれるのに必要なエネルギーを与えている。いわば地球は、宇宙という不毛の荒野のなかにある小さな情報の渦なのだ。

プリゴジンは、宇宙の情報に富んだ性質を理解するには、非平衡系の統計的性質を理解する必要があると気づいた。この統計的性質は、ボルツマンの研究した系の性質とは異なり、情報が自然と発生するような事例も含む。プリゴジンが画期的だったのは、非平衡系の挙動をつかさどる数学的な法則や原理をいくつか導き出したことだった。彼の研究は、宇宙が特殊な方法で組織化されており、混沌の反対側に情報が潜んでいることを証明した。鍋で水を沸騰させるところを考えてみよう。まず、少しだけ熱を加えてみる。すると、鍋の底の少量の水が温められる。温まった水の分子は少し速く動き回りはじめるが、すぐに火を消せば、鍋の水が情報に富んだ状態へと自己組織化されていくことはない。次に、長く熱を加えた場合を考えてみよう。水分子がもっと速く動きだすにつれて、水は乱流と化す。カオス状態だ。この状態には、タバコの煙の渦と同じように、情報が含まれる。さらに加熱しつづけると、鍋は対流という動的定常状態に達する。すると、組織化された流れが生じる。つまり、混沌を通り越すと、系は相関や情報に満ちた非常に組織化された状態へと変化していくのだ。プリゴジンは、物質が非平衡系で到達する定常状態は、組織化されている傾向があることを示した。混沌のあとに情報が待っているのである。

　非平衡系が情報に富んだ定常状態で特徴づけられるという事実は、情報の起源を理解するのに役立つ。地球のような非平衡系では、情報の発生は予期されている。もはや異常ではないのだ。しかし、悪いニュースがある。情報に富んだ異常の陰には、常にエントロピーが潜んでいて、そうした異常をむしばむチャンスをうかがっている。浴槽の渦は、排水口に栓をしたり水がなくなったりしたとたんに消滅してしまう。とすると、宇宙は非平衡系が私たちに与えてくれた定常状態をすぐさま奪い取ってしまうと思うかもしれない。しかし、情報は反撃の方法を見つけた。その結果、私たちの暮らす地球では、情報が再結合し、生まれるほどの〝粘着性〟を獲得した。この粘着性は、生命や経済が生まれる必須条件であり、また別の基本的な物理的性質に依存している。

　情報の粘着性を生み出しているひとつめのメカニズムには、熱力学ポテンシャルという概念がかかわっている。と聞くとまた難解に思えるが、そんなことはない。ここで理解しておく必要があるのは、物理系の定常状態は、熱力学ポテンシャルという数学関数の最小値として記述できる、という点だ。高校の物理学で習ったポテンシャルという概念の基本的な考えは、誰にとっても身近なものだ。ビー玉が最後にはお椀の底にぴたりと止まるという事実は誰でも知っている。それはその状態のときにポテンシャル・エネルギーが最小値を取るからだ。ところが、物理系の定常状態は、エネルギーを最小にするものばかりではない。ほかの量を最小または最大にする定常状態も数多くある（たとえば、箱のなかに静かに充満する気体はエントロピーを最大化する）。とはいえ、そうした量のすべてをここで説明する必要はない。私たちが主に注目しているのは、非平衡系をつかさどるポテンシャルだからだ。では、浴槽の渦のような非平衡系が最小化するポテンシャルとは何なのか？　一九四七年、プリゴジンは非平衡系の定常状態がエントロピーの生成を最小にすることを示した[6]。つまり、非平衡系は、秩序が自然に発生し、情報の破壊を最小化するような定常状態へと自己組織化されるのだ。

　プリゴジンは、平衡に近い系を考えることでこの原理を導き出した。それはひとつの定常状態と複数の過渡状態で特徴づけられる系だった。これはかなり狭い例なので、彼の原理は平衡から遠く離れた系、つまり複数の定常状態を〝選択〟できるような系にすぐさま適用することはできない。実際、いまだ議論が続いているとはいえ、平衡から遠く離れた系はエントロピーの生成を最大化するような定常状態を選択する、と主張する人々もいる。[7] しかし、このエントロピー生成最大原理は、プリゴジンのエントロピー生成最小原理とは矛盾しない。エントロピー生成が最大の定常状態であっても、依然として過渡状態よりはエントロピー生成は少ないからだ。それでも、この会話にあまりのめり込まないようにしないといけない。ここでの目標は、非平衡統計物理学について詳解することではなく、情報の起源を説明することだからだ。なので、平衡から遠く離れた系をつかさどるポテンシャルの問題はいったんそのままにし、こう結論づけることにしよう――このポテンシャルは、エントロピー生成を最小化するものであれ、エントロピー生成を最大化するものであれ、統計的プロセスの不可逆性の度合いを示すものであれ、自己組織化する状態によって特徴づけられる。その自己組織化する状態は、豊かな相関を持ち、過渡状態より散逸《さんいつ》的でなく、生命の前提条件である物理的秩序を生み出す。

プリゴジンとグレゴアール・ニコリスは、非平衡系と生命の関係について論じた一九七一年の見事な論文で、こう指摘している。「一般的に、熱力学的平衡の付近では構造の破壊が優勢である。逆に、（中略）通常の熱力学的挙動を示す安定した状態の範囲外では、特定の非線形的な動力学的法則を伴って、構造が生じる場合がある」[8]

統計物理学的な非平衡系は情報を生み出し、保持する。しかし、その流体性ゆえ、こういった系が長時間にわたって情報を保持できるとは考えにくい。渦は突然消えてなくなり、タバコの煙はもやへと薄まるにつれて奔放な美しさを失う。非平衡系の統計的性質は、人間に起因しない情報の起源を理解する助けにはなっても、情報の持続性を理解する助けにはならない。しかし、情報の持続性があるからこそ、情報は再結合し、生命や経済は誕生しえるのだ。したがって、情報の持続性は情報の起源と同じくらい重要といえる。情報の持続性がなければ、さらなる情報を生み出すための情報の再結合は起こりえないからだ。しかし、情報の持続性は、情報の起源について説明する法則では保証されない。ここでもやはり、別の何かが起きていると考えねばなるまい。

一九三三年にノーベル物理学賞を受賞したエルヴィン・シュレーディンガーが、一九四四年の著書『生命とは何か』で指摘したように、本書の例で用いたような流体系について考えるだけでは、物理的に具象化された情報の永続性は理解できない。タバコの煙、渦、インク滴、気体はみな流体であり、流体が消失する理由は主にこの流体性にある。したがって、情報に〝粘着性〟があり、情報の再結合が起こりうるふたつめの理由は、情報が固体として具象化されるからだ。もういちど、浴槽の渦の例を考えてみよう。ただし今回は、魔法の杖を一振りするだけで、浴槽と渦を瞬間的に凍らせられる、つまり結晶化できるものと仮定する。(9) 想像上のアイスピックを持ってきて、渦を周囲の氷のなかから彫り出したとしよう。あなたの手元に残るのは一握りの情報である。渦を解凍しないかぎり、情報に富んだ定常状態のなかに存在する情報の一部はそこに残るだろう。(10) 渦を固体化することで、流体の世界で生まれた情報を閉じ込め、私たちの世界の複雑性を構築するのに使える「情報の結晶」を得ることができたわけだ。

私の知るかぎり、渦を凍らせるのは物理的に不可能だが、イメージを思い描くには十分だ。そして、情報の永続性や進化にとって固体が重要であることが理解できる。シュレーディンガーは『生命とは何か』で、情報に富んだ生命の性質を説明するうえで固体は欠かせないと断言した。彼は当時の世界じゅうの生物学者と同じように、生命体を作るのに必要な情報が細胞内のどこか、たんぱく質またはDNAのなかに隠されていることを理解していた。[11] 物理的な観点からすると、たんぱく質もDNAも技術的には結晶である。より厳密にいえば、非周期性結晶だ（交互に繰り返すのではなく長距離相関を持つ構造）。四種類の音符が何度も繰り返し現われる楽譜を考えてみてほしい。この楽譜は、変奏や展開が至るところにある楽譜と比べると、情報がきわめて少ない。シュレーディンガーは、情報を蓄えるのに非周期性が必要なことを理解していた。規則的な結晶にはたいした情報を保持できないからだ。「遺伝子が均質な液体の滴のようなものでないことは間違いない。遺伝子はおそらく巨大なたんぱく分子であり、そのなかで一つひとつの原子、基《き》、複素環が固有の役割を果たしている。それは、ほかのいずれの同種の原子、基、環とも多かれ少なかれ異なる役割である」。シュレーディンガーによると、生命という現象は、生体分子の非周期性とその固体性・結晶性の両方に依存している。非周期性は分子が情報を具象化するのに欠かせない条件であり、分子の固体性はその情報が持続するのに欠かせない条件だった。

したがって、プリゴジンとシュレーディンガーの考えを組み合わせると、情報の起源（＝非平衡系の定常状態）と、情報が持続する理由（＝情報が固体として格納されるから）のふたつが理解できる。このふたつの組み合わせには、詩的な不思議さがある――私たちの宇宙は凍っていてなおかつ動的でもあるのだ。物理的な観点からいえば、固体はその構造が周囲の環境の熱変動に対して安定しているので〝凍って〟いるといえる。[12]私たちの都市は、車、建物、バス停、地下鉄、歩道などの固体でできている。家は、台所のシンク、冷蔵庫、皿、電球、洗濯機などの固体でできている。私たちの細胞も、細胞機能を取り仕切る無数のたんぱく質という固体でできている。それでも、車やたんぱく質は動き回れる固体だ。そして都市や細胞は、固体どうしが互いに関連して動き回っている動的なシステムである。こうした物体の固体性があるからこそ、私たちは低コストで情報を蓄積できる。固体がそのなかに格納された情報をエントロピーの魔の手から当面のあいだ守ってくれるからだ――たとえ宇宙規模で見れば刹那《せつな》の時間であっても……。

しかし、情報の成長は、結晶性の固体や動的な渦だけで完結する話ではない。情報が本格的に成長していくためには、宇宙にもうひとつの仕掛けが必要になる。それは物質が持つ情報処理能力、つまり物質の計算能力だ。

木を考えてみよう。半分〝凍った〟状態にあるといえる木は、日光を動力とする一種のコンピュータである。ニューイングランドの木はニューイングランドの一日の長さに反応し、夏と冬で異なるプログラムを実行し、いつ葉を落とすか、いつ新しい芽を出すかを算出する。木は環境内の情報を処理する。シグナル伝達経路に組織化されたたんぱく質のおかげで、木は水に向かって根を伸ばす方法、病原体に脅《おびや》かされたときに免疫反応を活性化する方法、太陽に向かって葉を伸ばす方法を知る。木には人間のような意識や言語があるわけではないが、人間と同じく情報を処理する全般的な能力を持っているのだ。木はノウハウを持っているが、木の情報処理方法は人間の頭脳とは異なる。むしろ、消化、免疫、ホルモンによる調節など、人体が誰に教わるでもなく行なっている処理と似ている。

技術的にいえば木は一種のコンピュータだが、その動力源はコンセントではなく太陽だ。コンピュータといっても、人間と同様、MATLABなんて実行できないが、その代わり、コンピュータとも人間とも違って光合成のノウハウを持っている。木が情報を処理できるのは、非平衡系の定常状態にあるからだ。木はノウハウを具象化し、そのノウハウを利用して生き延びているのだ。

しかし、木が生きているからといって、生命誕生の前から計算能力が存在していたと断じることはできない（人間誕生の前から計算能力が存在していたことを示す有力な例ではあるが）。物質の情報処理能力のほうが生命誕生よりも前から存在していたことを実証するには、もっと基本的な系について考えなければならない。ここで、プリゴジンを魅了した化学系の出番となる。

化合物の集合〔I〕を、中間化合物の集合〔M〕を経て生成物の集合〔O〕へと変化させる化学反応を考えてみよう。この系に〔I〕を安定して供給するとどうなるか。〔I〕の流入が少ないと、この系は中間化合物〔M〕があまり増減しないような形で生成・消費される定常状態へと落ち着く。つまり、一種の平衡状態に到達するのだ。ところが、ほとんどの化学系では、〔I〕の流入を増やすと、この平衡は不安定になり、系の定常状態がもともとの平衡状態とは異なるふたつ以上の安定した定常状態で置き換えられる。[13] これらの新しい定常状態が出現すると、系はそのなかから〝選択〟をしなければならなくなる。つまり、いずれかの定常状態に移行する必要が生じ、系の対称性が破れ、その選択によって特徴づけられるひとつの歴史が生まれることになる。投入物〔I〕の流入をさらに増やすと、その新しい定常状態も不安定になり、また新たな定常状態が生まれる。この定常状態の増殖は、化学反応を化学時計のような非常に組織化された状態へと導く場合もある。化学時計とは、ある種類から別の種類へと周期的に変化する化合物、いわば化学的な振動子である。しかし、こうした単純な化学系には情報処理能力が備わっているのだろうか？

ここで、投入物〔I〕の濃度を変えて、この系をある定常状態へと強制的に追いやることができるとしよう。そういう系は〝計算〟をしていることになる。なぜなら、取り込む入力に応じた出力を生み出すことになるからだ。いわば化学的なトランジスターである。非常に大ざっぱにいえば、この化学系は原始の代謝のモデルといえる。もっと大ざっぱにいえば、細胞がある型から別の型へと分化していくモデルでもある。複雑系を研究する生物学者のスチュアート・カウフマンが数十年前に指摘したように、抽象的にいえば、おのおのの細胞の多様な型はそれぞれ、こうした系の動的定常状態の一つひとつとみなせるからだ(14)。

高度に相互作用する非平衡系は、季節の変化に反応を示す木々であれ、受け取った入力に関する情報を処理する化学系であれ、物質に計算能力があることを教えてくれる。情報と同じように、計算能力が生命誕生の前から存在していたということを。こうした化学系に刻まれた化学変化は、化合物に刻まれた情報を修正している。したがって、化学変化は計算の基本的な様式であるといえる。生命とは物質が持つ計算能力の結果として存在するのである。

最後に、この話が時間の不可逆性とどう関係するかを説明しておこう。なんといっても、本章の最大の疑問はそれだ。説明のため、いまいちどプリゴジンの研究を用いたいと思う。例として、何兆個ものピンポン玉が入っている巨大な箱を想像してほしい[15]。

ピンポン玉はぶつかりあってもエネルギーを失わないものとする。つまり、この相互作用は永久に終わらない。次に、すべてのピンポン玉が箱のひとつの隅に整然と並んでいて、箱じゅうに散らばる程度の運動エネルギー（つまり速度）を与えられた時点から観察を始めたとする。これは先述の水にインクを垂らす例と似ている。

この単純な統計力学系では、時間の不可逆性に関する疑問はこうなる──特定の時点において、時間が逆行しているかに見えるようピンポン玉の運動を逆転させることは可能か？　言い換えれば、最終状態が先ほどの初期配置（隅に整然と並んだ状態）になるような軌道をピンポン玉に与えることは可能なのか？

この〝映画〟を順方向に再生したときの様子はイメージしやすい。ピンポン玉は絶えず運動しながら箱全体に広がり、動的定常状態と呼ばれる状態へと到達する。しかし、時間の巻き戻し実験をしてみよう。簡便化のため、ふたつの装置があるものとする。ひとつめは、一つひとつの玉の希望速度が書き込まれた入力ファイルを与えてやれば、どんな数の玉の速度でも一瞬で変更することができる装置。この装置は無限の精度を持つが、供給された情報の精度でしか命令を実行できない。たとえば、位置と速度を二桁の精度（センチメートル毎秒の速度）で与えた場合、玉にはその精度でのみ速度が与えられ、指定されていない小数部分（つまり、ミリメートル毎秒以下の単位）はすべてランダムになる。ふたつめは、各ピンポン玉の位置と速度を有限の範囲内ならいくらでも高精度に測定できる装置。そこで問題。このふたつの架空の装置を使って、まるで〝映画〟が逆再生されているかのように、系の速度を逆転させることはできるだろうか？

まず、ごく粗い精度で各ピンポン玉の速度を逆転させる実験を行なってみよう。たとえば、ある玉の x 軸方向の速度が $v_x=0.2342562356237128\ldots$［メートル毎秒］だとする。単純に最初の二桁だけを取り、逆転させるとしよう（$v'_x=-0.23$）。これだけで映画は逆再生するだろうか？　間違いなくノーだ。エネルギーを失わない数兆個のピンポン玉からなる系は、その定義からカオス系である。つまり、初期条件のわずかな差が時間とともに指数関数的に増加していく。この系のカオス的な性質が意味するように、二桁の精度では、初期配置へと自然に戻るような軌道を玉に与えるには不十分である。しかし、それは単なる精度の問題なのか？　それとも何か根本的な制約が働いているのか？　測定や実行の精度が十分なら、時間を逆転できるのか？

先ほどの架空の装置を使えば、もっと高い精度で同じ思考実験を繰り返せるが、精度が有限であるかぎり、時間を逆転させることはできない。二桁ではなく一〇桁、二〇桁、一〇〇桁で速度を指定したとしても、やはり時間を逆転させることは不可能だろう。カオス系では、測定誤差が増幅してやがては系全体を支配してしまうからだ。数学的にいえば、これは桁の重要度が逆転する例のひとつといえる。ふつう、多くの桁を持つ数値の場合、右よりも左にある桁ほど重要度が高い（銀行口座は特にそうだ）。しかし、カオス系では異なる。カオス系では、やがて誤差が増幅して系を支配してしまうのは測定値の一桁めではなく、最終桁だからだ。ところが、測定の精度がどれだけ高くても、数値の右側には必ず新しい桁がある。したがって、ハイゼンベルクの不確定性原理（こうした精度はどれだけ高くしたくともせいぜい数十桁が限度だとする原理）など持ち出してこなくても、こう結論づけられる――先ほどの装置で粒子の速度を変更し、系にエネルギーを注入しているほんのわずかな時間を除けば、映画は必ず順方向に再生されているように見えるのだ。

　したがって、統計力学系で時間が不可逆だといえるのは、多数の粒子からなる系にはカオス性があり、系の進化を逆転させるには無限の情報量が必要になるからだ。これは、統計力学系が逆行しえないという意味でもある。それは現在と両立しうる経路が無数に存在するからだ。統計力学系は、前進するとすぐに後戻りの方法を忘れてしまう。この無限性こそ、プリゴジンが「エントロピー障壁」と呼ぶものであり、ニュートンやアインシュタインの時間理論のような空間化されている時間観（訳注：アインシュタインの理論では時間は「時空」の四番めの次元として扱われる）とは違う時間観を与えている。プリゴジンにとって、過去は到達不能なだけではない。単に存在しないのだ。過去が過去に存在したとしても、過去が現在存在しているわけではない。私たちの宇宙には**過去も未来もなく、その瞬間その瞬間で計算される現在が存在するだけ**なのである。この現実の瞬間性は、統計物理学と計算とを結びつけてくれるという点で奥深い。プリゴジンの描く瞬間的な宇宙は、微視的なレベルで過去が計算不能なため、過去に到達できないことを示している。振り子や惑星の軌道のように、（散逸がないかぎり）順再生と逆再生がまったく同じに見える理想的な系を除けば、プリゴジンのエントロピー障壁は現在が過去へと進化するのを禁じているのだ。

＊

本章の冒頭で、時間の不可逆性と情報の起源について疑問を掲げた。このふたつが組み合わさると難問になる。時間は秩序から無秩序へと流れているのに、私たちの世界はどんどん複雑化しているように見えるからだ。一見すると、宇宙全体でエントロピーが増大しているのは、情報の成長と矛盾しているように思える。ところが、実際には矛盾していない。宇宙は、特別なポケットのなかで情報を発生させる秘策をいくつか握っているからだ。そのポケットとはどういう場所なのか？　自由エネルギーが豊富な一方で、固体が存在しえるくらい温度の変動が緩《ゆる》やかな場所である。情報は固体として保持されたほうが長持ちするからだ。

本章で説明したような宇宙の熱力学は、情報が発生しうる状況を理解する助けになる。しかし、宇宙が私たちの窓の外に広がるような複雑性を生み出せているのは、そういう単純なメカニズムのおかげだけではない。情報が真に成長していくためには、宇宙にもうひとつの仕掛けが必要になる。それが物質の計算能力だ。

単純な化学系にも、木や人間のような複雑な生命体にも備わっている物質の計算能力は、私たちが故郷と呼ぶ宇宙の特殊なポケットのなかで、情報が爆発的に成長していくのに欠かせない。この計算能力と人間、人間の作るネットワークとの関係が、パート3のテーマだ。パート3では、システムが持つ知識やノウハウの蓄積能力について考察する。社会で情報が成長していく仕組みを説明するには、この計算能力と、人間の計算能力の制約について考える必要があるだろう。

しかしその前に、まずは人間と密接な関係のある情報――つまり人間が知識やノウハウを用いて生み出す情報――の「物質性」について理解しておこう。ＤＮＡや凍結した渦の物質性ではなくて、ネックレスのような単純な製品から、ジャンボジェット機のような複雑な製品まで、人間が作り、交換する製品の物質性である。そこで次のパートでは、製品が具象化する情報と、その情報が製品にもたらす暗黙の能力に着目しながら、私たちの経済を構成するモノについて詳しく説明していきたい。そうすることで、製品は情報を物理的に具象化したものであるだけでなく、メッセージより重要なもの――知識やノウハウの実用的用途――を伝える手段でもある、ということがわかってもらえると思う。

パート2

想像の結晶化

この世界はわれわれの想像を描くためのキャンバスにすぎない。

——ヘンリー・デイヴィッド・ソロー

情報を処理するのにくたびれてしまうことがよくある。どれだけ忙しく動き回っても、世界はまったく容赦してくれない。メールに返信し、調べ物をし、原稿にコメントし、スライドを準備し、講演を行ない、契約を検討し、議論について考え、ウェブサイトのデザインを思い描き、論文を査読し、提案を書き、数字を用意し、アルゴリズムを練り、写真を撮り、飛行機に乗り、荷物をまとめ、アドバイスをし、アドバイスを受け取り、サンドイッチを作り、エレベーターのボタンを押し、何かを思い出そうとし、そしてもちろん、キーボードの前でうんうん唸《うな》りながら単語を並べ替える……。

私は社会や経済という広大な宇宙のなかで動き回る小さなニューロンである。時に、行き先もわからないまま動き回っている。さまざまなシグナルに引っ張り回されながら、私は適応しようともがく——何かを作りたいという欲求と、仲間とパーッと騒ぎたいという欲求の折り合いをなんとか付けながら。もちろん、そうするのは難しいこともある。

そして、一言でいえば、それこそが人生なのだ。動き回って情報を処理し、仲間と交流しながら情報を成長させていく。私たちは意味のないモノと意味のあるメッセージを交わして人生を過ごす。つまり、私たちの情報処理能力を高めるモノと、私たちの行動や他者への態度を左右するメッセージである。私たちは限られた能力を補うために社会構造を作り、その社会構造が情報の処理方法を獲得していく。こうして、私たちはモノや言葉のなかに情報を生み出す。私たちは知らず知らずのうちに、情報の成長のためにせっせと汗を流し、周囲の環境を築いていく。そのなかには意味のあるものもないものもあるだろう。

以降のページでは、経済のなかで情報を成長させる社会的・経済的なメカニズムについて説明したいと思う。そのメカニズムは、先ほど物理系に関して説明した三つの原理を拡張したものだが、社会や経済のシステムの複雑さを盛り込むため、少し手を加えている。*

社会が情報の蓄積能力を獲得するためには、エネルギーの流入、情報の固体化、そしてもちろん人間の集団としての計算能力が必要になる。地球上の情報を成長させつづけているエネルギー源は、当然ながら太陽である。植物はそのエネルギーを採《と》り入れて糖へと変える。そして、植物は長い時間をかけて分解され、私たちが石油と呼ぶ鉱物燃料へと変わっていく。しかし、種《しゅ》としての人類は、情報を永続させる驚異の能力を身につけた。初めて石斧を作ったときから最先端のコンピュータを発明するまで、情報をモノのなかに蓄積する術《すべ》を身につけてきたのだ。こうした固体のモノを生み出すには、エネルギーの流入が必要だが、分散した計算能力も必要だ。人間の計算能力が発揮されるためには、社会的ネットワークが機能する必要がある。したがって、人間の計算能力は制度やテクノロジーの影響を受ける。そうした制度やテクノロジーとしては、分断された人間の言語、差別、信頼の高さ、通信技術や輸送技術などがある。制度やテクノロジーが不十分だと、知識やノウハウの蓄積に必要なネットワークを形成する能力が損なわれ、情報の成長するスピードが抑えられかねない。

パート2では、人間が情報を蓄積するために生み出す固体としてのモノにテーマを絞って話を進めていこうと思う。詩的な理由、そして技術的な理由から、私はそういうモノを「想像の結晶（crystal of imagination）」と呼びたいと思う。パート3では、コンピュータとしての社会論について考察し、知識やノウハウの蓄積に必要な社会的ネットワークの形成を妨げるメカニズムについて説明する。パート4では、経験的なデータを用いて、それまでの理論から予測される内容を実証し、経済成長や経済発展のプロセスに関する従来の説明と統合してみたい。

＊　従来の経済学の用語はあまり用いていないが。

靴状の情報を処理している男性。サウジアラビアの首都リヤド。

会話を通じて情報パケットを交換している人々。ロシアのサンクトペテルブルク。

休止状態の情報プロセッサ。コロンビアのカルタヘナ。

エネルギーを摂取しながらメッセージを共有する家族。チリの首都サンティアゴ。

長距離相関と短距離相関を示す大聖堂。ロシアのサンクトペテルブルク。

情報の破棄。アメリカのマサチューセッツ州サマービル。

第４章　脳に生まれて

私たちは想像力の話をよくいたします。詩人の想像力、芸術家の想像力というように。でもたいてい私たちは、自分の話していることをよくわかっていないのではないかと思うのです。想像力こそ、私たちの周囲の見えない世界、科学の世界を見通す力なのです。それは、ここにあるもの、つまり私たちには見えない、五感ではとらえきれない真実を感じ、発見する力です。

――エイダ・ラブレス

オートバイは、あらゆる構成概念を鋼鉄のなかに集積したひとつのシステムである。しかし、鋼鉄には部分なるものはないし、形なるものもない。また、人間の精神から生じたものでもない。

――ロバート・M・パーシグ

二種類のアップルを思い描いてほしい。木になり、スーパーで売られるりんご《アップル》と、シリコンバレーで設計されるアップル製品だ。どちらも経済取引の対象であり、生体細胞またはシリコン・チップのなかに情報が具象化されている。両者の最大の違いは、いくつの部分からなるかとか、機能を実行できるかどうかという点にあるわけではない。実際、りんごは、高度な生化学的機能を果たす何万という遺伝子からなる。りんごとアップル製品の最大の違いは、私たちの食べるりんごはまず世界に存在し、そのあとで人間の頭のなかに存在するようになったが、私たちがメールのチェックに使うアップルのほうは、まず誰かの頭のなかに存在し、そのあとで世界に存在するようになったという点だ。両方とも製品であり、情報が具象化されているが、想像の結晶と呼べるのは一方だけ――そう、シリコンバレーのアップルのほうだけだ(1)。

製品を想像の結晶と考えると、製品は情報だけでなく想像も具象化するものであることがわかる。この情報は、私たちが脳内計算を通じて生み出し、頭のなかにあるイメージどおりのモノを作り出すことで体内から遊離させたものだ。りんごは、りんごの名前、りんごの値段、りんごの市場が生まれる前からこの世界に存在していた。概念としてのりんごは、単に人間の頭脳に取り込まれたものなのである。一方、iPhoneやiPadは、人間の頭脳に取り込まれたものではなく、人間の頭脳から書き出されたものだ。世界に存在する前に、私たちの脳内で生まれた製品だからだ。したがって、りんごとアップル製品の最大の違いは、具象化されている物理的秩序というよりもむしろ物理的秩序の起源のほうにある。りんごもアップル製品も情報には違いないが、想像の結晶といえるのはアップル製品のほうだけだ。本章では、製品に具象化される情報が「想像から生まれる」という点にスポットライトを当てていきたい。この点こそ、人間が成長させ、蓄積していくタイプの情報が持つ基本的な特徴なのだ。

想像の結晶化という考え方を理解するため、マサチューセッツ工科大学（ＭＩＴ）メディア・ラボの私のふたりの同僚、ヒュー・ハーとエド・ボイデンの個人的なエピソードをご紹介しよう。ヒューは大の登山家で、登山の危険性を誰よりもよく知っている。若いころ、彼はワシントン山で凍傷により両足を失った。しかし、四〇代後半を迎えたヒューは今、ＭＩＴのキャンパスを堂々と歩いている。彼は寡黙な男だ。たぶん、自分の両足を作った今、多くを語る必要などないのだろう。

ヒューの事例は特に刺激的だ。彼はロボット義足を購入することとなんてありえない世界に生まれた。彼がこの世を去るころには、人類は神経系と接続できるロボット義肢を使って、手足を再生できるようになっているだろう。もしかすると、触覚さえ取り戻せるようになるかもしれない。

ヒューと同じ研究分野に携《たずさ》わる人々は数知れないが、物理的に具象化された新しい情報を生み出す人物と聞いて、真っ先に思いつくのは彼である。モノ作りを通じて、ヒューと彼の研究仲間たちは人類に新たな能力を授け、人間の限界を押し広げている。(2) しかし、ヒューの成し遂げたことのいちばん詩的な面とは、彼が自分自身の想像を固体化したものの上に乗って歩いている、という点なのだ。

エドの事例はヒューとは異なるが、やはりそうとう刺激的だ。この一〇年間で、エドは光遺伝学という分野の発展に貢献してきた。光遺伝学とは光を使ってニューロンを刺激する手法である。ほかの研究者たちと協力して、エドは人間と機械の未来のインターフェイスの開発に取り組んでいる。いずれは、私がくだけた言い回しで「脳のUSBポート」と呼んでいるものを生み出してくれるだろう。

脳のUSBポートは、未来のさまざまな可能性を切り開くテクノロジーの好例だ。ヒューの視野を広げるような生体機能の回復から、未来のゲームやインターネットまで、可能性は無限大だ。このテクノロジーは、現在の私たちでは想像も評価もできないような方法で未来を変えるだろう。ただ、ヒューとエドの研究には単純な共通点がある。ふたりとも、想像を結晶化するモノを生み出している。そして、そうすることで人類に新たな能力を授けているのだ。

ヒューとエドの研究を「想像の結晶化」という観点からとらえるのは、詩としては正しいかもしれないが、製品一般について考察するのには役立つのだろうか？　これから説明するとおり、製品を想像の結晶ととらえるのは、製品に対する人々の欲求を理解し、重要な経済的プロセスを解釈し直すのに役立つ。後者の例として、国際貿易について考えてみよう。製品の輸出を想像の結晶化という観点から考えてみると、世界の国々は想像力の純輸入国と純輸出国に分かれることがわかる。また、国の輸出構造には、資本や労働力の豊富さにとどまらない情報が含まれていることもわかる。国の輸出構造は、一種の指紋のようなものであり、その国の人々が自動車、エスプレッソ・マシン、地下鉄車輛、オートバイなどの形で、想像上のモノを具象化する能力をどれくらい持っているかを示している。そしてもちろん、そうした高度な製品を作るのに必要な無数の具体的要因についても物語っている。実際、国の輸出構成を見れば、その国の人々に具象化されている知識やノウハウが丸わかりになるのだ。(3)

輸出と輸入は、具象化された想像力をやり取りするものなので、ふたつの国の貿易収支（輸出額から輸入額を差し引いた金額）が両国の想像力の収支と正反対になるケースがある。国際貿易データを使えば、そういう例を見つけるのは比較的簡単だ。特に、アレックス・シモエスがＭＩＴメディア・ラボ（http://atlas.media.mit.edu）の私の研究グループの修士論文で開発した「経済複雑性観測所（The Observatory of Economic Complexity）」などの視覚化エンジンがあれば朝飯前だ。

貿易収支と想像力収支が逆転している例のひとつが、チリと韓国の例だ（図1と図2を参照）。二〇一二年、チリは四六億ドルの製品を韓国に輸出したが、その大部分は精製銅と未精製銅だった。[4] 同じ年、韓国からチリへの輸出額はわずか二五億ドル程度だったが、大部分を自動車や自動車部品が占めていた。[5] 明らかに、二〇一二年のチリの対韓国の貿易収支はプラスだ。ところが、チリの対韓国の想像力収支となると、明らかにマイナスだ。チリの輸出する商品には、想像力があまり具象化されていないが、輸入する商品には想像力がかなり具象化されているからだ。

もうひとつの例はブラジルと中国。二〇一二年、ブラジルは四一三億ドルの製品を中国に輸出したが、輸入額は三三四億ドルにとどまった（図3と図4を参照）。近年、ブラジルの対中国の貿易収支はずっとプラスだが、想像力収支はマイナスである。なぜなら、主にブラジルは中国に鉄鉱や大豆を輸出し、電子機器、化学製品、さらには加工金属までも輸入しているからだ。

したがって、二国間の貿易収支のような経済学の定番の概念は、製品を想像の結晶としてとらえ直すと、とたんに欠陥があると思えてくる。いったん製品を人間の想像を具象化したものとしてとらえ

図1：2012年のチリから韓国への輸出品目。輸出総額46.1億ドル。（出典：atlas.media.mit.edu）

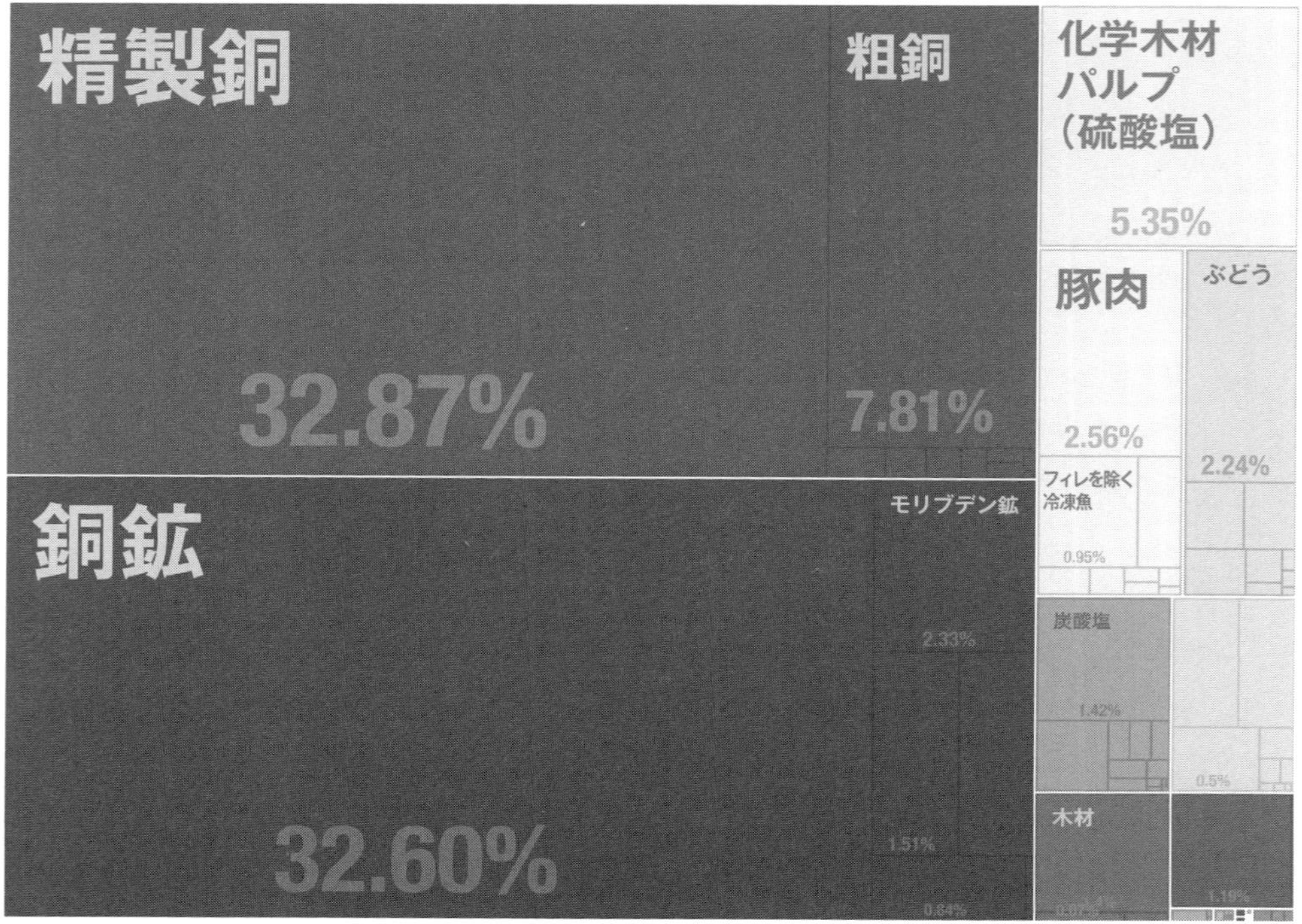

図2：2012年の韓国からチリへの輸出品目。輸出総額25.4億ドル。（出典：atlas.media.mit.edu）

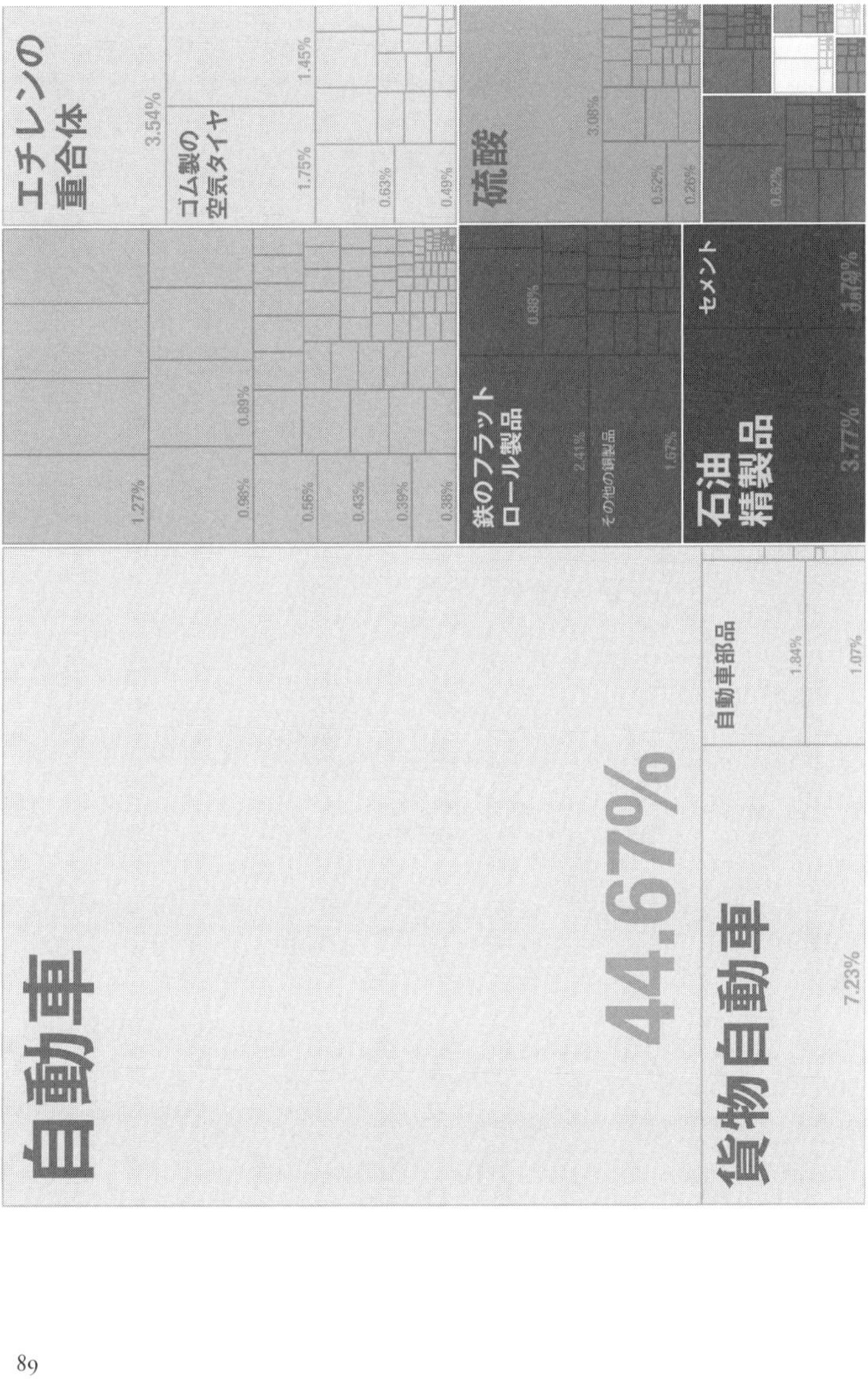

図3：2012年のブラジルから中国への輸出品目。輸出総額413億ドル。（出典：atlas.media.mit.edu）

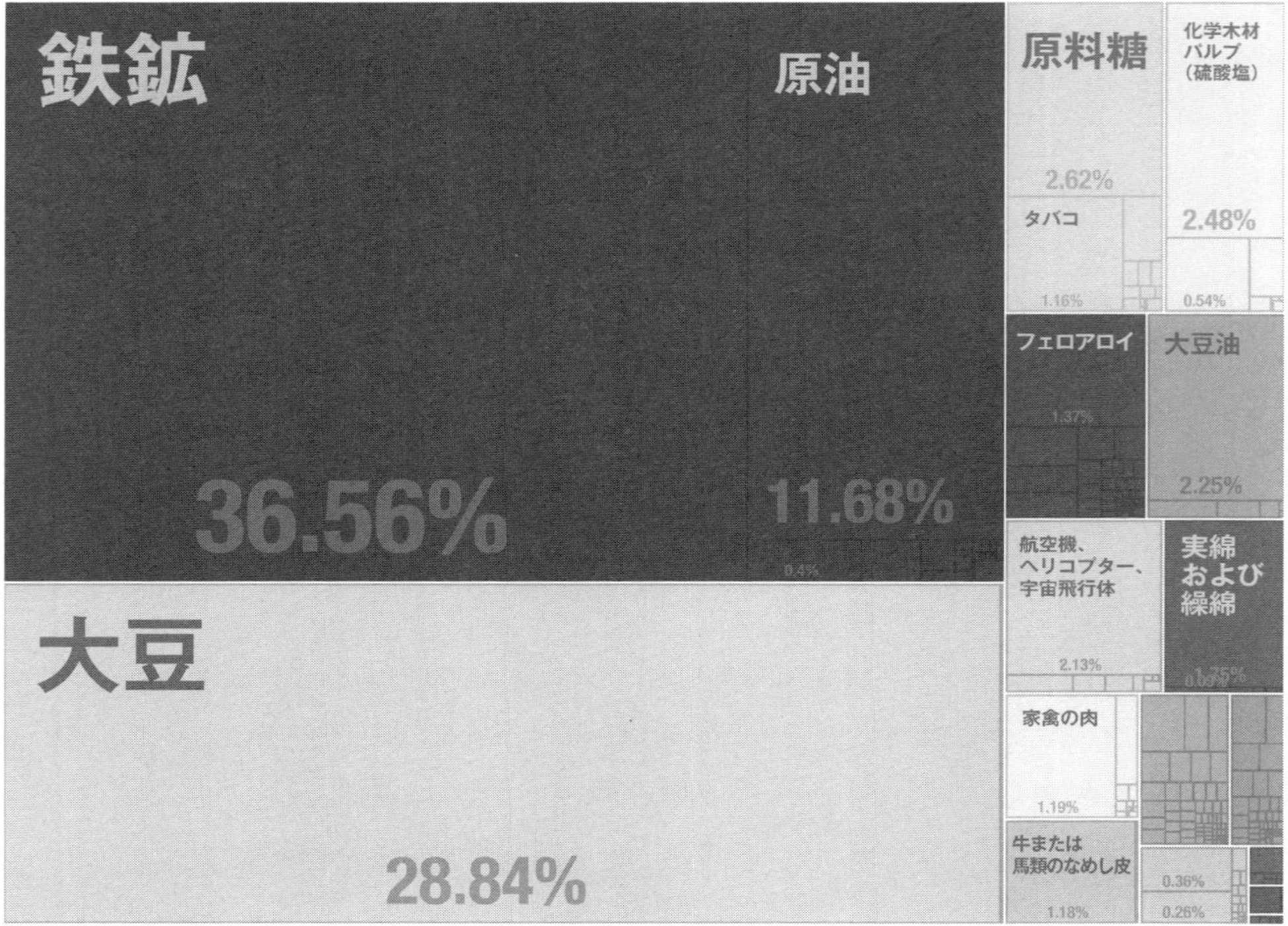

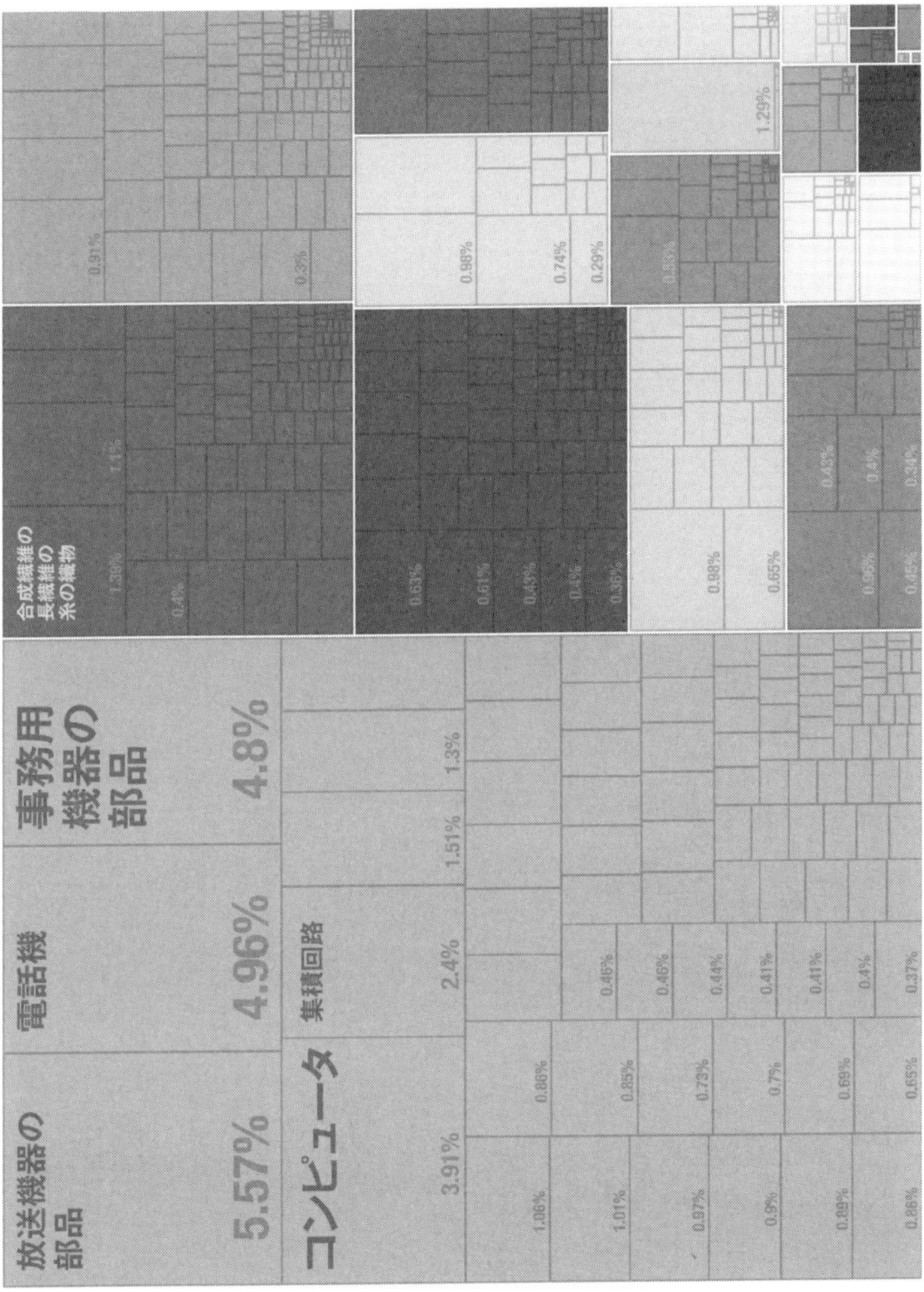

図4：2012年の中国からブラジルへの輸出品目。輸出総額334億ドル。（出典：atlas.media.mit.edu）

はじめれば、貿易収支に代わるものがあると気づく。それが「想像力収支」である。さまざまな原子の調合を売り買いすることで、想像力をやり取りすると考えるわけだ。

世界を具象化された想像力のやり取りという観点から理解すれば、さまざまな常識が疑わしく見えてくる。たとえば、多くの発展途上国で常識とされていて、政治的な場面でよく引き合いに出されるのは、原材料の輸出と搾取行為を同一視する説明である。ここでいう「搾取」とは、ある産業の内部に発生する搾取的な構造ではなく、抽出されている経済的価値の起源に着目したより一般的な概念のことだ。このあと説明するように、その経済的価値というのは、原材料の抽出活動にかかわっている人々ではなく、ふつうは抽出プロセスとは切り離されたほかの人々の想像力から生まれるものなのだ。

私が資源搾取に関する一般的な議論に詳しいのには、ちょっとしたワケがある。生まれてからの二五年間を、海岸と山脈が長く伸びた国、チリで過ごしたからだ。チリは鉱業で栄えてきた長い伝統を持つ。私流の言い方でいうと、チリは〝原子の牧場〟を広く営んでいる。しかし、ずっとそうではなかった。一九世紀、チリは富の大部分を硝石《しょうせき》の輸出で得ていた。肥料や火薬の原料として使われる鉱物である硝石は、チリ経済にバブルをもたらした。実際、二〇世紀を迎えた時点で、チリのひとり当たりの所得は、スペイン、スウェーデン、フィンランドを上回っていた。(6) チリ経済はバラ色だったが、運命の振り子は反対側に振れようとしていた。

一九〇九年、ドイツの化学者、フリッツ・ハーバーとカール・ボッシュが、硝石を工業規模で合成する安価な方法を発見した。原子どうしを直接くっつけられるようになると、チリ経済の歯車はガタガタになった。加えて、一九一四年にパナマ運河が開通すると、船舶はチリの海岸線に沿って移動する必要が少なくなり、チリ経済に二度めの大打撃を与えた。一九一〇年から一九二一年にかけて、チリ経済は年間二パーセントずつ縮小していった。

二一世紀を迎えた時点でも、チリ経済は相変わらず輸出中心だったが、主な輸出品目は硝石から銅へと変わった。(7) チリの例は決して特殊ではない。むしろ、きわめてよくあることだ。チリが銅だとすれば、ボリビアは天然ガス、ケニアは紅茶と花、ナミビアは放射性鉱物、アルゼンチンは大豆、シエラレオネとボツワナはダイヤモンド、そしてナイジェリア、サウジアラビア、アンゴラ、コンゴ、カザフスタン、アルジェリア、赤道ギニア、ロシア、ベネズエラなどの多くの国は石油だ。

チリのアンデス山脈の銅埋蔵量は莫大であり、チリは銅原子を人質に取れるからこそ、想像の結晶を輸入することができている。二〇一二年、チリの銅の輸出額は四〇〇億ドルを超えた。これはチリの男性、女性、子どもひとり当たり約二三〇〇ドルに相当する。チリの家族は平均三人なので、一世帯当たりだと六九〇〇ドルということになる。(8)

しかし、なぜ銅はそこまで価値があるのか？　なぜほかの国々はただの石ころに毎年何百億ドルも払うのか？

銅は優れた導体だ。金《きん》ほどではないが、間違いなく金よりは豊富だし、安価である。銅は、私たちの電気の知識を結晶化した製品の大半で使われている。たとえば、発電・送電システムや自動車の電気システムなど。

しかし、どんな鉱物とも同じで、銅には使い道が書かれたレシピ本がもれなく付いてくるわけではない。当初、銅は初期の鎧（重くて柔らかい銅は鎧に最適とはいえない）、道具、キッチン用品を作るのに使われていた。しかし、こうした品物には、現代のような大規模な掘削を必要とするほどの銅の需要はなかった。一九世紀になると、銅の需要は変化しはじめた。電気の理解が進んだことで無数の製品が生まれ、銅の需要が世界じゅうで高まり、その緑の鉱石を掘り出すための新しい取り組みが必要になったのだ。

大きな飛躍は、ファラデーの電磁誘導の法則だった。コイルの前で磁石を動かすと発電する仕組みを教えてくれる法則だ。ほかにも電力革命の立役者はいる。交流の開発を大きく前進させたニコラ・テスラ、トーマス・アルバ・エジソン、〝電流戦争〟でエジソンの宿敵だったジョージ・ウェスティングハウスだ。

電気の需要が急増した転換点といえば、電球の発明だ。数多くの人々が電球の発明を試みた。初期の試みとしては、ハンフリー・デービーの研究がある。一八〇二年、彼は薄い白金片に電流を流して、短時間ながらも発光する白熱電灯を作った。エジソンが電球の開発に取り組みはじめたのはそれよりずっとあと、一八七八年になってからのことで、彼のチームは真空密閉した炭素フィラメントを使うことで、ほかのフィラメントよりも明かりがずっと長持ちすることを発見した。電球の決定的な設計が登場したのは一九〇四年のことだった。ハンガリーのアレクサンダー・ユストとクロアチアのフラニョ・ハナマンが特許を取得したタングステン・フィラメントは、その後の世界を照らしつづけることとなる。

電球や電気モーターなどの重要技術の発明によって、電気の実用的用途は一気に広がった。掃除機、冷蔵庫、テレビ、ラジオ、ミキサー、ドライヤー、洗濯機、皿洗い機、湯沸かし器、そしてもちろん街灯や工業機械は、ものの数十年で人間社会を一変させた。今では毎年、二〇〇〇万ギガワット以上の電気が発電されている。(9) これだけの電力があれば、『バック・トゥ・ザ・フューチャー』のマーティ・マクフライを何百万回と未来に送り返せるし、一〇〇ワットの電球を二二八億年、つまり宇宙の年齢の二倍近くも灯しつづけられる。

それがチリとどう関係しているというのか？　チリと電気の歴史との唯一の接点は、アタカマ砂漠が銅原子に満ちている、という点にある。アタカマ砂漠の銅原子は、ほとんどのチリ人と同じで、ファラデーやテスラの情熱を突き動かしていた電気の夢のことなどまったく知らなかった。ところが、銅原子の価値を高める発明が生まれたとき、チリは大量の銅原子を人質に取る権利を握っていた。今や、チリはその銅原子で生計を立てられるのだ。

そこで思い出すのが、先ほどお話しした搾取の話だ。想像の結晶という観点から見れば、チリこそがファラデーやテスラらの想像力を搾取している側だとわかるはずだ。銅原子に経済的価値を授けたのは、発明者たちの想像力だからだ。

しかし、こうして外国の創造性を搾取している国はチリだけではない。ベネズエラやロシアなどの産油国は、燃焼機関の発明までほとんど使いものにならなかった黒いどろどろの液体を売ることで、ヘンリー・フォード、ルドルフ・ディーゼル、ゴットリープ・ダイムラー、ニコラ・カルノー、ジェームズ・ワット、ジェームズ・ジュールの想像力を搾取している。(10)

価値の創造と金銭的代償の専有とを明確に区別することで、富と経済発展の違いが理解できる。実際、世界には富という点では豊かなのに経済が未発達な国がたくさんある。この区別については、パート4で詳しく考察したいと思う。ただ、想像の結晶化という概念から直接導かれるこの区別によって、経済発展とはその経済の消費能力ではなくて、夢を現実に変える人々の能力がもたらすものなのだとわかる。経済発展とは、「買う」能力ではなく「作る」能力なのだ。

ご想像のとおり、想像の結晶のなかには、作るのが難しいものもある。その証明のため、もういちどヒューとエドの話に戻ろう。ヒューとエドの発明はどちらも、空想するだけなら易しい。『スター・ウォーズ』、『ターミネーター』、『マトリックス』のような映画は、似たようなテクノロジーであふれている。しかし、私たちの世界ではまったく見かけない。ヒューとエドが特別なのは、ロボット義肢や脳とコンピュータのインターフェイスの〝アイデア〟を思いついたからではなく、そうした空想を現実化する道筋を開拓しているからだ。ロボット義肢について空想するのは易しい。だが実際に作るのは難しい。

想像の結晶を作るには、膨大な量の知識とノウハウが必要だ。ヒューとエドは、優秀な研究仲間や学生たちと協力することで、この知識やノウハウを蓄積することができる。したがって、ヒューの想像を具象化しているのがロボット義肢だとしたら、その想像を現実に変えるのに必要な知識やノウハウを具象化しているのは、ヒューやチーム・メンバーの神経系だ。結局のところ、もっとも貴重であり、蓄積が難しいのは、この知識とノウハウなのだ。

残念なことに、多くの人が、製品の価値と製品作りに必要な知識やノウハウの価値、知識やノウハウとアイデアとを混同してしまっている。後半のふたつを区別するのは簡単だ。今しがたお話ししたとおり、ロボット義足を作るというアイデアを思い描くのは簡単でも、その作り方を知っている人はまずいないからだ。知識やノウハウの価値と、知識やノウハウの結晶である製品の価値との違いを説明するため、もうひとつ、私の同僚のエピソードをご紹介しよう。MITメディア・ラボの創設者、ニコラス・ネグロポンテが、ある教員会議で教えてくれた話だ。

それはケルヴィン・ドウの話だ。ケルヴィンはスクラップ材料からラジオや電池を作ったシエラレオネの若者だ。多くの人々がケルヴィンのモノ作りの技術に仰天した。実際にすごいからだ。彼の技術を称えて、ケルヴィンはMITメディア・ラボに招待され、MITの客員研究員プログラムに参加した。プログラムが終了するとき、ニコラスは彼に将来のプランを訊《たず》ねた。やる気満々で、ケルヴィンはこう答えた――シエラレオネに帰って電池工場を作ると。ここまで話すと、ニコラスは急に間《ま》を置いた。彼は感情を抑えつつも、語気を強めてこう言った。「彼がしなければならないのはその反対のことなんだ！」

振り返ってみると、ニコラスの言おうとしていたことがよくわかる。確かにケルヴィンの電池はすごかった。しかし、世界の最先端の電池メーカーが作る電池と比べれば、おもちゃレベルでもあった。

ケルヴィンは、あれだけ優秀なのに、自分が作り、称賛を浴びた電池の価値と、スクラップから電池を作る能力を持っていることの価値とを混同していた。養わなければならないのは後者のほうだ。真に価値があったのは電池そのものではなく作る能力のほうだったのである。ケルヴィンの電池はすごかったが、ケルヴィン自身はもっとすごかった。結局のところ、電池なんてお金を出せばどこでも手に入る。しかし、スクラップから電池を作れる子どもはどこにもいない。

製品を想像の結晶としてとらえることで、製品に具象化されている情報のみなもとが重要であることがわかる。複雑な製品とは、機能を果たす原子の単なる配列ではない。むしろ、人間の想像から生まれた原子の整然とした配列である。この比喩がきわめて文字どおりのこともある。ニコラ・テスラいわく、彼は機械を組み立てる前から機械をまるまる頭のなかに思い描くことができたらしい。そのため、プロトタイプや模型を作って試行錯誤する必要はなかったのだという(11)。ほとんどの人はテスラほど優秀ではないが、それでも想像の産物を作ることにかかわっている。私たちは、何かを書いたり、料理したり、落書きしたりするとき、想像を結晶化する。私たちとヒュー、エド、ケルヴィンの共通点があるとすれば、それは何かを発明するときに想像を結晶化しようとする、という点なのだ。

しかし、ある製品の経済的価値について真に理解するには、物理的秩序やその起源だけでなく、その物理的秩序が利用される文脈についても加味する必要がある。私たちが「製品」と呼ぶ原子や電子の配列は、秩序立っているだけではない。具体的な機能を果たすための秩序を備えている。ヒューの義足の場合、歩いたり走ったりする機能。エドの脳と機械のインターフェイスの場合、その機能は未定だ。しかし、製品の機能を果たす能力は、私たちが秩序や情報と同一視する「配列」と、その機能が利用される「文脈」の両方と密接に関係している。秩序と機能との関係を理解するには、図書館を考えるとわかりやすい。図書館では、タイトル、テーマ、出版年、大きさ、言語を基準に本を並べることができる。どの並び順にも情報が含まれているが、それぞれの並び順に具象化される情報によって、スムーズになる機能が異なる。図書館の場合、これらは検索機能だ。たとえば、テーマや出版年順に本を並べれば、もっとも古い量子力学の本がすぐにわかる。著者の姓で本を並べれば、マーク・トウェインの全著作がすぐに探せる。しかも、それはアルファベット順でも逆アルファベット順でも同じである。つまり、少なくとも検索機能という点では、アルファベット順と逆アルファベット順は同等なのだ。

製品が利用される文脈が重要であることを示すもう少し具体的な例が、錠剤だ。錠剤にはほとんど情報が具象化されていない。通常、その有効成分は小さくて比較的単純な分子にすぎないからだ。それでも、錠剤はきわめて有効で価値がある。なぜか？　錠剤の価値を理解するためには、この情報が作られた文脈と利用される文脈の両方を理解する必要がある。錠剤には、暗黙のうちに開発者の知識、想像力、ノウハウの実用的用途が含まれている。錠剤の開発者は、その小さな化合物が及ぼす生物学的な影響を突き止めた。それをどうやって突き止めたのかという知識は錠剤に具象化されていないが、その実用的用途は、錠剤が使われる文脈のなかに暗黙のうちに存在する。また、錠剤の開発者は錠剤の合成方法も見出す必要があった。つまり錠剤は、最終的な形としてはシンプルだが、知識、ノウハウ、情報を豊富に利用し、処理するプロセスを通じて生まれたものである。錠剤に価値があるのは、錠剤そのものではなくその文脈のおかげなのだ。そのなかには、錠剤が使われたり作られたりする環境に具象化されている知識、ノウハウ、情報が含まれるからだ。

文脈という概念は、情報を媒介するものとしての製品の価値だけでなく、知識やノウハウの実用的用途を媒介するものとしての製品の価値を理解する助けになる。次章では、製品が役立つ理由についで考察し、こんな疑問に答えてみたい——なぜ人間は想像を形にしようとするのか？　あとで説明するとおり、それは人間にその能力があるから、という理由だけではない。かといって、私利私欲のためというわけでもない。[12] ワニやシマウマが複雑な社会を形成できないのは、私利私欲がないから、とはいえないだろう。そこで次に、人間はなぜ製品を作るのか、なぜひたすら夢を現実に変えようとしつづけるのかを考えてみたい。

第5章　増幅エンジン

私たちは自分の食べるもののほとんどを作っているわけでもないし、育てているわけでもない。他人の作る服を着て、他人の築いた言語を話し、他人が一生をかけて作り、発展させた数学を使っている。つまり、いつもなにがしかのものを受け取っている、ということだ。何かを作り、人間の経験や知識の海へと返すのは最高の気分だ。

――スティーブ・ジョブズ

講演で、私はよく「今朝、歯磨き剤を使った人は手を挙げてください」と訊《たず》ねる。この質問は聴衆の参加を促すには打ってつけだ。歯を磨かなかったと思われるのが恥ずかしくて、どんなにシャイな人でも手を挙げるからだ。ほとんど全員が手を挙げたのを確かめ、手を挙げなかった人へのジョークを飛ばしたあと、「ではフッ化ナトリウムの合成方法を知っている人はそのまま手を挙げていてください」と訊《き》く。当然、手はひとつも残らない。このことから、製品は具象化された情報だけでなく、その製品を作るのに必要な知識の実用的用途も与えてくれるのだとわかる。つまり、製品とは他人の神経系のなかにある知識やノウハウの実用的用途を与えてくれるものなのだ。

本章では、想像を結晶化する人間の能力の実用的な応用についてお話ししたいと思う。製品製造の知識やノウハウの実用的用途を広める製品の力だけでなく、創造性を表現したり、人間を増強したり、創造力を結合したりする手段としての製品の力についても説明していきたい。

歯磨き剤の例に戻ると、私たちは歯磨き剤を買うとき、単にチューブ入りのペーストを買っているわけではない。むしろ、歯磨き剤を発明した人の創造力、歯磨き剤の製造に必要な化学合成の科学的知識、フッ化ナトリウムを合成し、チューブに詰め、世界じゅうに流通させるためのノウハウ、フッ化物が歯を強くして健康を増進するという知識の実用的用途へのアクセスを買っている。歯磨き剤というシンプルな製品が、あなたの会ったこともないような人の神経系に存在する（存在した）想像力、知識、ノウハウの実用的用途へと間接的にアクセスできるようにしてくれるわけだ。

歯磨き剤が他人の神経系にある知識やノウハウの実用的用途にアクセスさせてくれるというのは、まるで魔法のようだ。しかし、歯磨き剤の魔力は、どの製品でもそうだが、その点だけにあるわけではない。製品の魔力は、私たちに一人ひとりの限界を超える能力を与えてくれる、という点にもある。製品は人間を増強してくれる。だからこそ、私たちは製品を求めるわけだ。

ギターを考えてみてほしい。ギターは、ピタゴラス音階の知識、ギター作りに最適な木やその成形方法の知識を組み合わせることによって、私たちに手で〝歌う〟能力を与えてくれる。エレキギターなら、ピックアップを用いて曲のもととなる音波をとらえる方法や、大勢で音楽を楽しめるように音を増幅する方法、といった知識も具象化されているだろう。どちらも、大音量のエレキギターを必要とするような音楽を作るのには欠かせない能力だ。ただし、それはミュージシャン本人の能力である必要はない。ミュージシャンはギターを通じてその知識の実用的用途にアクセスする。そうすることで、手で歌う能力を手に入れ、自分自身を増強するわけだ。

製品の魔力は、主に人間の能力を増強してくれる点にある。飛行機は空を飛ぶ能力を、オーブンは料理する能力を、そして歯磨き剤は歳を取るまで歯の健康を保つ能力を与えてくれる。つまり、人間が製品をほしがるのは、製品が他人の神経系にある知識やノウハウの実用的用途にアクセスさせ、私たちの能力を増強してくれるからなのだ。しかし、私たちが複雑な製品を作るのは実用性のためだけではない。表現性についても考えなければならない（皮肉なことに、多くの人が表現性を抑圧しているが）。また、私たちが想像を結晶化するのは、アイデアを共有可能な現実に変えるためでもある。私たちが快楽を得る手段は消費活動だけではない。他者に好かれ、求められ、共感されたい……。他者と世界観を共有したい……。自分のアイデアをモノとして具象化し直すのは、「インスピレーション」という言葉と真剣に向き合っている人なら誰しも感じているように、その絶好の方法なのだ。

自分のアイデアを形のあるモノやデジタルのモノとして結晶化すれば、他者と思考を共有できる。そうしなければ、アイデアは心の檻に閉じ込められたままだ。ミュージシャンが音楽を録音するのは、自身の芸術を完成させるためでもあるが、他人と共有でき、後世まで残りつづける自分の頭脳のコピーを作るためでもある。このコピーがなければ、ミュージシャンの才能はその人の体内に閉じ込められ、誰にもアクセスできない。つまり、私たちが想像を結晶化するのは、自分の思考のコピーを作り、他人と共有するためなのだ。想像を結晶化するのは、創造性を表現することの本質といえる。

ということは、製品は単なるコミュニケーション形態のひとつなのか？ 早合点はいけない。想像を製品として結晶化する能力は、一種の表現能力ではあるが、アイデアを言葉で述べる能力とは違う。最大の違いは、製品は口述では不可能な形で人間の能力を増強させる、という点だ。歯磨き剤について話すだけでは歯はきれいにならないし、ガソリンの化学的性質について話すだけでは車はガソリン満タンにはならない。知識、ノウハウ、想像の実用的用途を言葉で説明するのではなく、歯磨き剤として具象化するからこそ、ほかの人はその実用的用途を手に入れられる。物理的に具象化するというプロセスなくして、知識やノウハウの実用的用途は伝達できない。したがって、想像の結晶化は、私たちが脳内に蓄積する知識の実用的用途を共有するうえで欠かせない。想像を結晶化する能力がなければ、知識の実用的用途も存在しない。その実用性はアイデアのなかだけにあるわけではなく、そのアイデアに形があるかどうかによっても決まるからだ。ここでもやはり、形のあるものであれデジタル形式であれ、製品の物質性は人間を増強する。そして、この増強というプロセスを通じて、製品は言葉では伝えられないもの——つまりノウハウ、想像、知識の実用的用途——を伝えられるのである。

人間の能力を増強する製品の力に着目すると、経済への理解がいっそう深まる。経済を入念な資源管理、国家の富、金融取引のネットワークとしてとらえる代わりに、情報やその文脈固有の性質を物理的に具象化し、知識やノウハウの実用的用途を「増幅」するシステムとしてとらえられるようになる。つまり、経済を知識やノウハウの増幅エンジンとして解釈するのだ。経済は、人間の増強に必要な情報を含む物理的なパッケージを生み出すことのできる、複雑な社会技術システムというわけである[1]。突き詰めていえば、経済とは、人間が情報を成長させるための集団的システムといえる。

また、人間の能力を増強する製品の力に着目すると、富への理解も深まる。知識の実用的用途を情報としてパッケージ化する人間の能力のおかげで、増強効果が働き、人々は個々の力だけではとうてい維持できないような水準の快適な生活が送れるようになる。この点は、私たちが富と結びつけて考える快適な生活と、自分の能力を増強していく人類の能力とのあいだに、重要な関係があることを示している。知識や想像力を増幅させる経済の力がなければ、私たちは今ごろほかの動物や無人島への漂流者となんら変わらない生活を送っていることだろう。想像を結晶化する人間の能力は、経済の複雑性について重大な教訓を教えてくれる。市場は私たちを豊かにするのではなく賢くするのだ。なぜなら、市場が富を生み出すのは、人類が蓄積してきた知識や想像力の実用的用途へと間接的にアクセスできるようにしてくれる場合だけだからだ。

知識を増幅する経済の力について説明するため、一九世紀の物理学者、マイケル・ファラデーについて考えてみよう。ファラデーはとりわけ、発電に欠かせない電磁誘導の法則を導いたことで有名だ。しかし、それだけでなく、彼はみずから汗をかき、アイデアを物理的なモノとして具象化することで、アイデアを結晶化した。ファラデーはモーターを発明し、のちにテスラが完成へと導いた。そのため、ドライヤーで髪の毛を乾かしたり、床に掃除機をかけたり、ミキサーでカクテルを作ったりするとき、私たちはほかならぬマイケル・ファラデーの世話になっていることになる──私たち自身も、私たちの親も、そしてたぶんそのまた親もいちども会ったことのない人物の世話に。

すべての立役者は経済だ。エイダ・ラブレスから刺激を受けて深められ、[2]ファラデーの脳に蓄積していった知識の実用的用途を増幅させたシステムこそ、経済なのである。したがって、すべての電気製品にはファラデーの霊が宿っている。ファラデーだけでなく、ラブレス、テスラ、エジソン、マクスウェルなど、私たちが研究内容を通じてしか知らない数々の科学者の霊も。突き詰めていえば、製品の世界は私たちが単純に思うよりも社会的にできている。比喩的な言い方をすると、先人たちの霊がうようよしている世界である。先人たちの生み出した情報がモノや私たち自身のなかに霊となって息づいているのだ。

よって、想像を結晶化する能力は、主に三つの理由で人類にメリットをもたらす。ひとつめに、本物の天才などいない社会を作り出す。つまり、集団の能力の総和が個々の知識を大幅に上回るような社会だ。これは、知識を形のある装置やデジタル装置として具象化する能力がもたらす増強効果の直接の結果である。ふたつめに、想像を結晶化すれば、知識の実用的用途をほかの人々と共有できる。想像を結晶化する能力がなければ、創造力のはけ口はほとんどなくなり、知識の実用的用途は私たちの心の檻に閉じ込められたままになってしまう。三つめに、製品のもたらす増強効果によって、人々は新しい表現形態を自由に探し、新しい能力を手に入れられるようになる。これこそ、想像を結晶化する能力から生まれる「創造力の結合」である。ジミー・ペイジが自分で金属を掘り出し、ギターを組み立てなければならなかったら、私たちが『天国への階段』を聴く機会はなかっただろう。アーネスト・ヘミングウェイが自分でペンを組み立て、紙を作り、印刷機を発明しなければならなかったら、『老人と海』を書き上げることはできなかっただろう。同じように、私が自分でラップトップを組み立てなければならなかったら、みなさんはこの本を読んでいないだろう。つまり、知識を増幅させる経済の力は、人間の創造力を解き放つのに欠かせない。その創造力があるからこそ、人類は私たちを増強しつづける新しい製品を生み出し、新たな芸術の表現形態を手に入れることができるのだ。

　私たちを増強する製品を生み出す能力は、社会全体の複雑さも特徴づける。一見するとこのふたつはまったく関係なさそうだが、人間からアリの集団へと注目を移してみるとわかりやすい。ノーバート・ウィーナーが一九五〇年の著書『人間機械論』でほのめかした例である[3]。

　サイバネティックスの生みの親であるノーバート・ウィーナーは、情報を体外に具象化する能力は、人類特有のものではないことを理解していた。実際、情報を周囲の環境に書き込む能力は、人類以外の真社会性を持つ種《しゅ》にも見られる。一例がアリだ。一匹一匹のアリはそんなに賢くないが、フェロモンという形で情報を書き込む能力が、アリの集団をきわめて利口にしている。物理的な環境のなかに情報を書き込む能力のおかげで、アリは輸送、建設、通気、経路決定という難しい問題を解決できる。人間にも似たような能力がある。ただし、フェロモンを残す代わりに、人間はスパナ、ドライバー、皿洗い機、ピラミッド、椅子、ビール瓶……という具合に、想像上のモノを物質化して残すのだ。想像上の情報を周囲の環境に書き込む能力こそ、アリよりも格段に複雑な社会や経済を作るのに欠かせないものである。アリとは違って、人間はコミュニケーションのためだけではなく、お互いの能力を増強するために情報を具象化する。そのために、モノを通じて、知識、ノウハウ、想像力の実用的用途を利用できるようにするわけだ。

＊

本章では、製品とは、知識、ノウハウ、想像の実用的用途を含んだ情報を物理的に具象化したものである、と説明した。そこで次に、人間の製品作りの能力を制限する要因について考察してみたいと思う。これから説明するように、製品作りに必要な知識やノウハウの蓄積を妨げる制約こそが、経済のなかで情報が成長するのを難しくし、不均一にしている。

パート3

ノウハウの量子化《クオンタイゼーション》

二〇一三年、サッカー・クラブ「バルセロナ」の元監督で、バイエルン・ミュンヘンの現監督を務めるジョゼップ・グアルディオラが、MITメディア・ラボを訪問した。グアルディオラ（愛称ペップ）は、友人でMITの財務責任者であるイスラエル・ルイスから招待を受けると、快諾した。イスラエル、伊藤穰一、私で何通かメールをやり取りしたあと、私はペップを迎える幹事役を頼まれ、喜んでその仕事を引き受けた。

ペップを迎える準備をするのは朝飯前だった。メディア・ラボの学生たちは、サッカー界の有名人に自分の研究を発表するチャンスだとばかりに大興奮した。とはいえ、ほかの学部の学生たちも彼に会いたがったので、私は簡単な質疑応答コーナーを設けることにした。その質疑応答コーナーで、ある学生がこんな質問をした――ロボット・チームを作ったら、監督を引き受けてもらえますか？　彼はこんな主旨のことを言って見事に切り返した。「監督の最大の難問は、作戦を立てること自体ではなく、立てた作戦を選手の頭にいかにして叩き込むかということなんだ。ロボットの場合、それは難問にはならないと思う。だから残念だがオファーはお断りするよ」

ペップの返答は、チーム作業の大きな難しさを簡潔にまとめていた。彼は長年の監督経験から、監督業の最大の難問のひとつは、作戦を立てることではなく、立てた作戦を選手たちに浸透させることだと学んだのだ。それはコミュニケーションだけの問題ではなかった。当然、選手に作戦を丸暗記してもらうことが彼の目的ではない。試合の最中、彼の作戦どおりに行動してもらうことだ。そのためには、作戦を自分のものにしてもらう必要があった。作戦を具象化すること――それが監督業の難しさだったのである。

ペップの問題は物理的な具象化の問題だが、この場合、単に情報を原子に具象化するのではなくて、知識やノウハウを選手のなかに具象化する必要があった。製品が物質と情報からなるのと同じように、スポーツ・チーム、企業、バンドは、ノウハウや知識を具象化する人々からなる。ノウハウや知識はサッカー選手たちの神経系に具象化されるが、チーム全体にも具象化される。巧みにゴールに攻め込んだり相手の攻撃を阻止したりするためには、集団で情報を処理する必要があるからだ。ところが、サッカー・チームに具象化される知識やノウハウは、チームの多様性に大きく依存する。なぜなら、ゴールキーパーとストライカーでは、バンドのドラマーとギタリスト、フットボール・チームのクォーターバックとオフェンシブ・ラインマンと同様、個人の持つノウハウが異なるからだ。つまり、選手たちは、ほかの選手と完全に重ならない知識やノウハウを加えていくことで、チームに貢献するわけだ。この多様性があればこそ、チームは個人では達成できない行動を成し遂げられる。それは、サッカー・チームが試合に勝つために必要な行動であれ、オーケストラがベートーヴェンの交響曲を演奏するのに必要な行動であれ、同じことだ。労働の分担ではなく、この知識やノウハウの分担こそが、人々のネットワークにとてつもない能力、たとえばサッカー・チームがチャンピオンズ・リーグで優勝するための能力を与えるのである。とはいえ、以降の章で見ていくように、知識やノウハウを人々のネットワークのなかに蓄積していくのは易しくない。突き詰めていくと、この問題こそが情報の成長や経済発展の足かせとなる。

このあとのページで説明するとおり、経済発展は物質と情報の二重性だけでなく、システムと計算の二重性によっても制約を受ける。社会の場合、後者は人々のネットワークと人々の情報（つまり知識やノウハウ）の処理能力の二重性である。

経済のシステムは、自然界のあらゆるシステムと同じで、情報を作り出す能力を持っているが、その能力はシステムの計算能力によって制約される。経済のなかで情報が成長していくためには、経済の計算能力のほうも成長していく必要がある。ところが、経済システムの計算能力を高めるのは易しくない。経済の持つ計算能力は、人々のネットワークに知識やノウハウを具象化する能力によって制約を受けるからだ。したがって、経済における情報の成長を理解するには、個人の限界を超える量の知識やノウハウを蓄積するのに必要なネットワークの形成を阻害するメカニズムを理解しておく必要があるだろう。では、情報を成長させる人々のネットワークを形成し、そのなかに知識やノウハウを具象化することを阻害する問題とは何なのか？　このあとの三つの章では、その問題について重点的に説明してみたいと思う。

第６章　個人の限界

想像を結晶化する能力のおかげで、私たちの生活水準は上がりつづけている。想像を結晶化する能力があるからこそ、夜に本を読み、果物や生野菜を冷蔵し、何兆というオンライン文書を検索し、一日足らずで世界じゅうを移動することができる。しかし、そういう夢のようなことを実現する能力、つまり複雑な製品を作る能力は、世界じゅうに均一に分布してはいない。この世界はほんの一握りの国や地域しか作り方を知らない無数の製品であふれている。想像を結晶化する能力は、地理的にばらついているのだ。なぜか？　どうして冷蔵庫、ジェット・エンジン、メモリを作る能力は、世界の一部に集中しているのだろう？　靴を作って輸出する方法を知っている国はたくさんあるのに、ヘリコプターを作って輸出する方法を知っている国がほんの一握りなのはなぜなのか？　この格差の要因は？[1]　一言で答えるならこうなる。一つひとつの想像の結晶を作り出す能力を養うのは難しい。国がある市場に参入しようと思えば、その市場で取引される商品の作り方を理解しなければならないのだ。[2]

この「理解する」というステップは重要である。というのも、需要とインセンティブさえあればどんな製品も生産されるようになる、という楽観的すぎる経済モデルがずっと唱えられてきたからだ。確かにインセンティブは、仲介業者や取引業者の動機にはなるが、実際に取引されるものを提供するメーカーは、製品を作るのにインセンティブ以上のものが必要だ。つまり作り方の理解だ。

実世界で製品を作るのが難しいのは、ノウハウや知識が必要だからだ。したがって、想像を結晶化する能力に地域差がある理由を理解するためには、複雑な製品を作るための知識やノウハウを蓄積するのが難しい理由を理解する必要がある。

前にもお話ししたとおり、複雑な製品は、知識やノウハウの実用的用途を具象化し、増幅する。したがって、複雑な製品を作る人々は、そうした製品作りに必要な〝生《なま》〟の知識やノウハウにアクセスできなければならない。つまり、暗黙のうちに商品に具象化されている知識やノウハウの実用的用途ではなく、人間の肉体に具象化されている知識やノウハウだ。学問の世界では、この人間に具象化された知識は、言葉ではっきりと説明できないノウハウを含んでいる場合には〝暗黙〟知と呼ばれる。ハンガリーの多才な学者、マイケル・ポランニーは見事にこうまとめている。「私たちは言葉にできるより多くのことを知ることができる(3)」

知識やノウハウの実用的用途と人間に具象化された知識やノウハウとに隔たりがあるということは、具体的な知識やノウハウを持つ人々にアクセスするのが難しい場所では、製品を作るのがいっそう困難になるという意味だ。もし知識やノウハウを蓄積するのが簡単だとしたら、たとえまだ作り方を知らないとしても、想像の結晶を作るのに必要なノウハウを簡単に手に入れられるはずだ。そういう世界では、誰でも比較的気軽に製品作りを始められるので、国家間で製品作りの能力にあまり（またはまったく）格差は生じないだろう。しかし、知識やノウハウが社会的ネットワークのなかに閉じ込められていて、コピーしづらい場合、国家間で想像を結晶化する能力に大きな開きが出てくるはずである。各国で手に入る知識やノウハウの差が、その国の作れる製品の違いとなって表われるからだ。

しかし、知識やノウハウを蓄積するのはどれくらい難しいのか？　あらゆる証拠が示すとおり、私たちの世界は、知識やノウハウのほうが、その実用的用途を具象化するための原子よりも〝重い〟世界といえる。情報はモノ、本、ウェブページなど、製品という形で容易に移動できるが、知識やノウハウは人々の肉体やネットワークのなかに閉じ込められている。知識やノウハウは非常に〝重い〟ので、携帯電話のバッテリーというシンプルな製品を見てみると、アタカマ砂漠に眠っているリチウム原子を韓国へ移動させることよりも、韓国の科学者が持つリチウム・バッテリーの知識を、アントファガスタやカラマのようなアタカマ砂漠の都市に住む鉱山労働者の肉体に移動させることのほうが、はるかに難しい。私たちの世界では、国家間で想像を結晶化する能力に大きな格差がある。こうした格差が生まれるのは、国によって人々に具象化された知識やノウハウに差があるからであり、知識やノウハウを人々に蓄積するのが難しいからでもある。しかし、夢を現実に変えるための知識やノウハウを蓄積するのは、なぜこうも難しいのだろうか？

個人のレベルでいうと、知識の蓄積が難しいのは、学習が経験に基づくものだからだ。つまり、私たちはオンザジョブでの体験など、主に実践を通じて知識やノウハウを蓄積していくのだ。学習が経験に基づくものであるという考え方は、社会科学や経済学に長い伝統がある。教育者で社会学者のウォルター・パウエルはこう述べる。「主に知的資本や職人的技術に頼る仕事は数多くある。どちらも長年の教育、訓練、経験を通じて磨かれるものだ。こうした知識に特化した活動、たとえば文化的生産、科学研究、デザイン、数学的分析、コンピュータ・プログラミング、ソフトウェア開発、一部の専門サービスなどの活動の多くは、高価な物的資源をほとんど必要としない。ノウハウ、あるいは同じようなスキルや補完的なスキルを持つ他者の能力についての知識が必要なだけだ。ふつう、ノウハウには、成文化するのが難しい一種の暗黙知が含まれている」(4)

知識やノウハウが暗黙のものであることや、その暗黙性が経済生活にとって重要であることを理解するため、あなたがイベントの主催者で、ミュージシャンを雇う必要があるとしよう。製品やサービスの結晶化するノウハウが本にみんな書かれているとしたら、路上から手当たり次第に人を連れてきて、ギターと楽譜を渡せばおしまい、ということになる。そういうショーも楽しいかもしれないが、たぶん音楽としては聴くに耐えないだろう。ミュージシャンを雇うのに路上から適当な人を連れてくるのはなぜまずいのか？　本の情報は、知識やノウハウの蓄積を早める助けにはなるだろうが、知識やノウハウ自体が本のなかに存在するわけではない。たとえば、本で空手の動きを学ぶことはできる。でも、本でしか空手を学んだ経験がないなら、総合格闘技のイベントに飛び入りで参加するのはオススメしない。特にノウハウは、主に人間の神経系のなかに存在する。ノウハウとは、ミュージシャンがギターを弾くときの直感、画家が絵を描くときの筆の運び、トラック運転手がトラックをバックさせるときのハンドルさばきにつながるものであり、本には書かれていない。

ある人の神経系のなかにある知識を得るのが易しくないのは、学習が経験的でしかも社会的なものだからだ。[5] 学習が社会的であるとは、他者から学ぶということ。子どもは親から学ぶし、社員は同僚から学ぶだろう。この学習の社会的な性質こそが、知識やノウハウの蓄積を地域的に偏らせる。人間は人間から学ぶ。そして、自分の学ぼうとしている作業の経験者から学ぶほうが、まったく経験がない人から学ぶよりも簡単だ。たとえば、ほかの航空管制官から教えを受けずに航空管制官になるのは難しいし、まったく病院でのインターンやレジデントの経験なく外科医になるのは難しい。同じように、ゴム・タイヤや電気回路の製造経験のある人とまったく交流することなく、タイヤや回路の製造に必要なノウハウを蓄積するのは難しい。[6] 突き詰めていくと、経験的で社会的な学習の性質は、個人が獲得できる知識やノウハウを制限するだけではない。その人がいる場所ですでに手に入る知識やノウハウばかりが蓄積するようになる。こうして、知識やノウハウの蓄積に地域的な偏りが生まれるのである。

学習が社会的で経験的なものだとすれば、個人が蓄積できる知識やノウハウの量には限度があるということになる。すると、集団レベルで知識やノウハウを蓄積するのはいっそう困難になる。集団レベルで知識やノウハウを蓄積するには、知識やノウハウを、個人が保持できる量以下に細分化する必要があるからだ。

個人がノウハウを蓄積するだけでも難しいが、ノウハウを細分化するとなると、問題はいっそう複雑になる。知識やノウハウの蓄積の問題が人数倍に複雑化するだけでなく、いったん細分化した知識やノウハウを再構成できるような構造へと、個人どうしを結びつけるという問題が生まれるからだ。その構造こそがネットワークである。したがって、集団レベルで知識を蓄積する際には、まず個人の保持できる知識量の限度が障壁となる。すると、大量の知識やノウハウを細分化する必要が出てくるわけだが、するとこんどは、個人を結びつけて、細分化した知識やノウハウを再びひとつに戻すことのできるネットワークを築くという問題が出てくる。

議論を単純化するため、ひとりの人間の神経系が蓄積できる知識やノウハウの最大量を、基本的な測定単位として定義しておこう。ひとりの人が保持できる知識やノウハウの最大量のことを、私たちは「パーソンバイト（personbyte）」と呼んでいる。

なぜパーソンバイトが基本的な単位なのか？　一パーソンバイトより少ない量の知識やノウハウの蓄積は、完全に個人的な制約（経験、社会的学習）のみで決まるからだ。一方、一パーソンバイトよりも多い量の知識やノウハウを蓄積しようとすると、集団的な制約（細分化、知識やノウハウの普及）の影響も受ける。[7]ひとりが最大一パーソンバイトの知識やノウハウを蓄積できるとすると、一パーソンバイトを超える知識やノウハウを必要とする製品を作るには、必ずチームが必要になる。さらに、複雑な製品を生産できるチームを作るには、ある程度調和の取れた社会的ネットワークのなかで知識やノウハウを蓄積する必要がある。

少量（一パーソンバイト未満）の生産的な知識やノウハウを蓄積するのと、大量（複数パーソンバイト）の知識やノウハウを蓄積するのとの違いをわかりやすく説明するため、いまいちど音楽の例に戻ろう。こんどはひとりのミュージシャンでなくバンドを考えてほしい。路上から適当な人を連れてくるのがミュージシャン探しの方法としてまずいとすれば、赤の他人を何人か連れてくるのは、バンド探しの方法としてはもっとまずいだろう。バンドで演奏する場合、ひとりきりでの演奏にはない複雑さが加わるからだ。バンド演奏が成功するためには、一人ひとりのミュージシャンが自分の楽器の深い知識を持っているだけでなく、何人かで一緒に演奏するノウハウも持っていなければならない。ペップがサッカー・チームに関して理解していたように、バンドはメンバーどうしの深いつながりが成功に不可欠なネットワークなのだ。バンド演奏とは単に音を組み合わせることではなく、全員で楽曲という美しい織物を織り上げることだからだ。したがって、四人組のバンドを成功させるための知識やノウハウを蓄積するのは、四人のミュージシャンが個々に演奏するための知識やノウハウを蓄積するよりも難しい。たとえば、全員で音を合わせるために余分な練習時間が必要になる。ほかにも、ネットワークの形成を難しくする社会的・経済的な要因はある。たとえば、共通言語や信頼の欠如など。こうした社会的な要因については、このあとのふたつの章で考察したいと思う。ただし現時点では、次の点だけ理解しておこう――先ほどのような社会的要因のせいで対人関係のコストが増加すると、知識やノウハウの蓄積に必要なネットワークを形成する人々の能力が制限される。しかし、ハードルを克服し、人々が力を合わせれば、その成果は計り知れない。人々のネットワークと孤立した個人の集団との違いは、ビートルズと個々のメンバーのソロ活動、アポロ計画と科学者やエンジニアの集まりとの違い、といえばわかりやすいだろう[8]。ただ人間を集めただけでは、必ずしも文化的に共鳴する活動が起こるわけではないが、ひとたびそういう共鳴が起これば、全人類が誇れるような（時には恥じるような）成果につながるものなのだ。

*

冒頭で、「なぜ複雑な製品を生み出す能力は地理的にばらついているのか」という疑問を掲げ、それは複雑な製品を生み出すのが難しいからだと指摘した。次に、複雑な製品を生み出すのを厄介にしている要因を探り、その原因は複雑な製品を作るのに必要な知識やノウハウを蓄積するのが難しいからだと指摘した。個人レベルでは、学習が経験的で社会的なものであるという性質が、知識やノウハウの蓄積を遅らせる[9]。しかし、もっと重要なのは、個人が蓄積できる知識やノウハウの総量が一パーソンバイト未満に制限される、という点にある。したがって、パーソンバイトとは量子化《クオンタイゼーション》に関するひとつの閾値《しきいち》であるといえる（訳注：ここでの〝量子化〟は工学で言う、連続したデータを特定の刻みの倍数になるよう調整することを指す）。なぜなら、パーソンバイトは、実際の知識やノウハウの量がそれを上回ると細分化が必要になる「知識やノウハウの基本量」に相当するものだからだ。パーソンバイトという閾値は、大量の知識やノウハウを蓄積するうえで、ふたつの点が妨げになることを示している。ひとつめは個人の制約。これは学習が社会的で経験的なものであることから生じる。ふたつめは集団の制約。これは大量の知識やノウハウを細分化し、人々のネットワークに分配しなければならないことから生じる。

もちろん、学習が社会的で経験的な性質を持つからといって、遺伝的要因がノウハウの蓄積能力と無縁だというわけではない（どんなに社会的な環境に恵まれたとしても、金魚にピアノの弾き方を教えるのはムリだろう）。一卵性双生児と二卵性双生児を用いた研究で、遺伝子と数々の行動特性の関連が明らかにされてきた。[10] そのなかには、単純に遺伝子とは結びつけがたいような特性もある。たとえば、支持政党や政治への参加意欲だ。[11] 音楽の能力も、ノウハウの蓄積を伴うが、その人の遺伝子構造の影響を受ける特性の一例だ。一卵性双生児と二卵性双生児を用いた最近の研究では、遺伝子で音楽の能力の一部を説明できることが証明された。遺伝子が楽器を練習する意欲に影響を及ぼすという面もあるし、いわゆる音楽の〝才能〟を左右するという面もある。[12]

遺伝子がノウハウの蓄積能力を調節しうるというのは事実だが、私たちの議論の主旨に影響はない。ほとんどの集団の遺伝的多様性は大きく、個人の違いは遺伝的要因で説明できるとしても、民族、国家、宗教集団どうしの違いは遺伝子では説明できないからだ。たとえば、モーツァルトの才能は、部分的に遺伝子のおかげだとしても、オーストリア人全員が音楽の才能に恵まれているとか、音痴のオーストリア人はいないとかいう証拠にはならない。したがって、個人の遺伝的差異で国家間の能力や容量の差を説明しようとしてはいけない。大規模な集団であれば、個人の遺伝的差異はおおむね平均化されるからだ。[13]

パーソンバイト理論の特長は、知識やノウハウの蓄積を制限する要因の性質については着目しないところにある。個人の知識やノウハウの蓄積能力は有限である、という点だけに着目するのだ。個人の蓄積能力は有限であると認めるなら、大量の知識やノウハウを蓄積するには一パーソンバイト未満に細分化する必要がある、という点も受け入れなければならない[14]。結局のところ、この細分化こそが大量の知識やノウハウの蓄積をますます難しくする。それは細分化のそもそもの原因とは無関係なのだ。

しかし、話はこれでおしまいではない。パーソンバイトだけが、知識とノウハウの量子化を強《し》い、知識とノウハウの蓄積を制限する基本的な閾値《しきいち》なのだろうか？　それとも、知識やノウハウの量が一パーソンバイトよりずっと大きくなると現われる閾値は、ほかにもあるのだろうか？

現代社会は一パーソンバイトをはるかに超える量の知識やノウハウの産物といえる。そこで次は、パーソンバイトの限界を超え、企業の持つ知識やノウハウの蓄積容量さえも上回るような、大量の知識やノウハウを保持する構造について考えてみたいと思う。そうすることで、個人だけでなく人々のネットワークに知識を具象化する必要があるという点が、知識やノウハウの蓄積を量子化することにつながるのだとわかってもらえるだろう。量子化がノウハウの蓄積に対してもたらす難問を理解すれば、複雑な製品を作る能力が数カ国に集中している理由がわかるだろう。そして、経済発展の度合いが異なる国々を分けている根本的な違いもわかるはずだ。

第7章　関係構築のコスト

フォード・モーター社のリバー・ルージュ工場は、多くの人が工業化の最大のシンボルと考えている。一九二七年の完成時、九三の建物と合計一・五平方キロメートルの工場スペースがあった。実にセントラル・パークの約半分の面積だ！　一〇万人を超える労働者が働いていて、片方から鉄鉱石を入れるともう片方から自動車が出てくる魔法のような場所だった。まさしくパーソンバイトの結集といえるだろう。

しかし、なぜリバー・ルージュはこれほど巨大だったのか？　規模の経済や分業のため、というのが典型的な答えだ。規模の経済とは、商品の生産規模が増えるほど単位当たりの生産コストが下がるという考え方だ。わかりやすくいえば、ひとり分の料理を作るのと家族五人分の料理をまとめて作るのとの違いだ。当然、作る量が五倍になっても必要な手間や材料は五倍にはならない。一方、アダム・スミスの分業の概念は、規模の経済の説明に役立つメカニズムのひとつである。一人ひとりの労働者がピンや自動車の組み立ての一部を担うほうが、労働者全員がピンや自動車を一から一〇〇まで組み立てようとするよりも効率的だ。ただし、分業が意味をなすのは、その仕事が分業に値するくらい巨大な場合だけだ。たとえば、一本のピンを作るだけなら、分業は必要ない。しかし、数十万本のピン、ましてや数十万台の自動車を製造するとなれば話は別だ。したがって、分業と規模の経済は、フォードがリバー・ルージュほど巨大な工場を必要とした理由といえる。しかし、これほど巨大な工業団地が、ピンの製造ではなく自動車の製造のために出現した理由は説明できない。ピン工場と自動車工場の規模の違いを説明するためには、もうひとつ追加の仮定が必要になる。その仮定とは知識とノウハウの量子化である。自動車を製造するための知識やノウハウを保持するには、ピンと比べて大きなネットワークが必要になるからだ。

といっても、自動車工場に必要なパーソンバイト数は、自動車工場で働く人々の数や全労働者がこなす作業工程の数に等しい、というわけではない。むしろ、自動車工場の労働者の数は、自動車製造に必要なパーソンバイト数のかなり余裕を持った上限値といえる。ヘンリー・フォードは、モデルTの生産をどんどん小さな作業へと分割した——正確にいうと七八八二個の作業に[1]。モデルTの生産に必要な作業の数は、ピンの製造に必要な作業の数よりは多いが、モデルTの製造に七八八二パーソンバイトのノウハウが必要だというわけではない。単純に解釈すると、七八八二パーソンバイトのノウハウというのは、鉄、大豆、ゴム、想像力といった基本原料から自動車を作るのに必要なノウハウ量のかなり余裕を持った上限といえる[2]。

なぜリバー・ルージュで自動車を製造するのに必要な作業工程の数は、自動車製造に必要なパーソンバイト数の上限値といえるのか？　それは、多くの作業が単純で、同じ人がいくつもの作業に精通できるからだ。さらに、作業どうしに関連性があると、ある作業の知識やノウハウをほかの作業で使い回すことができる。前章のミュージシャンの例でいえば、ギターを弾ける人は、ウクレレも比較的簡単に弾けるようになるだろう。したがって、人々のネットワークに蓄積されたパーソンバイト数を正確に数えるには、複数の人が重複して保持する知識を差し引く必要が出てくる。自動車のヘッドライトの取りつけとテールランプの取りつけはふたつの別個の作業だが、両方の作業をこなすのに、ひとつだけこなす場合の二倍の知識やノウハウが必要というわけではない。

生産ネットワークの規模に影響を及ぼす要因はほかにもある。パーソンバイト理論に従えば、より大量の知識やノウハウを蓄積するにはより大きなネットワークが必要になるはずだが、私たちの世界はリバー・ルージュの一〇倍や二〇倍も大きなメガ工場で満ちてはいない――フォードがモデルTを発売した時代と比べて、製品の複雑さは格段に増しているはずなのに……。パーソンバイト理論ではその理由は釈然としない。リバー・ルージュのようなメガ工場がどんどん増えていかない背景には、私たちが「企業」と呼ぶネットワークの規模を制限するメカニズム、つまり生産活動をいくつかの企業のネットワークに分散したほうが良い理由があるはずである。この点から、ふたつめの量子化の閾《しきい》値《ち》があることがわかる。これを「企業バイト（firmbyte）」と呼ぶことにしよう。パーソンバイトと似ているが、知識やノウハウを人々に分配するのではなく、企業のネットワークに分配する必要があ

る、という点が異なる。(3)

企業の規模を制限するような要因、つまりふたつめの量子化の閾値《しきいち》があることを示すような要因については、取引コスト理論または新制度派経済学と呼ばれる学問分野で盛んに研究されてきた。加えて、企業かどうかを問わず、人間の築くネットワークの規模を制限する要因については、社会関係資本《ソーシャル・キャピタル》や社会的ネットワークを扱う社会学者、政治学者、経済学者が幅広く研究してきた。これらは非常に広範囲にわたる分野なので、本章では新制度派経済学の基本的なポイントについて考察し、社会関係資本理論の議論は次章に譲りたいと思う。

取引コスト理論または新制度派経済学とは、取引のコストや、人々が取引を管理するために築く制度について研究する経済学の分野だ。もう少し単純にいえば、経済的関係を築くためのコストや、人々が商取引を行なうために組織を築く方法について研究する分野である。

取引コスト理論の起源は、ロナルド・コースの一九三七年の論文「企業の本質（The Nature of the Firm）」までさかのぼる。(4) 若き学者だったコースは、当時主流だった経済の説明の多くが、当然とも思える経済の側面のひとつを無視していることに気づいた――経済取引にはコストがかかるという事実である。ロンドン・スクール・オブ・エコノミクスの学生だったころ、コースは商業を教える新任教授のアーノルド・プラントの主催するセミナーに出席した。(5) そこでコースは、自身の直感に反する経済の説明を聞いた。その説明は一生彼の頭に付きまとうことになる。それはサー・アーサー・ソルターの言葉だった。「通常の経済システムはおのずと機能している」

アインシュタインの言い回しを借りるなら、コースはソルターの経済の説明をシンプルではなく、必要以上にシンプルだと感じたのだ。(6) コースは一九三七年の代表的論文で、経済とは価格システムによって調整されない計画、つまり主に企業の境界の内部で行なわれる計画を数多く含むものなのだと指摘した。彼によると、当時の経済の説明は当たり前の側面をいろいろと無視していた。たとえば、企業のある部門から別の部門へと異動する労働者は、価格システムではなく上司の命令に応じて動いている。契約書を練り上げて履行するには相当な労力がかかることも多い。経済取引は一筋縄で行く問題ではなく、経済は多くの経済学者が想定するほど流動的でもない。

コースの見方によると、経済とは、流動的で摩擦のない市場取引の集合体などではなく、互いの影響や価格メカニズムの力学から遮断された意識的な力の島々からなっている。企業には階層があり、労働者どうしの関係は政治を孕《はら》むことも多い。したがって、労働者の雇用とは、まだ指定されていない作業を行なうために人間が雇われる一種の契約である、というのがコースの見方だった。労働者が数カ月先に何をさせられるのかが、雇用の時点でわかっていることはまずないからだ。コースはこの「力の島々」の存在や境界を説明するのに学者人生の大部分を捧げた。彼の答えは企業の取引コスト理論として知られるようになる。

企業という境界に関するコースの説明は、見事なうえにシンプルだった。経済取引はコストがかかり、価格メカニズムの信仰者が考えているほど流動的ではない、という考えが根本《ねもと》にあった。多くの場合、市場取引には交渉、契約の策定、点検、紛争の解決などが必要になる。こうした取引コストは企業という境界を理解する助けになる。なぜなら、コースによれば、私たちが「企業」と呼ぶ中央集権的計画の島々をコストの節約という視点で理解するひとつの方法は、企業内部で発生する取引コストが市場取引のコストと等しくなる点を探す、というものだからだ。対外取引のコストが社内取引のコストよりも低くなると、企業は成長を止める。モノを社内で作るよりも市場から買うほうが安く済むからだ。

私がここで紹介しているコースの理論の簡略版は、私たちが「企業」と呼ぶネットワークの規模を制限する根本的な要因があること、すなわちネットワークが蓄積できる知識やノウハウの量には限度があることを理解する助けになる。[7] さらに、関係構築のコストと形成されるネットワークの規模とのあいだに、基本的な関係があることもわかる──関係構築のコストが低いほど、そのネットワークは巨大になるのだ。

より重大なのは、企業規模の制約から導かれる結論だ──私たちの形成できるネットワークに収まりきらない量の知識は、企業のネットワーク間で分配する必要があるのだ。このことから、リバー・ルージュのような巨大工場が世界を席巻していない理由がわかる。

単独の企業ではなく企業のネットワークによって作られている製品の一例が、パソコンである。多くのパソコンには明確なブランドがあるが、さまざまな企業が完成品の別々の部分を設計・製造している。カリフォルニアで誇らしげに設計されているアップルのデバイスでさえ、ディスプレイなど、一部の部品は他社が設計・製造している。そのなかにはアップルの天敵であるサムスンも含まれている。[8] 実際、スティーブ・ジョブズはアップルに復帰するとすぐ、デバイスの製造を外注し、他社の技術に大きく頼りはじめた。[9] iPodは東芝の発明した小型ハード・ディスクにより実現した。iPhoneの画面に使われている特殊ガラス「ゴリラ・ガラス」は、ニューヨーク州北部のガラス・メーカー〈コーニング〉が開発したものである。アップル製品に関して成り立つことは、現代の多くのデバイスについても成り立つ。実際、どんなブランドのコンピュータも、おそらくは電子部品の寄せ集めだ。インテルまたはAMD製のチップ。クアンタム、サムスン、シーゲイト、または富士通製のハード・ディスク。キングストン、コルセア、またはPNY製のメモリ。Dリンク、TPリンク、またはネットギア製のネットワーク・カード。どのブランドも企業も、お手元のコンピュータのロゴに名前はないはずだ。つまり、コンピュータは企業ではなく企業ネットワークによって組み立てられているわけだ。

しかし、コンピュータの製造にかかわる企業ネットワークは、これまで説明してきたどのネットワークよりもずっと巨大だ。OSとブランドが同じコンピュータもあるが（マックなど）、コンピュータを楽しく便利にするアプリケーション・ソフトは、間違いなくさまざまな企業が作っている。そのなかには、アドビのような大企業もあれば、『Blek』、『マシナリウム』、『ワールド・オブ・グー』のような面白ゲームを開発するインディーズ系の小さなゲーム・スタジオもある。[10] 何より、多くの人はコンピュータでインターネットにアクセスする。したがって、結局のところ、このソフトウェアとハードウェアの寄せ集めは、フェイスブックやツイッターのようなSNSサイトを訪れたり、

《ニューヨーク・タイムズ》の記事を読んだり、『ワールド・オブ・ウォークラフト』のような多人数型のオンライン・ゲームで遊んだりするための純然たる前提条件といえる。

世界でもとりわけ複雑な製品を作るのに大量の知識やノウハウが必要な一方で、企業の持つノウハウの容量は限られている——この点こそ、私たちが企業バイトという限界を超越した理由、そして複雑な製品の製造に企業ネットワークが必要な理由を物語っている。それでも、大量の知識やノウハウを蓄積するプロセスが、企業バイトという閾値(しきいち)を超えると難しくなるかどうかまではわからない。

コースの直感に従えば、企業ネットワークが持つ知識やノウハウの保持能力は、企業どうしの関係構築のコストによって決まることがわかる。つまり、関係を作り、維持するためのコストが低いほど、巨大な企業ネットワークを作り、大量の知識やノウハウを蓄積しやすくなる。一方、関係構築のコストが高ければ、企業どうしを結びつけ、大量の知識やノウハウの蓄積に必要な企業や人々のネットワークを築くのは難しくなるだろう。一言でいえば、関係構築のコストが高くなればなるほど、世界はバラバラになるのである。したがって、企業ネットワークは大量の知識やノウハウの蓄積を促すのか、それとも妨げるのかという疑問に答えるためには、企業間の関係構築のコストについてもう少し詳しく知ることが必要だ。

この種の議論の問題は、ふたつの企業が交わる方法はいくらでもあるという点だ。したがって、企業どうしの交流を一般論として語るのは単純化のしすぎといえる。一口に企業どうしの交流といっても、カタログからインク・カートリッジを注文するという単純なものから、新しい製造工場を建設するためのパートナーシップを結ぶというおそろしく複雑なものまでさまざまだ。さらに、多くの企業交流は社会的ネットワークに埋め込まれている。この点については次章で考えたいと思う。したがって、関係構築のコストについて語るのは容易ではなく、関係性を十分に狭く定義してやっと意味をなすのである。

ロナルド・コースに影響を受けたオリバー・ウィリアムソンは、商業関係にはさまざまな規模があることを理解していた。彼は企業間交流にかかるコストと、人々がそうした関係を管理するために築く制度との関連について、詳しく記した。[11] ウィリアムソンはふたつの軸に基づいて関係を分類した。ひとつめに、彼は取引を頻度に応じて「反復的（recurrent）」と「臨時的（occasional）」に分けた。ふたつめに、彼は取引を特異性に応じて「非特定的（nonspecific）」と「特異的（idiosyncratic）」に分けた。[12]

ウィリアムソンの世界観を理解するには、商業関係を築くのに必要な事務作業の量と人数を考えるとよい。たとえば、近所のカフェでラテを買うとしよう。この取引には事務作業はほとんど必要なく（レシートの発行程度）、レジ係とバリスタが何秒か作業するだけだ。作業を完了するのに仲介は不要だ。ウィリアムソンの用語を使えば、コーヒーの購入は「非特定的で反復的」な取引、ということになる。次に、家の購入を考えてみよう。こちらはずっと事務作業の必要な取引だ。また、家の購入はかなり特定的な取引なので、第三者の媒介が必要になるだろう。たとえば、ローンを提供する銀行、住宅診断士、不動産業者、不動産弁護士など。ウィリアムソンの用語を使えば、家の購入は「臨時的で特異的」な取引、つまりほかの機関の監督が必要な取引ということになる。最後に、長期的ではあるが非常に特定的な取引について考えてみよう。たとえば、ある衣料品メーカーが、非常に特殊なボタン（金《きん》と銀の小さなパイナップル型ボタンなど）を製造するボタン・メーカーと長期的なパートナーシップを結びたいと思っているとする。ウィリアムソンの用語を使えば、これは「特異的で反復的」なやり取り、ということになろう。この種のやり取りでは、供給業者との関係構築のほうが、外部機関の参加よりも重要になる。[13]

ウィリアムソンはこの分類方法を用いて、さまざまな経済取引を、その管理に最適な統御構造と結びつけた。しかし、本書で注目するのは取引の種類別の分類のほうだ。本書の目的は、取引に関与する機関について説明することではなく、関係構築のコストについて理解することだからだ。関係構築のコストこそが、知識やノウハウの蓄積に必要なネットワークの形成を左右するのである。

コースの直感に従えば、関係構築のコストが安いほどネットワークは巨大になる。そして、パーソンバイト理論に従えば、より多くの知識やノウハウを蓄積するためには大きなネットワークが必要になる。ここにウィリアムソンの直感を付け加えてみよう。

まず、いちばん単純な関係、つまり市場取引を考えてみよう。これはウィリアムソンが「非特定的」と呼ぶ関係であり、コーヒー、フライ返し、電球、アクリル板の購入などがその例である。この数十年間で、特に輸送や通信技術の変化により（図5〜8を参照）、市場取引のコストは下落してきた。したがって、市場関係からなるネットワークは、より流動的で濃密になるはずだ。たとえば、イ

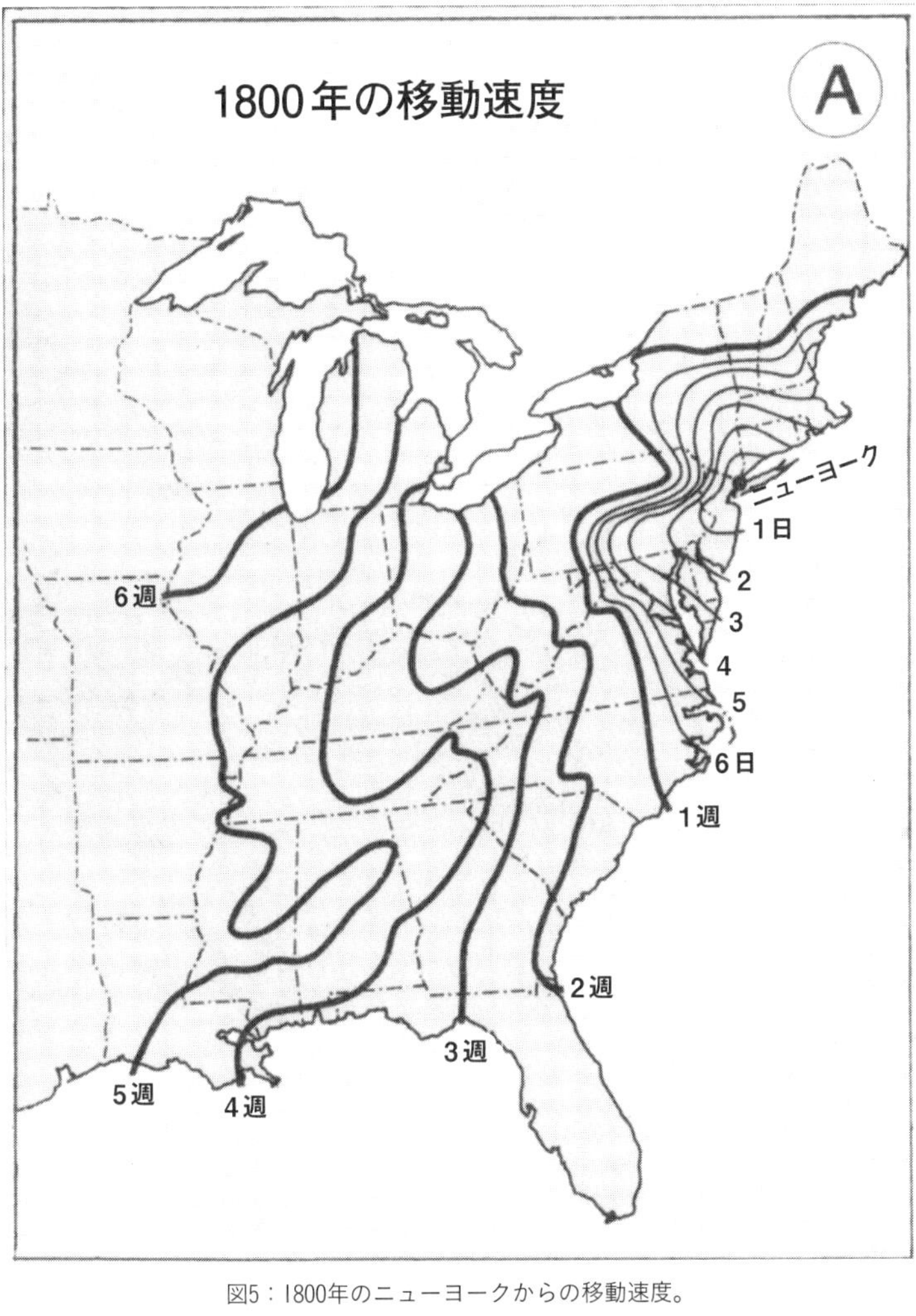

図5：1800年のニューヨークからの移動速度。

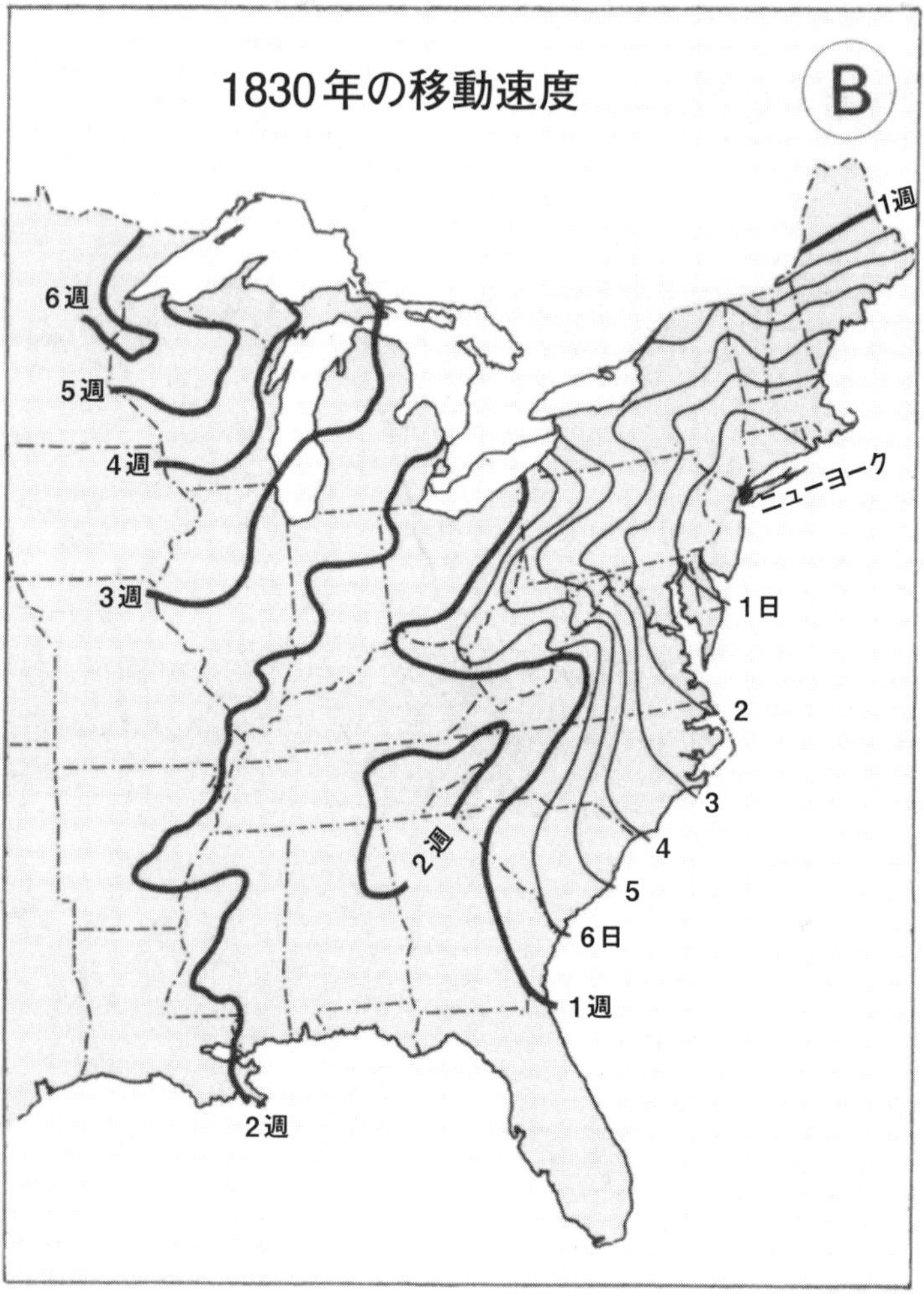

図6：1830年のニューヨークからの移動速度。

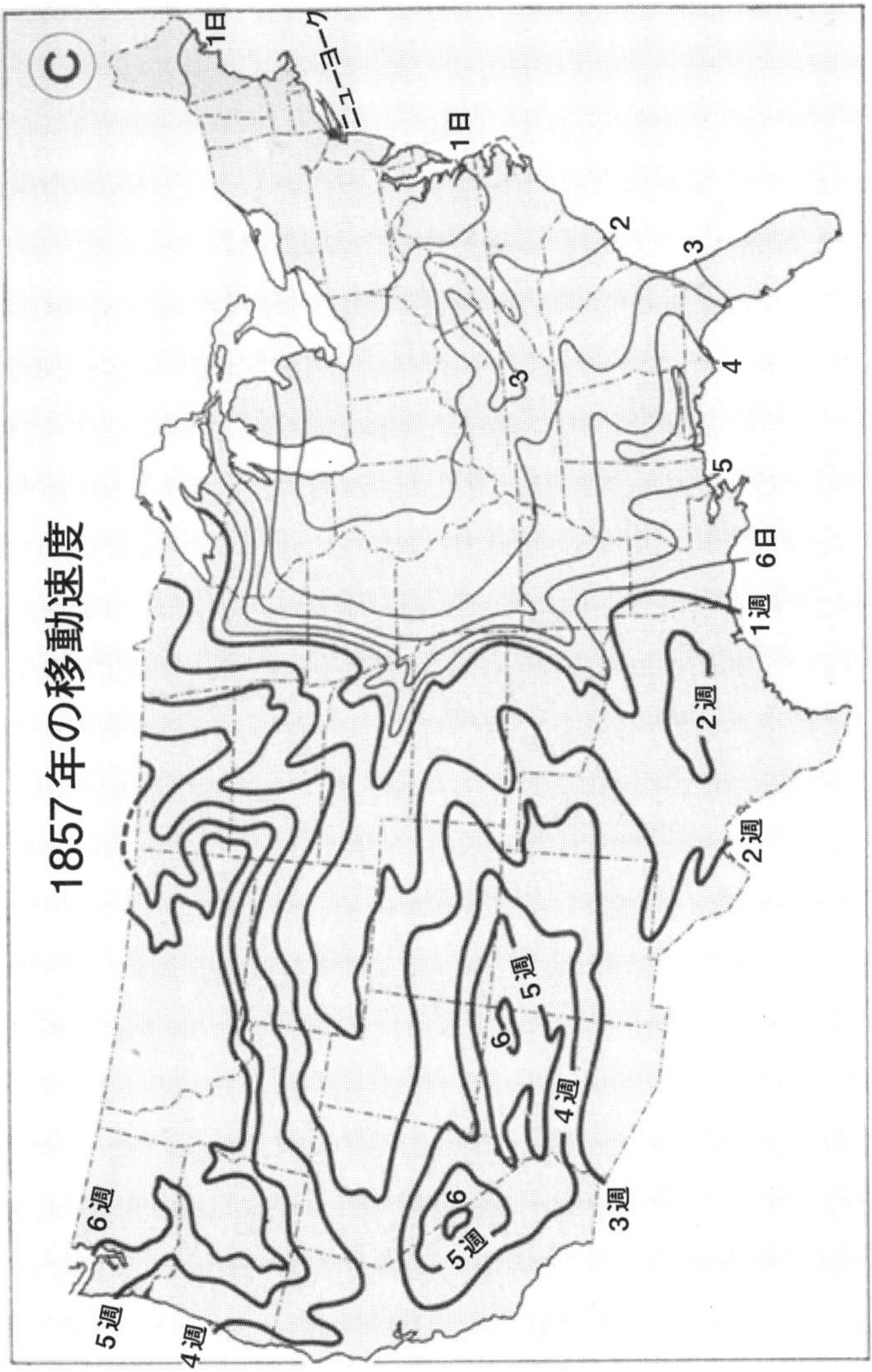

図7：1857年のニューヨークからの移動速度。

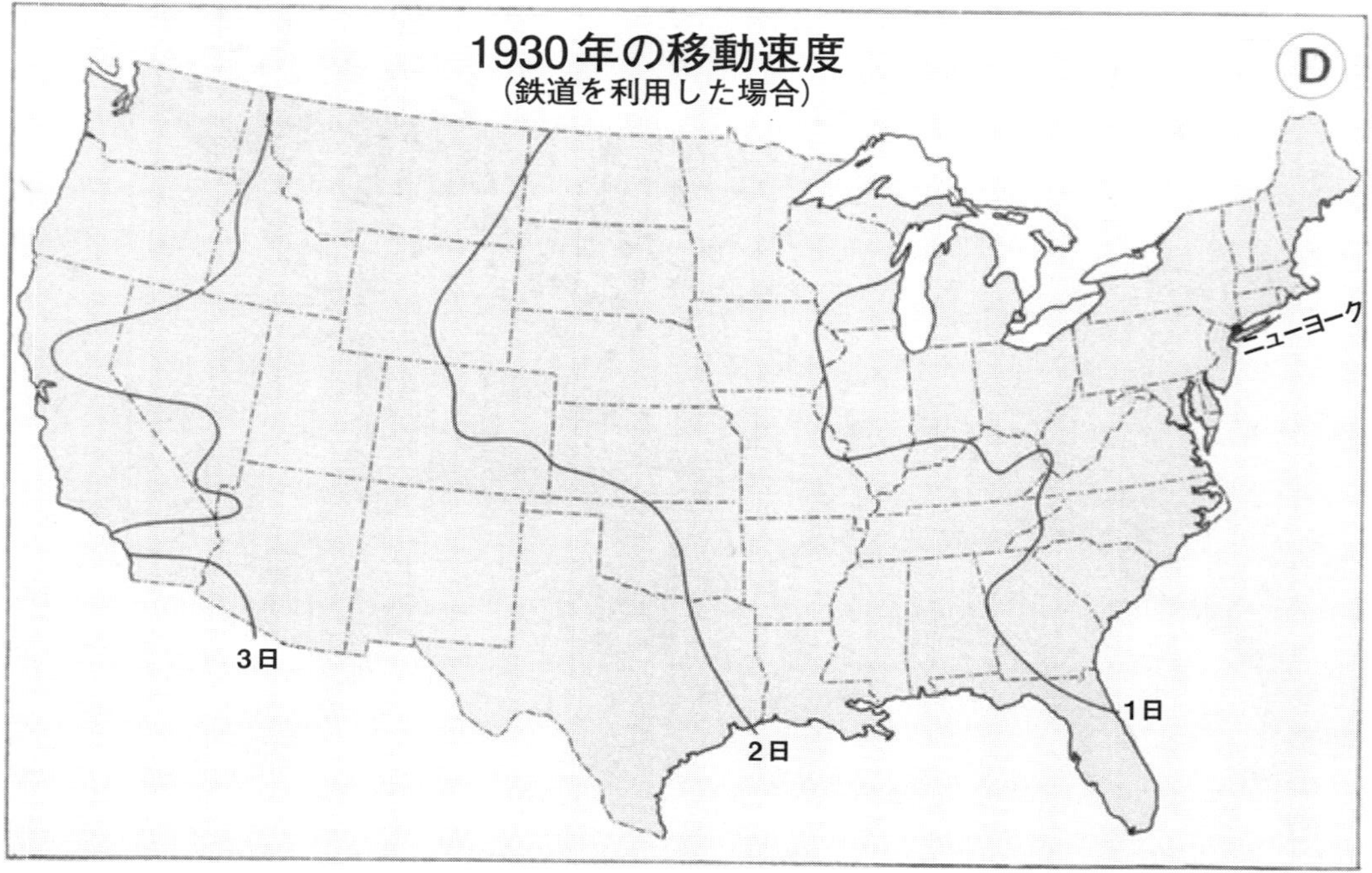

図8：1930年のニューヨークからの移動速度。

ンフレ調整後の商品の移動コストは、二〇世紀中に九〇パーセントも下落した。と同時に、この三世紀で長距離通信は大きく変化し、フランスの上流階級が機械的な腕木通信《テレグラフ》でメッセージをやり取りする時代から、若者が暇つぶしで動画チャットする時代へと変化した。(14)コストが減少すれば、長距離の市場関係の数は増加し、市場取引のネットワークのなかにそれだけ多くの知識を蓄積できるようになるはずだ。

市場取引のコストを直接減少させたのは、関税の減少、輸送や通信の発展だが、要因はほかにもある。たとえば、標準の制定もそのひとつだ。(15)コンピュータ業界の標準の例としては、VGAポート、Wi-Fi、USBポートがある。こうした標準のおかげで、メーカーはほかのメーカーと調整する必要なく、スムーズに接続する製品が作れる。実際、USBポートは、インテル、コンパック、DEC、IBM、マイクロソフト、NEC、ノーテルが共同開発し、非常に安価なライセンスを通じて提供された。これらのメーカーは、標準インターフェイスが普及することによるメリットのほうが、高額なライセンスから得られる独占的な利益よりも大きいことを知っていたのである。もしライセンス料を高額にすれば、USBテクノロジーへのアクセスが制限され、プラットフォーム戦争が勃発するだろう。(16)

現代社会で標準が広まっているのは、標準を利用する企業や人々どうしのやり取りのコストが抑えられるからだ。したがって、標準が市場とともに進化していくのは当然といえなくもない。(17)ほんの数世紀前まで、ポンドやパイントといった単純な重さや量の単位さえも標準化されていなかったと知ると、多くの人は驚く。使われている単語は同じでも、一ポンドの重さが町によって異なる、ということがあったのだ――ひどいときには四倍も。[18] しかし、都市どうしが取引をするようになり、政府の規制する範囲が広くなるにつれ、標準の使用は広まっていった。標準と市場がともに進化していくのは理解しやすい。別の町の売り手から一ブッシェルのトウモロコシを買うなら、両方の町で一ブッシェルが同じ意味であったほうがいいからだ。こうして、取引の機会が増えるにつれて、標準化するメリットが生じ、標準を使用しようとする自治体は増えていった。

もうひとつ、やり取りのコストを削減している昔ながらの標準の例がある。言語だ。言語があるからこそ、人々は複雑なアイデアを伝え、連携して行動し、商業関係を築くことで、ネットワークを形成することができる。言語は典型的な標準だ。たとえるなら、バベルの塔を建造した人々のネットワークと、〝神〟によって罰を受け、言語を分かたれた人々の断片的なネットワークとの違いである。現代の世界の言語も断片化されているが、断片化は少なくなっているし、整然としつつある。一万二〇〇〇年前、人類は推定で一万二〇〇〇種類の言語を話したといわれる。[19] 現在では推定六〇〇〇種類だが、世界の人口の大半は数種類の国際語でコミュニケーションを取っている。そして、ツイッター、ウィキペディア、書籍翻訳など、オンラインやオフラインの多くの重要な場で、英語が大半の言語のコミュニケーションの橋渡しをする〝ハブ〟言語の役割を果たすようになった。[20] ロシア人の妻を持ち、アメリカ、イスラエル、ブルガリア、マケドニア、チリ、アルゼンチン、ドイツ、インドの学生たちと研究を行なうチリ人として、私は英語のような国際的なハブ言語の価値を誰よりも痛感している。

さて、話を元に戻そう。大量の知識やノウハウを蓄積できるネットワークを築く企業の能力についてだ。着目を市場関係だけに絞れば、通信技術や輸送技術の向上、言語とテクノロジーにおける標準の広まりによって、国内の企業どうしで、または国外の企業と濃密なネットワークを築けるようになっているといえる。したがって、狭義の商業関係、つまりカタログから何かを注文するとかいうような手軽な商業関係にかぎっていえば、関係構築のコストはこの一世紀で減少し、企業や人々のネットワークに知識やノウハウを蓄積する能力は高まったと結論づけられるだろう。そのネットワークとは主に生産ネットワークである。なぜなら、生産活動には、知識やノウハウの実用的用途を含むような中間製品をやり取りしたり、コミュニケーションを取ったりするプロセスが含まれるからだ。

社会学者のジェラルド・デービスは、著書『市場に操られて（*Managed by the Markets*）』で、バービー人形の製造について説明している。バービー人形の製造は、世界二〇カ国で行なわれるプロセスからなる。(21) バービーの製造に必要な生産の知識は自動車の製造よりも少ないと仮定すると（おそらくそうだろう）、製造が分散されたのは、バービー人形を作るのに複数の企業の知識やノウハウが必要だからではなく、国際的な商業関係を構築するコストが減少したことで、バービー人形の製造に必要な知識やノウハウを二〇カ国に分散できるようになったからだ、と結論づけられる。

しかし、コースとウィリアムソンの指摘どおり、すべてのやり取りがこれと同じくらい易しいとはかぎらない。では、もっと構築が難しい関係ではどうなるだろうか？　つまり、長期的な共同作業や大規模なプロジェクトを含むような関係、大量の事務作業や手間を必要とするような関係である。

共同研究を行ないたいと考えているふたつの大組織を考えてみよう。ふたりの研究者がお互いの研究に惹かれあい、知的な愛をはぐくみたいと考えたとする。ところが、ふたりの〝初デート〟は、お茶やディナー、映画鑑賞ではなくて、機密保持契約書へのサインだ。次が契約書の作成。双方の部署の責任者や法務部の承認が下りるまで、数カ月かかることも多い。双方の法務部の知的財産権に関する方針に食い違いがあるというのはありがちなパターン。どちらも知的財産権を独占したいと思っていると、契約はますます遅れる。その結果、ふたりはいつの間にか、知的な愛をはぐくむことよりも離婚時の心配ばかりする〝婚前契約〟の交渉へと迷い込んでしまうかもしれない。ウィリアムソンの理論へと近道すれば、このような大量の人員と事務作業が必要な関係は、構築に多大なコストがかかることがわかる。したがって、こうしたきわめて官僚的なやり取りを必要とするネットワークが、大量の知識やノウハウを保持できるとはとうてい期待できないのだ。

　民間企業であれ、公共企業であれ、ＮＧＯであれ、学術機関であれ、大組織で働いたことがあるなら、私の言っていることはわかってもらえると思う。そしておそらく、必要以上に官僚的なやり取りが蔓延していることに同意していただけると思う。大組織どうしのやり取りは、それがどんなに単純なやり取りでも、りんごの木からりんごを摘《つ》んだり、カタログから新型のプリンターを選んだりするほどスムーズではない。極端な場合、国連や数々の公共団体の例が示すように、外部とのやり取りが、膨大な数の役人、事務作業、承認手続きを必要とする長い行政プロセスによって妨げられてしまうこともある。時には、本来なら単純な市場取引で済むはずのやり取り――たとえば簡単なサービスの調達——が、ガバナンス体制のおかげで必要以上に複雑になってしまうこともある。その結果、ほかの組織と関係を構築する際の官僚的な手間のほうが、外注しようとしている仕事を自分で実行する労力よりも上回ってしまい、組織は市場から足を踏み出してしまうことになる。その例のひとつとして、本来有能なはずの国々で提供される劣悪なサービスがある。たとえば、アメリカ政府のウェブサイトとシリコンバレーの作成するウェブサイトとでは、品質やコストの面で雲泥の差がある。

非常に効率が悪くてもやっていけるのは、収入をほかの人々や企業とのやり取りに頼らない組織だけだ。そうでなければ、とっくに破綻しているだろうから。その主な例といえば、自治体のように税金を徴収することで収入を得る組織や、国連のように半ば無条件で資金を受け取っている組織だ。しかも、こうしたコストは、関係の数だけでなく、関係を持つ相手にも影響を及ぼす。長くて面倒な官僚的プロセスが必要になると、事務作業を熟知している現職者や、承認手続きにかかわる人々が有利になる。しかしあいにく、事務作業にいちばん長《た》けた人が、サービスを提供するのに最適な人物とはかぎらない。

極端なお役所主義は、大人数を結ぶ巨大なネットワークこそ生み出すが、パーソンバイトはほとんど生み出さない。パーソンバイトの大部分は、長くて政治的な承認プロセスのような社内の手続きに食いつぶされてしまう。その結果、そういうネットワークは自分自身の関係性の重みでつぶれてしまう。ネットワーク自体は巨大なのに、たいした知識もノウハウも生み出したり蓄えたりできなくなるのである。

あまりにも官僚化したネットワークがこうむるコストは、いくつかの例を見るとよくわかる。その一例がアメリカの医療部門だ。アメリカの民間医療機関を対象とする最近の調査によると、病院の医師のサポート職員は推定で週に一九時間、事前承諾を得るため保険会社とやり取りするという（訳注：アメリカでは保険会社によって保険でカバーされる医療の内容が異なるため、事前に保険会社の承諾を取らないで治療を受けると自費扱いとされ保険が下りないことがある）。一方、事務職員は週に三六時間を請求作業に費やすという。民間医療機関と民間保険会社のあいだのやり取りのコストは、医師ひとり当たり年間推定六万八〇〇〇ドルで、合計でなんと年間三一〇億ドルにもなる。これは二〇〇五年のドミニカ共和国のGDPに相当する。[22] 一九九九年の民間・公共を含めた医療システム全体のやり取りのコストは、安く見積もって三一〇億ドル、高く見積もれば二九四〇億ドルとされる。後者はシンガポールやチリの現在のGDPに匹敵する。[23] さらに、一九六九年から一九九九年までに、アメリカの医療業界において管理費が占める割合は、全労働力の一八・二パーセントから二七・三パーセントへと増加した。[24] つまり、医療部門と保険部門とのやり取りのコストは、高いばかりか上昇しつづけているのだ。

ここでの目標は、アメリカの医療システムの管理費について論じることではない。ただ、企業間や組織間のやり取りのコストは膨大な額になることもある、と言いたいのだ。突き詰めれば、関係構築のコストの差が、企業や組織のネットワークのつながりの差となって表われる世界では、関係構築のコストが高いネットワークほど、大量の知識やノウハウを蓄積するのに苦労すると考えられる。

＊

本章の冒頭で、パーソンバイトの結集といえる典型的な例として、フォードのリバー・ルージュ工場を挙げた。リバー・ルージュは大量の知識やノウハウを集積し、大量の自動車を生産した。しかし、二〇世紀の主流の生産モデルにはならなかった。二〇世紀が進むにつれ、企業ネットワークがますます新たな基準となっていった。製造業の場合、関税、輸送コスト、通信コストの低下はもとより、業界標準の制定やハブ言語による連携のおかげで、企業どうしが効率的にやり取りできるようになった。商業関係を構築するコストが減少したことで、バービー人形の例が実証するように、製造工程を企業ネットワークに分割できるようになった。[25] しかし、ひとつの企業では知識やノウハウを保持できる容量に限界があるせいで、分割が必要になるケースもあった。たとえば、コンピュータはハードウェアだけでなく、ソフトウェアやオンライン・サービスまで含む複雑な製品だ。となると、企業ネットワークの存在は欠かせないものとなる。

現代の生産は複雑で高度である。このことは、現代の生産ネットワークがますます大量の知識やノウハウを集積できるようになっている証拠だ。ほんの数世紀前までは、世界の一握りの地域と密接に結びついている製品は多かった。シャンパンはフランス、時計はスイス、パルメザン・チーズはパルマという風に。商標に関する規制によって、地名と製品の結びつきが保たれることもあるが、現代の製品の多くではこうした結びつきは無意味になっている。ｉＰｈｏｎｅはカリフォルニアの製品？

中国の製品？　韓国の製品？　生産の分割により、製品の産地はあまり意味をなさなくなっている。

大量の知識やノウハウに加えて、巨大な国際的ネットワークも現代の生産の特徴である。巨大ネットワークは、スマートフォンのディスプレイやバービー人形の製造に使われるプラスチック・ペレットのような、中間製品をやり取りする関係で成り立っている。ところが、製造業が拡大する一方で、みずからの重みでつぶれるネットワークも出はじめた。教育業界や医療業界など、巨額の管理費がかかる部門では、やり取りのコストは高く、しかも上昇しつづけている。そして、管理の複雑さが増すほど、そのネットワークの具象化できる知識とノウハウの量も増す、とはいいがたい[26]。医療業界の場合、医療の質は管理費に反比例することがまとめられており、管理の負担が過剰になると、知識やノウハウを有効活用しにくくなることがわかる[27]。

では、すべての関係を市場取引のような関係にするべきなのだろうか？　コースやウィリアムソンの主張が正しいとすれば、経済的な関係に見られる多様性は、自由選択の結果ではなく、経済の性質の基本的な特徴のひとつといえる。私たちが歯磨き剤を買うときに利用する市場関係は、長期契約に見られる関係とは根本的に異なる。長期契約は、コースの主張したとおり、契約時には明示されていない物品の購入を伴うからだ。したがって、すべての関係を、ワイングラスやペーパー・タオルなどを取引するような関係に置き換えられる、と考えるのは短絡的だろう。あとで説明するとおり、こうした相互関係に社会的な次元を加えることで、知識やノウハウを蓄積するネットワークの形成に、なぜ関係の多様性が必要なのかがわかってもらえると思う。

幸い、本章の長い議論で押さえておくべきポイントはほんの数点だけだ。私たちの目標は、取引コスト自体について学ぶことではなく、想像の結晶化に必要な知識やノウハウを保持できる構造を、経済がいかにして生み出すのかを知ることなのだ。この目標を念頭に置くと、まずひとつめのポイントは、生産ネットワークの規模と、そのネットワークが具象化できる知識やノウハウの量とには関係があるということ。ほかの条件がすべて等しいとすると、ネットワークが巨大であればあるほど、大量の知識やノウハウを具象化できる。ふたつめのポイントは、巨大なネットワークを築けるかどうかは、関係構築のコストによるということ。関係構築のコストが低いほど、巨大なネットワークを作るうえで有利になる。

三つめのポイントは、私たちが集団レベルで知識やノウハウを蓄積するときに用いるネットワークの構造には、根本的な境目、つまり分岐点のようなものが存在するということ。大量の知識やノウハウを集積するには、知識とノウハウの両方を量子化する必要がある。そのために、ふたつの基本量を導入した。人間の蓄積できる知識やノウハウの量が有限であることから生じる「パーソンバイト」と、企業の蓄積できる知識やノウハウの量が有限であることから生じる「企業バイト」のふたつだ。パーソンバイトも企業バイトも、絶対値としてとらえるべきではない。どちらも、知識やノウハウの蓄積に必要なネットワーク構造の重要な分岐点を示す概念的な境界に当たるものであり、厳密に定義された閾値《しきいち》ではないのだ。パーソンバイトも企業バイトも、大量の知識やノウハウを蓄積する人間の能力が入れ子構造になっていることを示している。つまり、あるスケールで見るとネットワークに見えるものが、次のスケールでは点になるわけだ。ニューロンのネットワークは、全体を「人間」として抽象化すると点になり、人々のネットワークは、全体を「企業ネットワーク」として抽象化すると点になる。

要するに、大量の知識やノウハウを蓄積するのが難しいのは、その量に応じて、知識やノウハウを具象化するネットワークを進化させていく必要があるからだ。知識やノウハウの量は連続的と考えられるが、その知識やノウハウを保持するネットワークは連続的ではないので、知識やノウハウを量子化する必要が生じる――理論上だけでなく現実問題としても。

したがって、関係構築のコストが一因となって起こる知識とノウハウの量子化は、重要な疑問に答えてくれる――知識やノウハウの蓄積がどんどん難しくなっていくのはなぜなのか？　それは、知識とノウハウの具象化に必要なネットワークを築くのが難しいからである。ただし、早合点してはいけない。これまでは、関係構築のコストについて説明するのに、コースやウィリアムソンが提唱したような経済的議論に大きく頼ってきた。しかし、社会的ネットワークの構造を左右する重要な社会学的・文化的プロセスもある。そこで次章では、社会的ネットワークの構造と経済的成果とを結びつけるほかの研究潮流について考察してみたいと思う。

第8章　信頼の重要性

自分の欲求を満たすため、社会契約に基づいて団結する、合理的な個人ばかりからなる社会は、長命の社会にはなりえないだろう。

――フランシス・フクヤマ

信頼、つまり何の得がなくても〝正しい〟ことをしてくれるだろうという他者への確信は、もしも生まれるとすれば社会的ネットワークのなかで生まれる。

――マーク・グラノヴェッター

ボストンでいいアパートを見つけるのは難しい――特に大学院生の収入では。二〇〇五年、私はいやおうなくそれを痛感させられることになった。

私は二〇〇四年、ノートルダム大学のラズロ・バラバシの研究所に入るため、アメリカに移った。ラズロは、彼としばらく過ごした人なら誰しも認めるように、ネットワークや複雑系について研究する有望な若手物理学者だった。二〇〇四年まで、私はウェブでラズロの発表した論文を追っていた。そしてついに、ボストンへ引っ越したラズロ本人を追いかける時がやってきた。

二〇〇五年、ラズロはマーク・ヴィダルのがんシステム・バイオロジー・センターでのサバティカルのため、ボストンに研究所を移そうとしていた。しかし、私が初めてボストンを訪れたのは、研究とは何の関係もない目的だった――住むところを見つけること。猶予は二日しかなかった。

二日間、私は狭くて汚くてバカ高いアパートを次々と見て回った。とにかく時間との勝負だったので、サウス・ハンティントン・アベニューのアパートを即決した。マークの研究所から少し歩いたところだ。

当時は知る由《よし》もなかったが、私は人生のかなりの部分をボストンで過ごすことになった（正確にいうと、ボストンの〝秘密兵器〟といわれるケンブリッジでだが）。私はもう一〇年近くボストンに住んでおり、そのあいだにラズロの研究室を卒業し、MITで自分の研究室を立ち上げ、結婚し、娘を授かり、賑やかな友人たちに恵まれた。数々のアパートに住み、いろいろな友人の家を見てきた。今にして最初のアパート探しを振り返ってみると、ボストンでいいアパートを見つけるのに苦労する理由がよくわかる。理由は単純だ――最高のアパートは友人から友人へと引き継がれるので、市場に出回る機会がないのだ。

ボストンとケンブリッジは短期の滞在者が多い市《まち》だ。住民の多くは大学院生やポスドクで、当然ながらその地位には期限がある。ボストンとケンブリッジは人間のるつぼだが、送別会で新しい友だちができるようなところでもある。高い住居の回転率と友情の相乗効果で、ケンブリッジでは最高のアパートは市場に出回らない。いいアパートから退居する人がいれば、そこに入居しようとする友人が必ずいる。ふつう、大家にとってはこのお下がりシステムは歓迎だ。新たな入居者を探す手間が省けるからだ。つまり、少なくともボストンとケンブリッジの場合、アパートの不動産市場は社会的ネットワークの下位に位置するといえる。生涯の大半を通じて社会的ネットワークの経済的重要性について研究してきた社会学者、マーク・グラノヴェッターの用語を借りるなら、ケンブリッジの学生向けアパートの市場は、社会的交流のネットワークのなかに「埋め込まれて」いるといえる。

前章では、ネットワークが持つ知識やノウハウの蓄積能力について詳しく見たが、社会的な要因や文化的な要因がそうしたネットワークの規模、構造、適応性に及ぼす影響については、深く考えなかった。しかし、アパート探しの例が実証するように、人間のネットワークを経済的な要因だけで理解するのでは不十分だ。実際、私たちの交流は、たとえ職業上のものであっても、人脈やゆっくりとした関係構築のプロセスによって制約を受ける。本章の目的は、こうした要因についてはっきりと考察することだ。そのために、社会的ネットワークや職業的ネットワークの形成に関する基本的事実や、信頼や家族といった社会的・文化的な要因がネットワークの規模、適応性、構成に及ぼす影響を探っていきたいと思う。

社会的ネットワークと経済学が交差する研究分野について説明するのは易しくない。ひとつに、意見の相違が珍しくない分野だからだ。経済学者と社会学者が討論で真っ向から対立することも多い。二〇世紀の大半の時期、経済学者——特に新古典派の経済学者——は社会構造を市場の力に付随するものとみなしていた。市場が人々につながりを築くインセンティブを与え、人々はそのインセンティブに応じて流動的に関係を作ったり壊したりする、という考えだ。この世界観は、主に数学的モデルを用いて磨かれていったが、社会学者や政治学者の考えやデータとは合致しなかった。二〇世紀後半になると、社会学者や政治学者たちは押し返しはじめ、経済社会学という分野や社会関係資本《ソーシャル・キャピタル》の理論を生んだ。(1)

経済社会学者たちは、社会的ネットワークは経済を理解するうえで一定の役割を果たすと主張した。社会的ネットワークは経済的な関係に先だって存在することが多いし、経済的成果を生み出すほど強力でもあるからだ。(2)当然ながら、討論の主戦場となったのは、労働市場の研究だった。労働市場は社会的ネットワークと経済活動の基本的な交差点といえる。労働市場は、人々が企業というネットワークを成長させていくメカニズムとしても理解できるし、人々が労働力を提供できるネットワークを見つけるためのメカニズムとしても理解できるからだ。しかし、二〇世紀の経済学者が考える労働市場は、もともと存在する社会的ネットワークの役割を無視したものだった。むしろ、労働力の配分は需要と供給の力によって決まると仮定していた。おのおのの企業が求めるスキルとおのおのの労働者の持つスキルの供給過剰や需要過剰が賃金に反映されることで、労働市場は均衡に達するという理屈だ。

ところが、マーク・グラノヴェッターなどの社会学者が提供するデータは、こうした理論とは相容れなかった。グラノヴェッターは一九七四年の著書『転職』でこう指摘した。「完全な労働市場など教科書のなかにしか存在しない[3]」

画期的な研究のひとつが、グラノヴェッターの博士論文だった。その論文は、ボストン郊外のニュートンという都市の専門職、技術職、管理職の求職活動に関する前代未聞の調査に基づくもので、グラノヴェッターは市場ではなくもともとある社会的ネットワークが職探しの主な手段であることに気づいた。サンプルのうち約五六パーセントの人々は、人的つながりを通じて直近の仕事を見つけていた。彼の定義する人的つながりとは、職探しの目的以外で築いた関係のことで、主に友人や家族からなる。

しかし、グラノヴェッターが発見したのはそれだけではなかった。社会的ネットワークは、労働者への仕事の割り振りを円滑にしていただけでなく、労働者の得る仕事の重要な特徴を予見していたのだ。たとえば、人的つながりを通じて仕事を得た人々は、直接応募や専門の求人機関を通じて仕事を得た人々と比べて、給与が高かった。また、人的つながりを通じて仕事を見つけた人のほうが、その人に向いた仕事に就《つ》ける可能性が高く、仕事への満足度も高く報告した[4]。つまり、社会的ネットワークは、求職者にとって重要な求人情報に影響する最大の因子であるだけでなく、賃金や満足度といった仕事の重要な特性とも相関関係があったのだ。最高のアパートと同じように、最高の仕事も、社会的ネットワークを通じて割り振られる傾向があるのである。

グラノヴェッターの発見は、ホワイトカラー労働者を対象としたもので、人的つながりが彼ら彼女らの職探しの主な手段であることを示した。しかし、彼は自身のデータをほかの情報源と比べたところ、ブルーカラー労働者の職探しにも当てはまることに気づいた。いくつかの例外を除いて、その後のアメリカ内外の研究で、人的つながりが職探しにとって重要であることが裏づけられた。世帯主とその配偶者が四五歳未満であるアメリカの五〇〇〇世帯を追跡した「収入動向に関するパネル調査（Panel Study of Income Dynamics）」によると、一九七八年には、白人男性の五二パーセント、白人女性の四七・一パーセント、黒人男性の五八・五パーセント、黒人女性の四三パーセントが友人や親類を通じて現職を見つけていた。恵まれない若者に関する全米経済研究所の一九八九年の調査によると、ボストンの三つの貧困地域において、白人の五一パーセント、アフリカ系アメリカ人の四二パーセントが、人的つながりを通じて仕事を見つけていた。日本の一九八二年の雇用調査では、一五歳以上の三四・七パーセントが人脈を通じて仕事を見つけていた。ほかの調査では、一部の都市で七〇パーセントという高い数字も出た。また、社会的ネットワークの影響力は今もなお衰えていない。《ニューヨーク・タイムズ》の最近の記事によると、会計事務所〈アーンスト・アンド・ヤング〉の初級職以外の採用の四五パーセントは従業員の推薦であり、これも会計事務所の〈デロイト〉の経験者採用の四九パーセントは紹介によるものだった[5]。どちらの場合も、二〇〇八年の経済危機のあとで数値が上昇している。労働市場が厳しくなり、社会的ネットワークが職探しにとってますます重要になったのだ。これらの証拠を総合的に見ると、社会的ネットワークは職業的ネットワークの形成を促

しており、社会的ネットワークの形成の問題は経済にとって非常に重要であるといえそうだ。(6)

社会的ネットワークが経済にとって重要となると、次にこんな疑問が浮かぶ――社会的ネットワークはいかにして形成されるのか？　基本的に、社会的ネットワークは次の三つの単純な概念に基づいて形成される――共通の社会的中心（social foci）、三者閉包《へいほう》（triadic closure）、同類原理（homophily）だ。最初のふたつの概念は、私たちが友人を作る場所を理解するのに役立つ。共通の社会的中心は、社会的中心を共有する人々（クラスメート、仕事仲間、同じ教会に通う人々など）のあいだで関係が生まれやすいことを意味している。また、三者閉包は、共通の友人を持つ人々のあいだで関係が生まれやすいことを意味している。一方、同類原理は、長続きする関係について説明しようとするものだ。似たような関心や特徴を持つ人々のあいだで関係が生まれやすいという考え方である。こうした関係形成メカニズムの結果として、社会的ネットワークは似た者どうしの集まりとなる。非常に重複した知識や情報を持っていることも多い。この重複は先ほどの職探しの調査にとっては重要だ。社会的ネットワークは、前任の従業員と似た人を企業にもたらす傾向のあることがわかるからだ。この類似性にはメリットとデメリットの両方がある。ほかの社員と社会的にも仕事的にもうまくやっていける人材が得られやすい一方で、企業に蓄積される知識が不健全なレベルにまで重複してしまうおそれもある。また、暗黙の差別を助長してしまう可能性もある（社会的ネットワークは人種やイデオロギーに関して閉鎖的になりがちなため）。

社会的ネットワークは、職業的ネットワークの形成を束縛する基礎的な〝編み目〟のような働きをする。この点は、グラノヴェッターが経済のことを社会的ネットワークに埋め込まれたシステムと表現しているひとつの理由である。(7) しかし、社会的ネットワークや社会制度は労働市場を動かしてネットワークに影響を及ぼすだけではない。実際、「家族や社会の信頼の高さ」といった社会制度も、職業的ネットワークの形成に重要な役割を果たし、経済における企業の規模や構成に影響を与える。

政治学者のフランシス・フクヤマは、生涯を通じて文化、政府、市場の交わりについて探究してきた。一九九五年の著書『「信」無くば立たず』で、巨大なネットワークを形成する社会の能力は、おおむね社会の信頼の高さの裏返しであると主張している。フクヤマは、南ヨーロッパやラテン・アメリカに見られるような「家族主義的」社会と、ドイツ、アメリカ、日本に見られるような「高信頼」社会とをはっきりと区別する。家族主義的社会とは、他人を信じず、自分の家族を深く信頼する社会だ(イタリアのマフィアはそのシンボル的な例)。家族主義的社会では、家族のネットワークが経済活動の埋め込まれている社会組織の主流の形態であり、事業というと親族間のベンチャーが多い。他方、高信頼社会では、親族だけを取り立てて信頼する傾向はなく、プロフェッショナルに運営される企業が生まれやすい。

家族主義的社会と高信頼社会の違いは、形成されるネットワークの構成(たとえば親族か否か)だけではない。形成できるネットワークの規模も異なる。なぜなら、高信頼社会で発展していく、プロフェッショナルに運営される事業は、小さなものから巨大なものまで、あらゆる規模のネットワークを生みやすい。他方、家族主義的社会では、小規模な事業がたくさん生まれやすく、一握りの一族がいくつかの複合企業を牛耳《ぎゅうじ》っている。

しかし、前にもお話ししたとおり、ネットワークの規模は重要だ。ある場所で起こる経済活動を決定づけるからだ。非常に複雑な製品を作るには、つまり社会が高度に繁栄するためには、巨大なネットワークが必要なのだ。したがって、フクヤマによれば、さまざまな規模の産業が存在することは、信頼が存在する証拠といえる。彼はこう記す。「産業構造を見ると、その国の文化について興味深いことがわかる。社会によっては、非常に絆の強い家族が存在するけれども、親族関係にない人々の間の信頼関係の絆が比較的弱いということがある。こういう社会では、小規模で家族が所有し、家族が経営する企業が支配的であることが多い。これに対して、学校、病院、教会、慈善団体といった活発な民間の非営利的な組織が存在する諸国では、家族の枠を超えた強力な民間の経済制度もよく発達する傾向がある(8)」

国家の産業構造を知識や信頼の表出《ひょうしゅつ》としてとらえるのは、決して矛盾ではない。巨大なネットワークのほうが、より多くの生産の知識を蓄積できる。そして、日本、アメリカ、ドイツのように、巨大なネットワークが広まりやすい高信頼社会は、医薬品や航空機の製造など、巨大なネットワークを必要とする経済活動へと自然と惹き寄せられていく。しかし、ワイングラスを見るだけでは中身のワインの種類はわからないのと同じで、巨大なネットワークを生み出すような信頼の有無を見るだけでは、そのネットワークに自動車製造に関する知識が蓄積されるのか、ジェット・エンジン製造に関する知識が蓄積されるのかはわからない。言い換えれば、ネットワークを生み出すメカニズムと、ネットワークの中身を決定づけるメカニズムは別物なのだ。社会関係資本に欠かせない形のひとつである信頼は、巨大なネットワークを形成し、維持するための〝接着剤〟であって、ネットワークに蓄積される知識やノウハウとは違うものなのである。[9] 結局のところ、ネットワークに蓄積される知識やノウハウは、その知識が蓄積されるネットワークの形成を促す信頼——つまり社会関係資本——とは別の生産要素といえる。

しかし、信頼は巨大な人間のネットワークの形成をどう促すのだろうか？ 信頼はネットワークがある結果として生まれるものであって、ネットワークの生まれる原因ではないのでは？ 確かに、職場や市民団体で繰り返される社会的交流は信頼を強めることもあるし、人々は同僚と仲良くなる。しかし、社会的ネットワークのほうが現代的な経済活動よりも前から存在すると考える有力な根拠もある。タンザニアの狩猟採集民族であるハッツァ族と工業化社会の形成する社会的ネットワークには重大な構造上の類似点が見られた。[10] さらに、協力的な人々はほかの協力的な人々と関係を持つ傾向にあることもわかった。つまり、ハッツァ族の場合も、社会制度が社会的クラスターのなかに具象化されているらしい、ということを示している。[11] 研究者チームは、「社会的ネットワークの構造に見られる一部の要素は、人類の歴史の初期の時点から存在しているのかもしれない」と指摘した。その時点というのはもちろん、近代的な市場が登場するよりもずっと以前だ。

ただし、社会的つながりがはるか昔から存在するとしても、ロナルド・コースの関係構築のコストに関する議論が無効になるわけではない。むしろ、取引コスト理論と経済社会学は補いあうものである。もともと存在する社会的ネットワークが持つ経済的影響は、関係構築のコストの観点から解釈できるからだ。フクヤマの言葉を借りれば、「ある社会においては、経済活動を行なうものが取引きにおいてお互いを信頼し、したがって詳細にわたる契約と義務履行を強制する仕組みが必要な低信頼社会よりも効率的に活動できるので、取引費用を実質的に削減することができる」わけだ[12]。社会関係資本の研究で有名な社会学者のジェームズ・コールマンも、信頼は取引コストを減少させると訴えた。コールマンは、社会関係資本に関する独創的な論文で、ニューヨークのユダヤ人ダイヤモンド卸商どうしの取引について記した。彼らは取引の前、別の卸商に内々でダイヤモンドを吟味させる伝統があるという。彼は、こうした信頼を暗黙のうちに生み出す家族や知人の社会的ネットワークこそが、これらの取引を可能にすると主張している。信頼がなければ、契約、保険、履行の手続きに膨大なコストと時間がかかり、こうした単純な取引でさえたちまち経済的とはいえなくなってしまうからだ[13]。

したがって、信頼や、信頼から生まれる社会的ネットワークは、オリバー・ウィリアムソンの説明する公的制度の代わりになる。信頼は、契約に基づかず、非公式でありながらも、不正行為を抑止し、ふつうならリスクのある商取引を可能にするきわめて効率的なメカニズムとなる。それどころか、信頼は、いったんはぐくむことができれば、公的制度よりも経済的ネットワークを築くのに効率的な手段といえる。コストのかかる事務作業や履行手続きの手間をかけずにすむからだ。信頼は、関係構築のコストを抑えることで、より多くの知識を蓄積できる巨大なネットワークを形成しやすくするのだ。

家族の相対的な重要性や社会の信頼の高さといった社会制度は、人々が築くネットワークの規模、さらにはある地域の経済活動の違いを理解するのにも役立つ。これは国際比較にも使えるが、国内比較にも使える。一国のなかでも文化の違いはよく見られるからだ。

国内の社会制度の違いが経済的ネットワークの成果に影響を及ぼした例として有名なのは、シリコンバレーとボストン・ルート128である。ルート128はシリコンバレーと競合するテクノロジー・クラスター（訳注：クラスターとは、相互に関連しあう特定分野の企業や機関が地理的に集中した集団）だったが、一九八〇年代に入ると失速しはじめた。このふたつのクラスターについて幅広く記している地域経済開発の専門家、アナリー・サクセニアンによると、両クラスターの違いを説明しうる要因のひとつとして、社会制度が挙げられるという。

［シリコンバレーの］濃密な社会的ネットワークと開かれた労働市場は、起業家精神や実験を促す。企業は激しく競争しあうと同時に、非公式のコミュニケーションや連携活動を通じて市場やテクノロジーの変化について学びあう。ふんわりと結びついたチーム構造は、企業の部門どうし、企業と外部のサプライヤーや顧客との横方向のコミュニケーションを生む。このネットワーク・ベースのシステムでは、企業内部の機能の境界、企業間の境界、そして事業者団体や大学などの現地機関と企業との境界は容易に行き来ができる。

対照的に、ルート128地域は、幅広い生産活動を社内で行なう自立的な企業で占められている。秘密主義や企業への忠誠といった慣習が、企業と顧客、サプライヤー、競合企業との関係を支配していて、安定や自立を促す地域文化を強化している。企業の階層構造が中央集権を促し、情報は縦方向にばかり流れる。この独立した企業ベースのシステムでは、社会的・技術的なネットワークは主に社内で完結しており、企業間の境界、企業と現地機関の境界ははるかにはっきりとしている。(14)

サクセニアンの見解は、社会制度の地域差が、いかにして地域クラスターと呼ばれる企業ネットワークの規模と適応性を左右するかを教えてくれる。ルート128の企業は、従業員や他社を信頼せず、階層的で閉鎖的な構造を促した結果、適応性に乏しい地域クラスターを生み出した。この適応性の欠如が規模の違いにつながった。適応性に乏しいルート128のクラスターは、やがてシリコンバレーと比べて縮小していったからだ。つまり、社会制度は人々の築くネットワークの規模だけでなく、適応性にも影響を及ぼす。こうして、ルート128はシリコンバレーの後塵《こうじん》を拝するはめになったのだ。(15)

シリコンバレーの開かれた境界や適応性は、一九七九年終盤、スティーブ・ジョブズがゼロックスのパロアルト研究所を訪問した有名な話によく表われている。そこで、ジョブズはグラフィカル・ユーザー・インターフェイスやオブジェクト指向プログラミングについて知った。結局、これらのテクノロジーの商業化に成功したのは、ゼロックスではなくアップルだった。知的財産権に厳しい人から見れば、ゼロックスではなくアップルがこのアイデアから利益を得たことに文句を言うかもしれないが、もう少し実際的な見方をすれば、アップル（まあ、アップルでなくてもいいのだが）がそのアイデアを発展させ、商業化したのは、シリコンバレーの長期的な持続にとっては良かったともいえる。そうでなければ、アイデアはゼロックスの幹部たちの書類入れのなかで永久にくすぶっていたかもしれないし、悪くすれば、敵対するクラスターの企業が商業化していたかもしれない。長い目で見れば、こうした開かれた境界のおかげで、シリコンバレーのネットワークは適応性を獲得し、企業はお互いにバトンを渡すことができた――時には不本意に渡すことになったとしても。[16] この適応性こそ、ルート128のネットワークに欠けていたものであり、シリコンバレーと張りあえるだけの知識を蓄積できる巨大なネットワークを維持できなかった要因なのだ。

スティーブ・ジョブズがパロアルト研究所を自由に歩き回れたのは、彼を連れてきた人が彼を信頼したからだ。ここでもやはり、信頼が、知識やノウハウの蓄積を必要とする巨大ネットワークの形成を促すことがわかる。時に信頼が不可解に作用することがあるとしてもだ。信頼は関係構築のコストを低下させ、ネットワークが市場やテクノロジーの変化に適応できるよう境界を開くことで、ネットワークの規模を押し上げる。信頼の高い環境では、関係を構築するのは易しい。信頼の高い環境にいる人々は、その定義から、新しい関係を築くリスクはそんなに高くないと信じているからだ。ところが、信頼の低い環境では、人々は他人と関係を構築するのに躊躇するので、ネットワークを形成する別の方法を見つけなければならない。

信頼はネットワークを築くが、ネットワークもまた信頼を築く。ただし、高信頼社会といっても、赤の他人をすぐに信用してしまうようなうぶな人々ばかり、というわけではない。社会的ネットワークが、まったくの他人と共通の友人や知人を持つ他人とをふるい分ける役割を果たす。この点がホーム・パーティーとバーの違いである。ホーム・パーティーでは、どの人にも必ず共通の友人がいるとわかっている。バーは違う。もういちど労働市場の例に戻ると、企業が紹介を通じて社員を雇いたがる理由がこれで説明できる。企業が知人や従業員から紹介された人を好んで雇おうとするのは、赤の他人よりも共通の友人や知人のいる人のほうが信頼しやすいからだ。また、紹介で入社した人は辞めにくい[17]。一般論として、関係が濃密な社会的クラスターに埋め込まれているほうが信頼は生まれやすく、高信頼社会はそうした濃密なネットワークの形成を促す場面を生み出すことに成功してきたといえる。政治学者のロバート・パットナムが著書『孤独なボウリング』で説明しているように、親族以外の団体、たとえばロータリークラブ、フリーメイソン、ボーイスカウト、赤十字のような団体の形成は、昔から、信頼や情報へのアクセス、つまり社会関係資本が蓄積されるネットワークを形成する強力な手段となってきた。アメリカでは、こうした団体の大半が一九世紀終盤から二〇世紀初頭にかけて形成され、ピーク時の一九〇〇年から一九一〇年には、アメリカ人の二〇〇人にひとりを会員とする団体が数多く生まれた[18]。

低信頼社会は、高信頼社会と比べると他人どうしでうまく団体を作ることができないので、家族関係に大きく頼っている。家族関係には、低信頼社会で良しとされる重要な性質がいくつかある。商取引の前から存在するので、非常に安定している。家族どうしで諍《いさか》いが生じたとしても、進んで仲直りしようとすることが多い。私利私欲に走ることが少ないし、ほとんど無条件の関係でもある。また、営利目的ではなく、愛、友情、絆といった感情によって関係が保たれる。この点は、低信頼社会で信頼関係が家族のなかで完結する要因でもあるが、同時に家族関係を意義のあるものにもしている。フクヤマは、「もし家族が本質的に合理的で自己本位の契約関係であれば、意義ある家庭生活を想像することは難しい」と記す。家族の信頼は、家族の絆がずっと続くだろうというほぼ無条件の期待によって成り立っている。このネットワーク形成のメカニズムは、近代的な経済活動よりも前から存在するものなので、市場や公的制度が促すネットワーク形成のメカニズムとは性質が異なる[19]。

しかし、信頼の低い家族主義的社会は、ある問題に直面する。ファミリー・ビジネスは大きな発展が見込めないのだ。ファミリー企業が巨大化することもあるが、それでも家族だけでは管理しきれない規模のネットワークが必要になる。ここに低信頼社会の二面性が生まれる。低信頼の家族主義的社会は、高信頼社会と比べて、国家に巨大な経済ネットワークの形成を手助けしてほしいと考える傾向があるからだ。ロバート・パットナムは、南イタリアの家族主義的社会の社会制度についてこう論じている。「法は、ほぼ万人が同意するところでは破るために作られるものだが、しかし他人の無法を恐れるあまり」、誰もがボスや政治家による「厳しい規則を要求している[20]」。

しかし、家族主義的社会は、私たちがマフィア映画で信じ込まされているように、イタリアに限られるわけではない。南ヨーロッパ、東欧、ラテン・アメリカの大部分は家族主義的社会といえる。昔から数学者が多く、合理的なイメージのあるフランスでさえそうだ。フランスでは、家族主義的社会が往々にしてそうであるように、国家が産業の形成に中心的な役割を果たしてきた歴史がある。たとえば、フランス国家は巨大産業の成功にも大きくかかわっており、航空業界を例に取ると、エアバスや、一時期人気だったコンコルドを生み出すことに成功した。しかし、フランス国家は大失敗も犯してきた。今では忘れられているフランスのコンピュータ産業がその例だ。フクヤマはこう説明する。「一九六〇年代の終わりに打ち立てた計算機分野の計画で、フランス政府は、将来は時分割方式の巨大メインフレーム・コンピュータの限られた機種に需要が集中するものと予測し、マイクロ・コンピュータ革命の前夜にこの分野の開発に対する助成を行なっている。一九八〇年代のはじめに国有化され大規模な助成を受けたフランスのコンピュータ産業は早々に赤字に転落し、政府の財政赤字の増大とフランの価値低下を招いた[21]」。フランスのコンピュータ産業は、次のフクヤマの言《げん》を実証している数々の例のひとつにすぎない。「社交性への主たる道が家族と親族関係であるような文化においては、大規模で持続的な経済組織をつくり出すことが非常に難しいので、国家によってそのような組織を創設し、支援することが期待される[22]」

＊

本章の冒頭で、社会的ネットワークや社会制度がいかにして知識やノウハウの蓄積に必要なネットワークの規模、適応性、構成を左右するか、という疑問を掲げた。経済社会学や社会関係資本の研究を簡単に考察した結果、間違いなく言えるのは、社会的ネットワークや社会制度が知識やノウハウの蓄積に必要なネットワークの規模、適応性、構成を決定づける、ということだ。ひとつめ、規模に関していえば、社会が巨大なネットワークを築けるかどうかは、社会の信頼の高さとかかわっている。この点は取引コスト理論とも符合する。信頼があれば関係構築のコストは低くなり、ネットワークがより巨大になりうるからだ。高信頼社会では、自然発生的な社交のメカニズムを通じて巨大な社会的ネットワークが形成される傾向がある。かつては同じようにして市民結社が形成されていたが、最近ではウェブで形成されることが増えている。[23] 一方、低信頼社会では、昔から家族のネットワークに頼ることが多く、大規模な社会関係の必要な活動は国家に任せる傾向がある。

ふたつめ、ネットワークの構成に関していえば、社会制度や既存の社会的ネットワークが、形成される職業的ネットワークの構成にふたつの重要な点で影響を及ぼすことを見た。ひとつに、社会の信頼の高さによって、ネットワークが家族関係を中心とするかどうかが決まる。もうひとつに、人々は人的つながりを通じて仕事を探すので、企業は従業員の社会的ネットワークに通じる個人を雇う傾向が高い。

三つめに、社会的ネットワークや社会制度は、企業や企業ネットワークの適応性を左右することもわかっている。シリコンバレーとルート128の比較で見たように、信頼度の低い地域が生み出すネットワークは境界が閉じており、その地域全体の長期的な適応性を妨げてしまう。この点はイノベーションの必要な部門では特に致命的となる。さらに、人的つながりを通じた人材採用は、知識の重複につながることもあるが、ネットワーク内の信頼や結束を高めるというメリットがある。

もちろん、こうした信頼に関する結論はあくまでも一般論だ。これまでの議論から、先進国のみんなが人を信頼するとか、信頼できる人間である、と決めつけるのは間違いだろう。同じように、発展途上国のみんなが人を信頼しないとか、信頼に値しない人間である、と決めつけるのも間違いだ。モーツァルトがオーストリア人だからといってオーストリア人全員に音楽の才能があると決めつけるのは間違っているのと同じで、先進国では平均的に信頼が高いからといって、先進国のみんなが信頼できると決めつけるのは間違っている。たいていの場合、個人差のほうが集団どうしの差よりも大きい。先進国の人だから信頼できるとか発展途上国の人だから信頼できないと考えるのは、先ほどの議論を誤解しているし、やってはならないことだ。個人のレベルでいえば、その人の行動に着目することが必要だ。個人の行動は属する集団や言葉よりもその人を雄弁に物語るからだ。

＊

これでパート3はおしまいだ。このあとの数章では、ノウハウや知識の蓄積能力に乏しいバラバラなネットワークばかりになると、世界はどうなってしまうのかを考えてみたいと思う。そうすることで、国際貿易データや国内データに見られる産業開発の経験的なパターンが理解できるだろう。また、そうした産業構造と経済成長とを結びつけるのにも役立つはずだ。

突き詰めていくと、私たちが新製品——つまり情報パケット——を生み出す能力を高めるにつれて、社会のなかで情報は成長しつづける。しかし、新製品を生み出すには、個人のネットワークに知識やノウハウを蓄積する必要がある。パート3の三つの章で、知識やノウハウの細分化が必要な理由を学んだ（パーソンバイト理論）。また、知識やノウハウを蓄積するためのネットワークを形成しづらくする経済的・社会的な制約についても説明した。パート4で見ていくとおり、知識やノウハウの蓄積を妨げる経済的、社会的、個人的な制約は、製品を生み出す能力を妨げ、しまいには経済発展の国際的な格差を生み出す。一言でいえば、情報を成長させるのがうまい国ほど繁栄しやすいのである。

パート4

経済の複雑性

知識とノウハウがなければ、人類は情報を成長させるのが難しいだろう。知識やノウハウは、何をどうすればいいかを私たちに教えてくれる。知識やノウハウは、私たちの都市やモノを生み出す社会というコンピュータにとって、ソフトウェアのようなものなのだ。しかし、ソフトウェアの特殊な形態である知識やノウハウは、そのソフトウェアを実行するハードウェアのなかに閉じ込められている。これまで説明してきたとおり、このハードウェアには機械が増強する人間、そしてもちろん人間のネットワークが含まれる。人間の体や社会組織には知識やノウハウを蓄積する能力が備わっているが、その一方で知識やノウハウの世界的な格差も生んでいる。知識やノウハウには地理的な境界があり、この境界こそが国家のモノ作り能力の差を生んでいる。しかし、モノ作り能力の差は、国家の購買能力の差にもつながる。したがって、所得格差や消費能力の差という国際的な難問を理解するには、まず知識やノウハウの広がりを阻害する世界的なメカニズムを理解しておくことが必要だ。知識やノウハウの広がりは、国家のモノ作り能力の差につながる。そしてモノ作り能力の差とは、実際には情報を成長させる能力の差のことなのだ。

第9章

経済の複雑性の進化

なぜ知識やノウハウは地理的に集中しているのか？　これまで、知識やノウハウの蓄積が難しい理由として、学習が社会的で経験的なものであること、そして個人や企業が保持できる知識やノウハウの量に限度があることを学んできた。そのため、知識やノウハウを細分化して、企業や人々のネットワークに分散する必要がある。したがって、大量の知識やノウハウを保持するには、人々の巨大なネットワークが必要になる。ところが、このネットワークの規模とネットワークが保持できる知識やノウハウの量との関係は、知識やノウハウの蓄積を困難にするだけでなく、巨大な生産ネットワークに具象化された知識やノウハウを移転したりコピーしたりするのが、小規模な生産ネットワークよりも難しいということも意味している。

しかしながら、知識やノウハウの地理的な分布を調べるのは難しい。知識やノウハウは〝目に見え〟にくいからだ。そのため、知識やノウハウの分布や広まりを調べるには、知識やノウハウの存在する場所を間接的に示すような、知識やノウハウの表われともいえるものを見つける必要がある。そのひとつの方法は、産業の地理的分布を見るというものだ。産業は、ある場所の人々や企業のネットワークに具象化された知識やノウハウの表われといえるからだ。知識やノウハウの代わりに産業を見るのは、生物学者が表現型（生物の物理的・機能的な特質）を遺伝子型（生物のDNAに具象化された情報）の表われとしてとらえるのと似ている。遺伝子は、もっとも単純な定義でいえば、たんぱく質をコードするDNAの部分だが、表現型は髪の毛の色や高血圧のなりやすさなど、生物の物理的・機能的な特質を指す。私が本章でしようとしていることは遺伝学の主な目的と似ているが、私は表現型と遺伝子型とを関連づける代わりに、ある場所に存在する知識やノウハウとその場所の産業とを関連づけてみたいと思う。

表現型と遺伝子型が良いたとえといえるのは、一方のほうがもう一方よりも観察しやすい、という点が共通しているからだ。表現型が遺伝子型よりも観察しやすいのと同じで、産業は知識やノウハウよりも観察しやすい。観察しやすいほうの量をもう一方の代わりとして測定できるので、この二重性は便利だ。たとえば、人の身長を高くする遺伝子の空間分布を描くのは、現在の科学ではかなり難しい。実際、身長にかかわる遺伝子はたくさんあるので、二メートル超えのバスケットボール選手、レブロン・ジェームズと、小柄な俳優、ダニー・デヴィートの身長差を説明できる分子配列を特定し、検出し、数量化するのは易しくないのだ。[1] それでも、レブロン・ジェームズとダニー・デヴィートを一目見ただけで、高身長にかかわる遺伝子を持っている可能性が高いのはどちらなのか、すぐにわかる——具体的にその遺伝子を特定できないにしてもだ。それと同じで、ジェット・エンジンの製造に必要な知識とノウハウの分布を描こうと思うなら、単純にジェット・エンジンのメーカーや設計者の存在する場所を見ればいい。簡単な例でいうと、アクション映画の制作に必要な知識やノウハウが表出《ひょうしゅつ》しているのは、エクアドルの首都・キトではなく、ロサンゼルスだと推論できる。ロサンゼルスからは毎年人気のアクション映画が何本も出ているが、キトからはほとんど出ていないからだ。したがって、産業が存在するというだけでは、映画制作に必要な具体的な知識やノウハウがわかるわけではないにしても、映画制作の知識やノウハウがありそうなネットワークの物理的な立地ならわかるのだ。(2)

産業の立地に関する正確なデータを入手するのは易しくないが、不可能ではない。不完全であるとはいえ、産業と立地との国際的な関係は、各国の輸出入する製品をまとめた貿易データに表われている。地域経済に関しては、同じデータが企業の税務上の所在地、社会保障基金への積立金、工業統計調査といった政府の記録から得られる。こうしたデータセットの大部分は不完全で限界があるが、企業の持つ知識やノウハウの分布を描き出す最善の方法のひとつであることに変わりはない。

こうしたデータセットが役立つのは、さまざまな立地の産業構成に関する理論を検証するための経験的な比較対象として使えるからだ。そのためには、そのデータセットのなかで、自明ではなく（つまり純粋な偶然では説明できず）、多くのデータセットに共通しており、私たちが検証しようとしている理論から予測できる特徴を見つける必要がある。

企業の税務上の所在地の要約データや国際貿易データに共通するひとつの大きな特徴は、生態学者が「入れ子性（nestedness）」と呼ぶパターンである。[3] 入れ子性の意味するところは、ボックス1に示した図を見ていただければはっきりとするはずだ。入れ子性とは、これらのマトリックスの〝三角形性〟を厳密に定義したものだ。正式にいうと、入れ子性とは次のふたつの傾向が同時に成り立つことだ。①もっとも多様性の低い立地（つまり産業の種類が少ない立地）は、もっとも多様性の高い立地の産業の部分集合を持つ。②もっとも珍しい産業（訳注：つまり、もっとも普遍性の低い産業）はほぼ例外なくもっとも多様性の高い立地にのみ存在する。

入れ子性について説明するため、アルゼンチン、ホンジュラス、オランダの輸出品を考えてみよう。二〇〇八年にホンジュラスが輸出した五〇品目のうち、アルゼンチンも輸出していたのは二五品目（五〇パーセント）、オランダも輸出していたのは四八品目（九六パーセント）だった。[4] 二〇〇八年にアルゼンチンが輸出した二二七品目のうち、オランダも輸出していたのは二一三品目（九四パーセント）だった。この重複は何を意味するのだろうか？ 統計学的にいえば、ホンジュラスの輸出品はアルゼンチンの輸出品の部分集合であり、アルゼンチンとホンジュラスの輸出品はオランダの輸出品の部分集合ということだ。ここまで聞いて、こう思う人もいるかもしれない――多様性の高い立地、つまり多くの産業が存在する立地に、多様性の低い立地の産業が含まれるのは当たり前ではないか。しかし、統計的に見て、このデータに見られる入れ子性の度合いは、人口や産業の多様性の差から期待される値よりも大きい。つまり、このマトリックスが入れ子と呼ばれるのは、単に部分集合の構造が存在するからではなくて、先ほどのような自明な説明から予想されるよりも、この部分集合の構造

ボックス1
産業・立地マトリックスの入れ子性

下図は、産業と立地に関する２種類のマトリックスを示している。各行（タテ）はひとつの立地を表わし、各列（ヨコ）はひとつの製品または産業を表わす。左の図は、各国の輸出する製品を示しており、右の図はチリの企業の税務上の所在地を示している。黒い点は、ある国がその製品を輸出していること（左図の場合）、またはチリの自治体にその産業が存在すること（右図の場合）を示す。いずれのマトリックスでも、立地は多様性の高い順で並べ替えられており、製品と産業は普遍性の高い順で並べ替えられている。ほとんどの点は、マトリックスの左上に三角形状に固まっている。これが入れ子性である。実線は各立地の多様性を示している。ある立地の多様性は、その国が輸出する製品の数（左図の場合）、またはその自治体に存在する産業の数（右図の場合）に等しい。この実線は、マトリックスに見られる入れ子性の上限を単純に見積もったもので、入れ子性が完全であれば、実線の両側で真っ黒な領域と真っ白な領域がほぼはっきりと分かれるはずである。

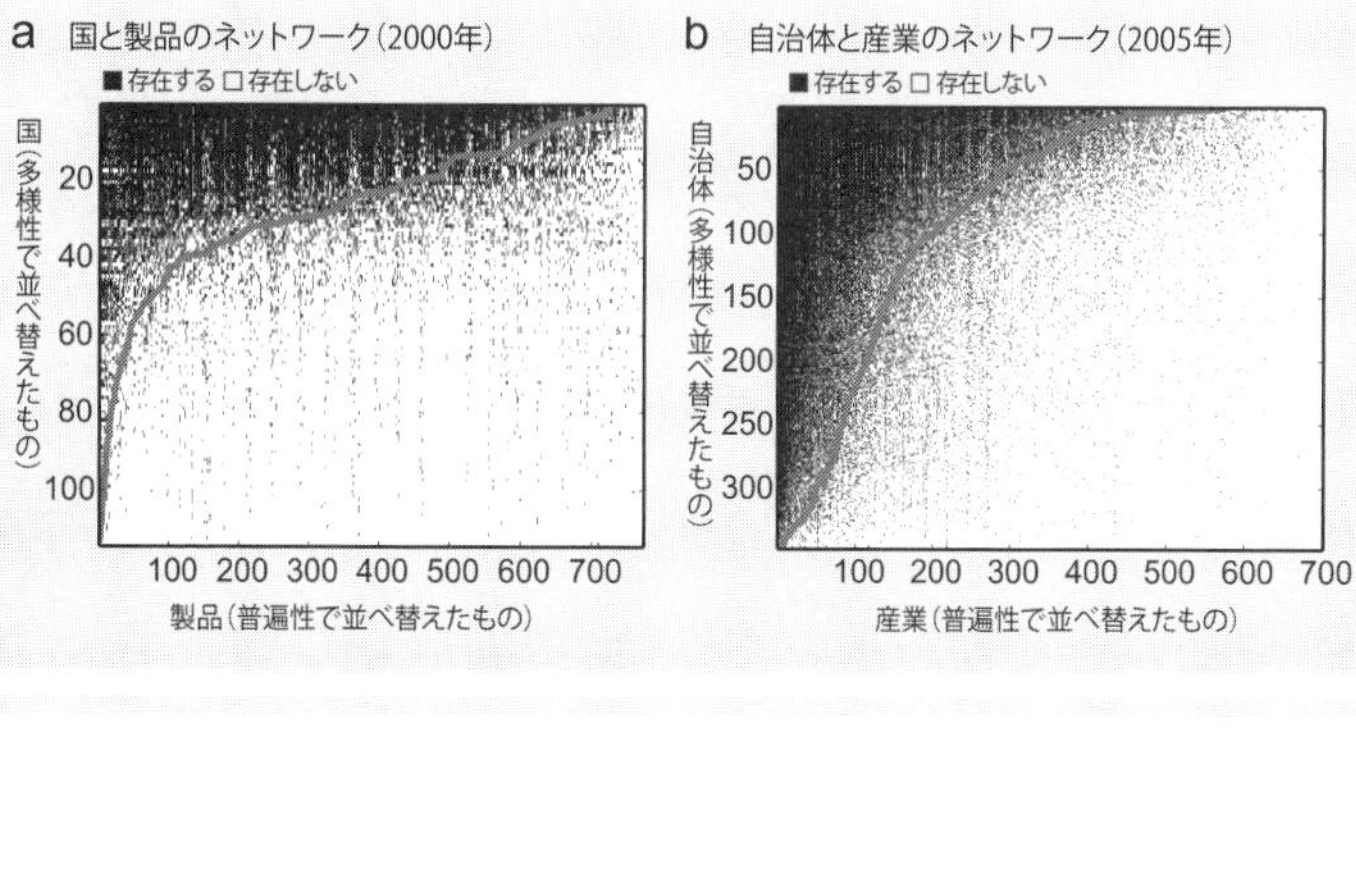

が統計的に見て大きいからなのだ(5)。

この入れ子性の統計的有意性は、産業の空間的な分布に関するひとつの事実であり、この入れ子性を説明できるメカニズムについて深く考えさせる。ここでもやはり、パーソンバイト理論が役に立ってくる。

産業・立地マトリックスの入れ子性からわかるとおり、世界のほとんどどこにでも存在する産業――つまり知識やノウハウのかたまり――もあれば、世界のほんの数カ所にしか存在しない産業もある。しかし、どこにでも存在する産業とはどういうものだろう？　そういう産業に具象化されている知識やノウハウは多いのか少ないのか？　この疑問に答えるため、いくつか例を見てみよう。

ほとんどの国が輸出する製品としては、下着、シャツ、パンツなどの衣料品がある。一方、一部の国しか輸出しない製品としては、光学機器、航空機、医用画像診断装置などがある。こうしてちょっと調べただけでも、〝単純〟な産業――つまりあまり知識やノウハウを必要としない産業――ほど、多くの場所に存在することがわかる。というと当たり前にも思える。あまり知識やノウハウを必要としない製品を作るほうがラクなはずだからだ。しかし、産業の普遍性は、必要な知識やノウハウを示す明確な尺度とはいいがたい。輸出国がほんの一部に限られる製品のなかには、ウラン鉱石のような鉱物資源もある。そこで問題となるのは、ウラン鉱石のような稀少な製品と医用画像診断装置のような複雑な製品とをどう区別するかだ。そのためには、医用画像診断装置を輸出している国の産業の多様性を調べればいい。ウラン鉱石を輸出している国の産業の多様性よりも高いことがわかる。

一般的に、製品の普遍性に関する情報と、その製品を輸出している国の産業の多様性に関する情報を組み合わせることで、ほかと比べて高度な製品を簡単に見分けられる。(6)要するに、もっとも複雑な製品は、多様な産業を持つ一部の国々で作られる傾向があるが、単純な製品ほど、数少ない製品しか生産しない国も含めた大半の国々で作られる傾向があるのだ。この点は、あまり知識やノウハウを必要としない産業は至るところに存在する、という考えと一致する。これからお話しするとおり、こうした小さな知識やノウハウのかたまりのほうが世界に広まりやすいのだ。

つまり、パーソンバイト理論を使えば、製品の普遍性、そして産業・立地マトリックスの入れ子性をうまく説明できる。この点こそ、産業構造を知識やノウハウの存在と結びつける証拠の一本めの撚《よ》り糸である。パーソンバイト理論によれば、より複雑な製品を作るためには、より巨大で複雑なネットワークにそのための知識やノウハウを蓄積しなければならない。したがって、ある場所の多様性とその場所に存在する産業の普遍性には、反比例の関係が存在することになる。しかし、ロバート・パットナムが著書『孤独なボウリング』で用いている見事な表現を借りるなら、証拠を紡ぐ紐はたった一本の撚り糸では持ちこたえられない。つまり二本めの撚り糸が必要になる。そこで、パーソンバイト理論を用いて、産業・立地マトリックスの入れ子性だけでなく、そのメカニズムについても説明してみたいと思う。つまり、国々がたどる多様化の道筋や産業の地理的分布の変化について説明してみよう。

ある国の産業構成の進化を、ジグソーパズルでイメージするとわかりやすい。実際、複雑な産業を移転するのは、あるテーブルから別のテーブルへとジグソーパズルを移動しようとするのと似ている。パズルのピースが多ければ多いほど、移動するのは難しくなる。すべてのピースをいっぺんに移動させないと崩れてしまうからだ。なので、ジグソーパズルを〝移動〟させるには、同じジグソーパズルの大多数のピースがあらかじめ存在して組み上がっている別のテーブルに、数ピースだけを移動させるほうがラクだろう。ネットワークの移転にも同じ問題がつきまとう。大量の知識やノウハウが必要な製品は、巨大なジグソーパズルと同じで、限られた場所でしか作れない。必要なピースが増えれば増えるほど、どれかのピースが欠けてしまう可能性が高くなるからだ。また、産業が成功しやすいのは、その産業に必要なピースがすでにたくさん存在している場所だということもわかる。その産業に必要な知識やノウハウがすでにたくさん蓄積されている場所や人々のネットワークでのほうが、産業が生まれやすい。そういう場所では関連産業がいくつか発展しているからだ。ビジネス・スクールや地域開発の分野では、この現象は「関連ある多様性への多様化」と呼ばれる。平たくいえば、カーテンを生産する場所はすでにテーブルクロスの生産には適応しているが、エスプレッソ・マシンの生産には未適応である、ということだ(7)。

製品の生産に必要な知識やノウハウ、産業に具象化される知識やノウハウの類似性は、これまで見てきた産業・立地マトリックスの入れ子性を高める。なぜなら、大量の知識やノウハウが必要な製品は、多様な産業が存在する場所の人々にすでに具象化されている知識やノウハウを必要とするからだ。しかし、入れ子性を見ただけでは、どの産業どうしが類似しているのかははっきりとわからない。なぜなら、ふたつの製品を作るのに必要な知識やノウハウが類似しているとしても、製品の普遍性まで類似するということは少ないからだ。もういちど生物にたとえるなら、シマウマとワニは全体の複雑さという点では類似しているとしても、シマウマから馬を進化させるほうがワニから馬を進化させるよりは易しい。シマウマの遺伝子はすでに馬に必要な特徴（長い脚、毛、草食に適した消化器官など）を多く作り出しているからだ。[8] したがって、ふたつの製品が類似しているかどうかを判断するには、普遍性とはまた違った類似性の尺度が必要だ。そのための選択肢として、産業立地に関するデータを使う方法と両産業の雇用データを使う方法のふたつがある。これらのデータを使えば、ある場所にすでに存在する産業と類似した産業が発展しやすいかどうかが検証できる。

産業の類似性から新しい産業の発展を予測できるかどうかを検証するため、「製品空間（product space）」という概念を導入しよう。製品空間とは、類似した製品どうしを結びつけて表示したネットワークだ。世界的な規模でいうと、同時に輸出される傾向が強い製品を調べることで、製品の類似性の尺度を組み立てられる。ふたつの製品が一緒に輸出されるということは、両製品の類似性に関して何かを物語っている、と仮定している（つまり、シャツの生産がブラウスの生産に類似しているとすれば、シャツを輸出する国はブラウスも輸出する可能性が高い）。また、国内経済に関しては、公開されている各産業の雇用データを使えば、類似した職種を雇用する産業どうしは結びつけて考えられる（職種はその産業が必要とするパーソンバイトを表わしていると考えられる）。[9]

製品空間という概念についてわかりやすく説明するため、次の三つの製品を例に取ろう——バナナ、マンゴー、オートバイである。国際貿易データによれば、マンゴーはバナナと類似しているがオートバイとは類似していないといえる。マンゴーを輸出する国ほど、バナナも輸出する可能性が高いが、オートバイも輸出する可能性は高くないからだ。また、国内データからも、マンゴーはバナナと類似しているがオートバイとは類似していないといえる。マンゴーを生産する企業はバナナを生産する企業と同じカテゴリーの労働者を雇う傾向があるが、オートバイのメーカーはそうとはいえないからだ。

製品空間の特長は、経済の多様化プロセスを見事に視覚化できるという点にある。図9は国際貿易データを使って構築した製品空間の画像である。このネットワークの各ノードは製品を表わす。線は同じ国が輸出する傾向が高い製品どうしを結んでいる。ノードの大きさは世界貿易に関する情報を表わしていて（大きなノードほど市場が大きい）、ノードの色は製品の分類（衣料品、電気機器、無機塩など）を示す（この図のカラー版と五〇年分以上の国際貿易データについては、atlas.media.mit.eduを参照）。

製品空間は見事な図式だが、各国の輸出構造の動向を視覚化するのに用いると、面白いことが起きる――経済発展のプロセスが丸わかりになるのだ。図10は一九八〇年と一九九〇年のマレーシアの輸出品目を示している。この図で、色つきのノード（白黒表示の場合は色の濃いノード）はマレーシアの輸出している製品を示し、薄い灰色のノードはマレーシアの輸出していない製品を示す。製品空間をネットワークで表現すると、その国の輸出品目だけでなく、その製品の関連製品もわかる。一九八〇年、マレーシアの場合、その生産構造が関連産業に向けて進化していったのがはっきりとわかる。

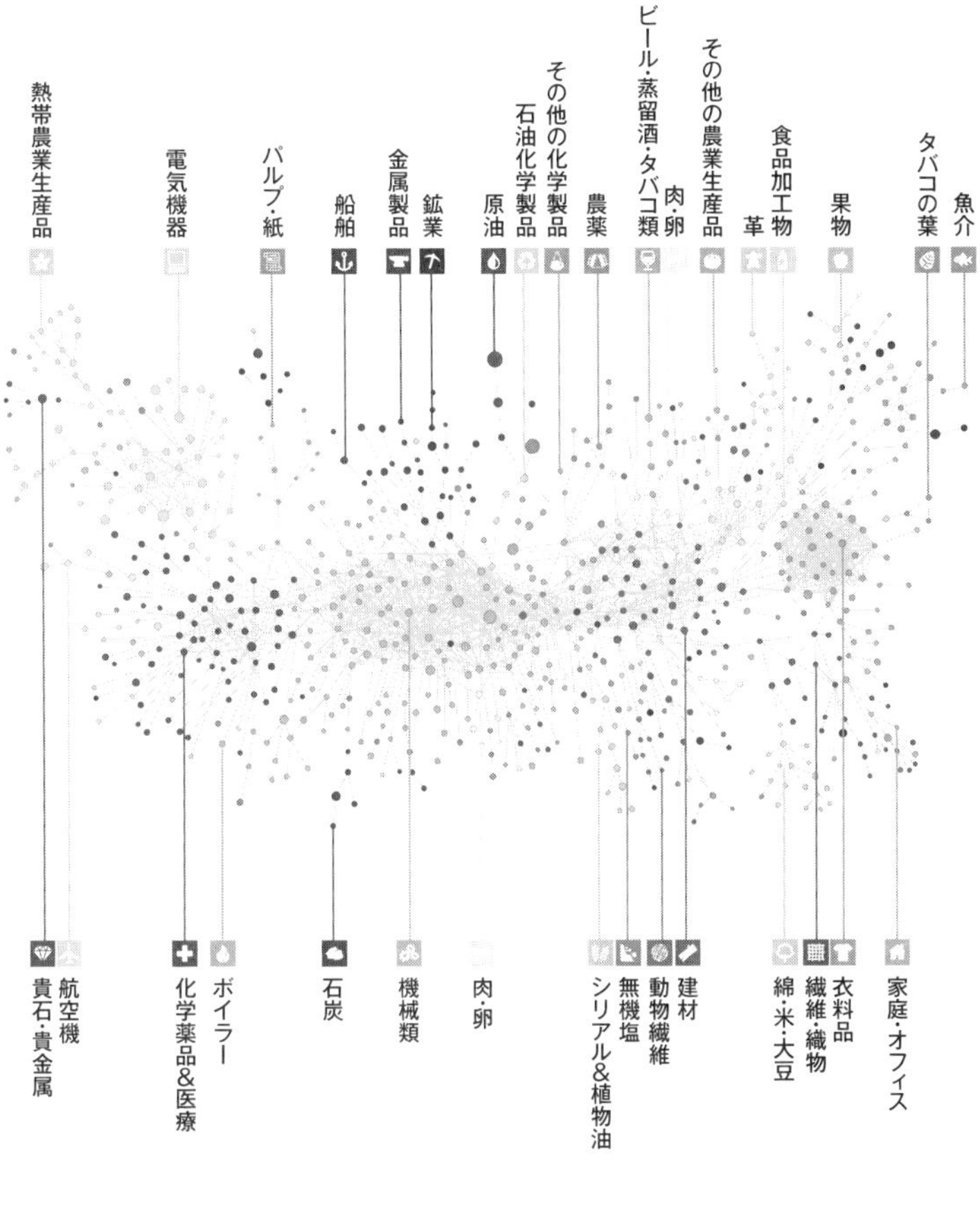

図9：製品空間（出典：atlas.media.mit.edu)。

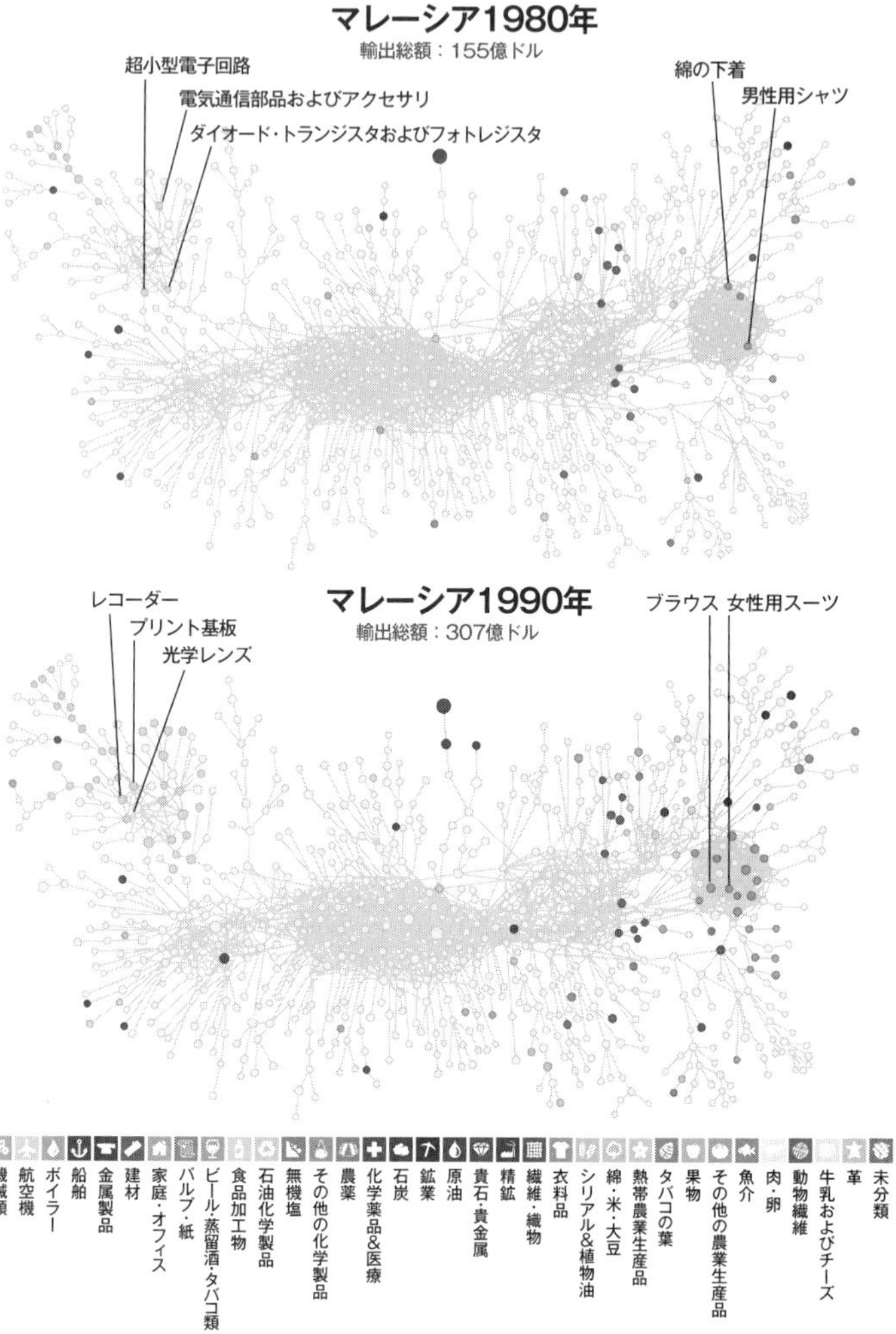

図10：マレーシアの1980年と1990年の製品空間。カラー版は経済複雑性観測所（The Observatory of Economic Complexity）のサイト（atlas.media.mit.edu）または、http://atlas.media.mit.edu/explore/network/sitc/export/mys/all/show/1980/（1980年の数値）およびhttp://atlas.media.mit.edu/explore/network/sitc/export/mys/all/show/1990/（1990年の数値）を参照。

マレーシアは電気機器部門（左上の一団）と衣料品部門（右側の一団）で少しだけ製品を輸出していた。一九九〇年になると、マレーシアの経済は多様化していたが、ランダムに多様化したわけではない。パーソンバイト理論の予測どおり、マレーシアの産業は、類似した知識やノウハウを必要とするほかの産業、つまり同時輸出のパターンから推測される産業へと多様化していた。この結果は、統計上一般的に成り立つことであり、ほかの研究者らによっても実証されている。[10]

　ブラジルの国内データでも同じ結果が成り立つ。製品とサービスの両方を含む国内生産のデータである。ここでは、「データヴィヴァ（DataViva）」というサイトの結果を用いる。データヴィヴァは、私がブラジルの公式部門《フォーマル・セクター》の経済全体のデータを視覚化するため、アレックス・シモエス、デーブ・ランドリーとともに立ち上げたサイトだ。[11]説明のため、ブラジルのベロオリゾンテという都市にあるノバ・リマという自治体を例に取る。データヴィヴァでは輸出データの代わりに雇用データを用いる。そうすることで、先ほどの製品空間の代わりに、教育、飲食、道路建設といった非輸出関連の部門も含めたブラジル経済の全部門を関連づける〝産業〟空間を構築できる。図11では、類似した職種を募集する傾向にあるノードどうしが線で結んである。[12]たとえば、道路・鉄道建設と建築工事が線で結ばれているのは、どちらも土木技師助手、建設作業員、石工、ショベルカーの作業員などを雇う傾向があるからだ。ノバ・リマの図はマレーシアと似ているが、ノバ・リマは電気機器の製造へと多様化する代わりに、ソフトウェア製作やコンピュータ・コンサルティング（右側の拡大図に示した情報サービス・クラスター内）や用地整備、解体、公益工事（左側の拡大図の建設活動クラスター内）へと多

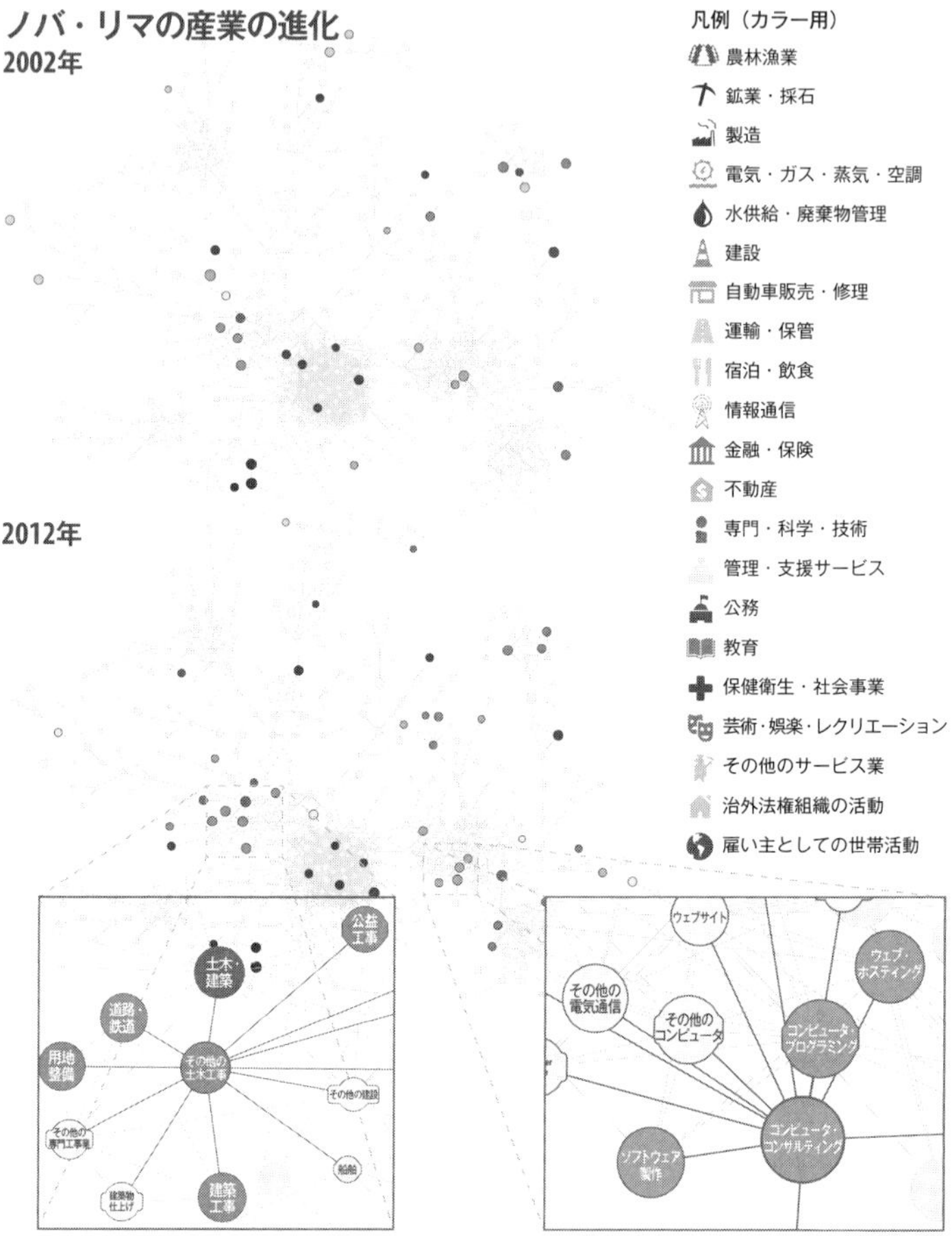

図11：ノバ・リマの2002年と2012年の産業空間（出典：dataviva.info）。

様化している。

産業・立地ネットワークに見られる入れ子性と、製品空間における国や立地の動向は、これまで論じてきたパーソンバイト理論と世界の経験則とのふたつの重要な関係を表わしている。[13] ある場所に存在する産業と、その場所に具象化されている知識やノウハウは、互いに依存する関係にある。したがって、産業が徐々に発展していくということは、それぞれの場所に知識やノウハウが蓄積するスピードは遅く、しかもその場所にもともと存在する知識やノウハウに偏りやすいことを示している。つまり、産業が発展するのに知識やノウハウが必要なのと同じくらい、知識やノウハウが蓄積するのにも産業が必要なのだ。実際、知識やノウハウが、それを必要とする産業が存在しない場所でも蓄積していくとは考えにくいだろう。遺伝子のたとえに戻ると、目の色が遺伝子に依存しているのと同じくらい、目の色を決める遺伝子の存在は目の存在に依存しているともいえるのである。したがって、産業は知識やノウハウ、地域的な要因の表出《ひょうしゅつ》とみなせる一方で、その逆もまた正しい――産業は人類が知識やノウハウなどを蓄積していくのに不可欠な構造ともいえるのだ。

シリコンバレーを考えてみてほしい。シリコンバレーには、ソフトウェア、ハードウェア、ウェブサイトを作るのに必要な知識やノウハウが大量に蓄えられている。シリコンバレーの知識やノウハウは、ずっと失業中の専門家の集団のなかにあるのではなくて、企業で働き、ソフトウェアやハードウェアの設計や開発にかかわっている専門家たちのなかにある。実際、シリコンバレーの大半の企業の歴史は密接に絡み合っている。アップルを創設する前、スティーブ・ジョブズはアタリ社、スティーブ・ウォズニアックはHPで働いていた。前にもお話ししたとおり、スティーブ・ジョブズはゼロックスのパロアルト研究所からグラフィカル・ユーザー・インターフェイスやオブジェクト指向プログラミングのアイデアを〝拝借〟したことでも有名だ。もしもHP、アタリ、パロアルト研究所がシリコンバレーに存在しなければ、たぶんアップルの立ち上げに必要な知識やノウハウもそこには存在しなかっただろう。したがって、ほかの産業の知識やノウハウの一部を必要とする産業は、産業の多様化プロセスに欠かせない踏み石のような役割を果たす。

パーソンバイト理論を用いれば、大量の知識やノウハウの蓄積や移転が難しい理由も説明が付く。また、知識やノウハウが、産業・立地ネットワークの入れ子性に見られるような階層的なパターンを取る理由も説明できる。大量の知識やノウハウを蓄積するには、その知識やノウハウを具象化するための巨大な人々のネットワークが必要だ。そして、巨大なネットワークを移転したり複製したりするのは、少人数の集団を移転するほどラクではない。その結果、産業・立地ネットワークは入れ子構造をなし、国々は製品空間のなかで隣接する製品へと目を向けるのだ。

しかし、法則のあるところ例外あり。生産ネットワークの移転が成功したケースも少ないながらある。ヴェルナー・フォン・ブラウンの例を考えてみよう。彼は第二次世界大戦後、ロケット開発のため、ドイツの科学者仲間を一〇〇人以上引き連れてアメリカにやってきた。フォン・ブラウンは自身のチームや知識豊富なアメリカのロケット科学者たちと力を合わせ、宇宙ロケットの建造を前進させるための知識を養った。しかし、フォン・ブラウンのネットワークのような例は、ジェット・エンジンや宇宙ロケットを製造できる国がほとんどない世界では、むしろ例外だ。フォン・ブラウンのネットワークの移転は、パーソンバイト理論を直感的に理解していたからこそできた芸当であるし、歴史的・政治的な要因も一定の役割を果たした。しかし、パーソンバイト理論の観点から見れば、フォン・ブラウンの技術移転は、製品空間のなかの新しい製品へと飛び込んだのと同じことだ。二〇世紀中盤のアメリカは、航空宇宙産業ではかなり先駆的な立場にいたので、彼の試みは発展途上国よりもアメリカでのほうが成功しやすかったといえる。発展途上国には、彼のジグソーパズルの完成に必要なピースが揃っていなかったからだ。

これで、パーソンバイト理論を裏づける証拠の二本の撚《よ》り糸が揃った。一本めは、パーソンバイト理論で産業・立地ネットワークの入れ子性を説明できるという事実。二本めは、パーソンバイト理論で、類似した製品の生産へと向かう産業の多様化メカニズムを説明できるという事実。次に説明する三本めの撚り糸は、前の二本とは少し違う。国家の生産構造を所得や経済の成長と関連づけるものだからだ。次章では、国家が輸出する製品の構成から、将来の所得水準をかなり正確に予測できること、つまり社会に具象化されているノウハウから、その社会の繁栄の度合いを言い当てられることを証明したいと思う。また、所得を議論に加えることで、経済成長を説明するために用いられてきた従来のマクロ経済のモデルや理論とパーソンバイト理論とを結びつけてみたいとも思う。そうすることで、経済の成長をより基本的な要因——情報の成長——の結果としてとらえられるだろう。

第10章

第六の物質

パンがふたつある。君がふたつ食べた。私は食べていない。平均では、ひとりひとつ食べたことになる。

——ニカノール・パラ

経済を記述する方法はいくつもある。ひとつは、従来のマクロ経済学の教科書に従って、経済を物的資本、人的資本、労働などの生産要素に分解するというもの。もうひとつは、自然科学の教科書に従って、そのほかのすべてのものと同じように、経済をエネルギー、物質、情報という観点から分析するというもの。本章で説明するように、この二種類の分析方法は両立しえないわけではない。むしろ、このふたつのアプローチの組み合わせ方を理解するのは、おおいに意義がある。そうすれば、従来の経済的要素を物理量や社会的なプロセスという観点から解釈できるからだ。また、経済的要素と物理的な解釈とを結びつけることで、考慮しなければならない要因がもうひとつあることに気づくだろう。それは集団レベルで蓄積される知識やノウハウであり、それこそが経済活動に多様性や洗練を与えている。この経済活動の多様性や洗練のことを、私は「経済複雑性（economic complexity）」と呼んでいる。

　自然界を資本や労働のような生産要素で記述する試みは、経済学の分野では昔から行なわれてきた。アダム・スミスは経済を土地、労働、機器に分解した。最後のひとつは、現代の経済学者が物的資本や技術と呼んでいるものの総称である[1]。スミスは機器、つまり固定資本を、仕事を生み出す能力の増加と同一視し、物的資本の蓄積が経済成長を決定づけると考えた。「固定資本は労働生産性を高めることを目的としている。つまり、同じ数の労働者でこなせる仕事の量を大幅に増やせるようにすることが目的である」と彼は記した[2]。スミスは、彼と同時代のジェームズ・ワットが開発した蒸気機関のような機器の改良は、仕事を生み出す人間の能力を向上させるものであるとみなした。「機器の改良により、今までより安く単純な機器と同じ数の労働者で同じ量の仕事をこなせるようになる[3]」

　二〇世紀になり、スミスの考えは経済学者たちによって数式化された。経済学者は微積分学や微分方程式を用いて、さまざまな資本の蓄積によって決まる経済成長のモデルを作り上げた。もっとも初期のモデルは、経済産出量を経済が均衡しているときの資本労働比率に等しいとした。また、経済成長はその経済の貯蓄率（のちのために保持される資本）と資本減耗（資本を目減りさせる摩耗）とのあいだの綱引きであるとしてモデル化された。

一九五〇年代になると、ロバート・ソローが絶好のタイミングで経済成長モデルの原型を提唱した。そうしたモデルの評価に必要なデータが揃いはじめたからだ。ロシア生まれの経済学者で、GDPの生みの親であるサイモン・クズネッツは、その数十年前に国民経済計算のシステムを作り、二〇世紀を席巻することになるこのGDPなる経済指標を生み出すことに尽力した。[4] ところが、ソローのモデルは、経験的データとうまく合致しなかった。クズネッツは、ノーベル賞の受賞スピーチでこう指摘したことで有名だ。「これらの指標の基礎にある先の理論では、生産要素を比較的狭い方法で定義していた。その結果、生産性の増加分を、説明不能なギャップ、われわれの無知の指標として残すことになった[5]」

クズネッツのいう「われわれの無知の指標」は、専門用語でいうと「全要素生産性」と呼ばれるものだ。全要素生産性は、あるモデルから予測される経済産出量と経験的データに見られる経済産出量とのギャップを指して使われる言葉だ（このギャップは、経済が一定の投入量を与えられたときに生み出すことのできる産出量と解釈できる[6]）。このギャップを埋めようと、経済学者たちはソローの研究を発展させ、二〇世紀後半にソローのモデルを改良する新しい経済成長モデルを次々と提案した。[7] その新しいモデルは、要素の生産や蓄積のプロセスに対処する新しい要素や数学的ツールを含んでいた。

それでも、集計を用いるのが経済成長や経済発展を説明する唯一最善の方法だと認める経済学者ばかりではなかった。ソローの博士課程の指導教授であり、ノーベル賞受賞者でもあるワシリー・レオンチェフは、最大の問題は個々の産業の情報を無視した集計量に頼る点にあると主張した。レオンチェフは一九七一年のアメリカ経済学会への声明で、「膨大な量の変数を前にしたときに、平均を取ったり漠然とした集計量へとまとめたりしてその数を減らすのは、もはや最善策とはいえない時代になった。今では、個々の要素の個別性を保ったまま、複雑な分析システムを操れるようになったのだ」と記した(8)。ハーバード・ビジネス・スクールで競争力に関して研究する有力な経済学者、マイケル・ポーターも、集計に頼りすぎることに危惧を抱いた。代わりに、彼は「専門性の高い要素」を用いることを唱えた。ポーターは著書『競争戦略論』で、国家の競争力についてこう指摘した。

標準的な経済理論によれば、貿易の流れは生産要素（労働力、土地、天然資源、資本、インフラストラクチャー）によって決定される。国家は、こうした生産要素のうち、自国が相対的に豊かに有しているものを最もよく活用している財を輸出することになる。こうした教義の源流は、古くはアダム・スミスやデイヴィッド・リカードに遡り、古典派経済学に取り込まれている。だが、これは良く言っても不完全、悪く言えば不正確な主張である。（中略）従来の常識には反するが、高卒や大卒程度の教育水準の労働力が十分にあっても、現代の国際競争においては何の競争優位にもならない。競争優位を支えるには、産業固有のニーズに沿って高度に専門化された要素でなければならない。たとえば、光学に特化した科学研究所、ソフトウェア産業に資金を提供するベンチャー・キャピタルの集積などである。（中略）競争優位を生み出すのは、専門性の高い要素

を最初に創り出し、それを継続的に更新していく世界クラスの研究機関の存在なのである。(9)

しかし、ソローのモデルと経験的データに食い違いがありつつも、理論はレオンチェフの考える方向へは発展していかなかった。二〇世紀後半、経済学者はほかの社会科学者たちの助けを得て、経済成長の集計モデルに組み込めるほかの要素を探しつづけた。

最初に経済の主流となった要素は、人的資本だ。具体的にいえば、人間に具象化された知識やノウハウである。人的資本という概念は、ポール・ローマーが提唱したような理論モデルを用いて確立されたが、経験的データの飛躍によっても確立された。(10)ある有力な論文で、グレゴリー・マンキュー、デイヴィッド・ローマー、デイヴィッド・ワイルは、ソローのモデルと実在するデータとの経験的な比較の対象を広げ、人的資本を含めた。(11)彼らの用いる人的資本の指標は就学率のデータからなっていた。(12)教育、学習、ノウハウ、知識を表わす指標としてはやや不十分だが、このモデルでは、ソローのモデルで説明の付かなかった一九六〇年から一九八五年までの経済成長の一部をうまく説明できた。また、ソローの理論の重大な予測も確かめられた。人的資本を加味すると、富裕国はそうでない国と比べて成長のスピードが緩《ゆる》やかになる、というものだ。ソローの理論は間違っていたわけではない。科学進歩にもありがちなように、不完全だったのである。そして、人的資本の概念が理論を完成させた。

しかし、人的資本の概念によって、ソローのモデルが生み出したデータと理論のギャップが完全に埋まったわけではなかった。クズネッツが「われわれの無知の指標」と呼んだギャップである。そのひとつの原因は、経験的アプローチの限界にある。学校教育はノウハウや知識と決してイコールではない。その定義から、教育機関で過ごした時間を測るものであって、ある人の脳に具象化された知識を測るものではないからだ。標準テストは学生の基本的な能力に関する参考にはなるが、人的資本の指標としてはかなりムリがある。学生たちが持つ知識の多様性を物語るものではないからだ。さらに、標準テストは創造力や誠実さといった重大な能力を測るにはとうてい向いていない。最後に、人的資本という指標では、人々のチーム作業の能力を測ることはできない。能力という点では同じでも、ほかよりもずば抜けて生産性の高いチームもありうるからだ[13]。

つまり、人的資本という新しい要素を加えても、私たちの理解する世界と経験的な観察結果との重大なギャップは埋まらなかった。実際、そのギャップはあまりにも大きく、別の形の資本を導入するきっかけとなった。一九八〇年代終盤ごろから、「社会関係資本《ソーシャル・キャピタル》」という概念が経済を説明する強力な要素として浮上した。社会関係資本は、機械や個人の知識ではなく、人々の関係構築の能力に着目したものだ。

前にもお話ししたとおり、社会関係資本とは、社会関係に経済的価値があるという考え方だ。この考え方は理論的には完璧に筋が通っているが、経験的な推定に組み込むのは難しい。社会関係資本を測定するには、社会的ネットワークや文化的価値の測定基準を確立する必要が出てくる。こうした測定基準を作るのは、物的資本ストックや教育を測定するよりも本質的に難しい——特に世界規模では。

測定には新たなデータが必要になる。

しかし、社会関係資本が測定しづらいのには、もうひとつ別の理由もある。社会関係は実にさまざまな形で経済的価値を持ちうるのだ。「橋渡し型」の社会関係資本と「結束型」の社会関係資本の区別について考えてみよう。この分野では一般的な区別である。[14] 橋渡し型の社会関係資本とは、その名のとおり、お互いを知らない仲間どうしを結びつける人が持つ社会関係資本である。こういう人は自分の属する集団間で情報や商品をやり取りし、社会的ネットワークや職業的ネットワークのなかでそのような特権的な立場にいる人しか得られない情報を結合し直すことができる。

橋渡し型の社会関係資本は、営業、仲介、管理において重要であり、銀行支店長やイノベーション・チームの成功を予測する重要な要因であることがわかっている。[15] しかし、橋渡し型の社会関係資本で人間関係の経済的価値をすべて説明できるわけではない。橋渡し型の社会関係資本の正反対である結束型の社会関係資本にも同じく価値があるからだ。

結束型の社会関係資本は、橋渡し型の社会関係資本を補う。結束型の社会関係資本は、強いつながりを特徴とする濃密な社会構造のなかで蓄積されていく。親友や生涯のパートナーとの関係がそうである。結束型の関係は、モノを作るときにも必要となる。複雑な生産活動は、定期的に交流する人々どうしでないと行なえないからだ。言い換えれば、結束型の社会関係資本とは、頻繁に交流する人々が持つ暗黙のチーム作業の能力であり、橋渡し型の社会関係資本を持つ人が経済的価値を生み出すことを可能にしている「情報の非対称性」（訳注：取引する人々のあいだにある情報格差）とは無関係なものなのだ。

橋渡し型の社会関係資本と結束型の社会関係資本は正反対だが、どちらも経済活動にとっては重要だ。全員が商人であるような経済は、裏を返せば、取引するものが何もない経済でもある。同じように、ノウハウは豊富だがお互いにつながりの薄い、結束型のチームばかりからなる経済は、さまざまな機会を逃してしまうだろう。そういう経済は、製品から収益を得るのに必要な経済交流と、チームがイノベーションを行なうために必要な情報の流れを両方とも生み出すことはできないからだ。

要するに、社会関係資本を特徴づけるのが難しいのは、単に集団的な性質を持つものだからではなく、社会関係資本という概念をよくよく紐解《ひもと》いてみると、ただひとつのものではないとわかるからだ。社会関係資本の概念には、橋渡し型の社会関係資本と結束型の社会関係資本だけでなく、他者への社会全体の信頼といった、文化的価値観も含まれる。

こうした制約が、社会関係資本の測定基準を構築しづらくしている。また、こうした測定基準が一部の国でしか得られないことも示唆している。しかし、研究者がこれまでに少しずつ収集してきた社会関係資本のデータから、社会関係資本が確かに経済成長に貢献していること、さらには良い統治にも貢献していることがうかがえる。一九九〇年代中盤から終盤にかけて、いくつかの有力な論文が社会関係資本を経済成長モデルに加えはじめ、既知の要素を一定に保つと社会関係資本と経済成長に正の関係が見られることを発見した。[16] 社会関係資本は、経験的な観点からはとらえがたいが、経済成長と関連していたのである。

こうして、二一世紀を迎えた時点で、私たちは五つの要素で経済成長を理解するようになった——物的資本、人的資本、社会関係資本（これには社会制度も含まれる）、土地（鉱物資源、気候、海洋アクセスなどの地理的要因も含まれる）、労働（つまり人々）である。もちろん、一つひとつの要素の規模、分類、経済的な重要性については議論の余地があるが、この五つの要素が経済成長を説明しようとする過去の試みのなかで考慮されてきたというのは議論の余地がない。

次に、この五つの要素を物質、エネルギー、ノウハウ、知識、情報という観点からとらえ直し、これまでの章で説明した知識、ノウハウ、情報の集団レベルでの蓄積と結びつけてみたいと思う。

物的資本を例に取ろう。物的資本の例としては、洗濯機、建物、自動車、ミキサー車、スプーンなどがある。洗濯機はコインランドリーの物的資本だし、スプーンはレストランの物的資本の一部である。しかし、これらに共通するのは、想像の結晶であるという点だ。そこで、本書の言葉を使うと、物的資本とは、それを作るのに用いられる知識やノウハウの実用的用途を含んだ情報を物理的に具象化したもの、といえる。物的資本は、具象化された情報からなり、パート2で詳しく説明した想像の結晶に相当する。

次に、人的資本と社会関係資本に目を移そう。人的資本とは、個人に具象化された知識やノウハウの社会全体のストックといえる。これは個人のネットワークに具象化された知識やノウハウとは異なる。一方、社会関係資本とは、社会が持つ関係構築の能力といえる。つまり、大量の知識やノウハウの蓄積に必要なネットワークを形成する社会の能力である。ただし、社会関係資本とは、そうしたネットワークに具象化された知識やノウハウではない。むしろ、そういうネットワークを作る能力であり、前にもお話ししたとおり、その能力は個人の価値観、通信技術や輸送技術、標準、信頼によって決まる。

この概念全体に欠けているのは、社会が企業や企業ネットワークに集団レベルで蓄積する知識やノウハウである。これから見ていくように、社会が集団レベルで蓄積する知識やノウハウは、経済産出量について説明し、将来の経済成長を予測する大きな手がかりとなる。

社会が集団レベルで保持する知識やノウハウを特徴づける方法について説明する前に、ある重要な区別について論じておきたい。それは、「ストック」と「多様性」の違いである。ストックは経済産出量や経済成長の集計モデルでよく用いられる概念であり、多様性は個々の要素の個別性を考慮したモデルを作るうえで欠かせない概念だ。

前にも述べたとおり、就学年数や標準テストの得点のような、従来の人的資本の測定基準には、ひとつの欠点がある——人々のネットワークに具象化されている知識やノウハウの多様性をうまくとらえきれないのだ（図12）。スポーツの才能がある学生もいれば、図工、数学、語学が得意な人もいるだろう。しかし、テストではこうした多様性をうまくとらえきれない。テストは、ふつう非常に幅の狭い能力しか考慮しない。つまり、学生たちの知識の重なり合う部分を測定するようにしかできていないのだ。

物的資本の測定に関しても同じ問題がある。物的資本のストックに関する従来の考え方は、その価

図12 (17)
「公平な選抜のために、みんなに同じ試験を受けてもらう。あの木に登ってみてくれ」

格を加算していくというものだ。もしもこういう集計の仕方が理に適《かな》っているとすれば、価格の合計が同じであるかぎり、オーブンが三つ付いているが調理器具がひとつもないキッチンと、オーブンはひとつだけだが料理に必要な器具が何でも揃っているキッチンは同じといえる。市場価格を用いて商品を累算するという考え方は、暗黙のうちに、不要な商品を必要な商品と交換できる市場が存在するものと仮定している。(18) キッチンの例でいえば、余ったオーブンを足りない調理器具と交換できるという考えだ。この議論は理論的には成り立つが、現実には資本を取引するのは必ずしも易しくない。多くの資本は特殊な用途があり、市場の一部の人しか求めていない。さらに、インフラともなれば、商品やプロジェクトを交換するのは事実上不可能になる。すでにある三本の橋をまだ作られていない空港と、携帯電話のネットワークを高速道路のネットワークと交換することなどできるだろうか？　したがって、レオンチェフのアドバイスを尊重し、経済の個々の要素の個別性を保持しようと思うなら、ストックではなく多様性に着目した測定基準を考える必要がある。それは物的資本だけでなく、知識やノウハウについて考えている場合も同じである。多様性に着目することで、リンゴとオレンジ、自動車修理工と鉱山労働者を単純に合算するのではなくて、おのおのの明確な違いを尊重しながら、経済的能力を測定することのできる経済の記述を採《と》り入れるわけだ。

しかし、どうすれば個々の要素の個別性を組み込んだ経済の記述が生み出せるのだろうか？　ここでもやはり、産業と製品に関するデータを用いる。前章でお話ししたとおり、ある地域の産業が輸出する製品構成は、その地域の生産能力を示す指紋のようなものであり、しかもそこに含まれる経済的要素の個別性を保っている。したがって、産業と製品に関するデータを見れば、その地域の生産ネットワークに具象化された知識やノウハウだけでなく、その地域の物的資本や人的資本の多様性についてもわかる。

たとえば、ジェット・エンジンが生産されていることから、空気力学、力学、材料、熱力学に精通した人々がいることや、タービンの設計、テスト、製造に必要な専門施設があることがわかる。また、新鮮な果物の輸出について考えてみよう。果物を輸出していることから、農業のノウハウが存在することや、安定した電力源を持つ冷蔵施設が存在することがわかる。さらに、新鮮な果物の輸出から、腐る前に果物を発送できるほど効率的な関税当局が存在することや、国際的な衛生植物検疫基準に準拠していることもわかる。つまり、製品の輸出から、ノウハウや知識、物的資本の多様性だけでなく、公的制度の質についてもわかるのだ。

製品が、経済の個々の要素の個別性を保ったまま経済を特徴づける方法として有力であるという考えは、レオンチェフの記述に見られる。[19] 彼の研究は投入産出表（産業連関表）に基づく。投入産出表は、ある産業の産出物のうちほかの産業の投入物として用いられる割合をまとめたものだ。ただしここでは、投入産出表を用いる代わりに、輸出データに着目することでレオンチェフのビジョンを前進させてみたいと思う。輸出データには、さまざまな経済部門を関連づける情報こそ含まれていないものの、ほとんどの国で長期間にわたって手に入るという利点がある。さらに、公開されているほとんどの投入産出データよりもずっと細かいデータが手に入る（数十種類の産業ではなく、最大で一〇〇〇品目のデータがある）。つまり、輸出データは、個々の要素の個別性を保ったまま経済を分析するための高精度なレンズを与えてくれるのだ。

前にもお話ししたとおり、製品の普遍性――その製品を輸出している国の数――を見るだけでなく、その製品を輸出している国の多様性を見ることによっても、その製品を特徴づけることができる。さらに、製品の普遍性と輸出国の多様性の両方を用いることが重要だと説明した。そうすることで、稀少であるために普遍性の低い製品（ウラン鉱石など）と、複雑であるために普遍性の低い製品（光学機器など）とを区別できるからだ。そこで、これと同じような議論を用いて経済を特徴づけてみようと思う。

まずは単純に、ある経済が生産または輸出する製品の種類の数を考えてみよう。多くの製品を輸出している経済ほど、個人レベルでも集団レベルでも、多様な知識やノウハウが具象化されている傾向がある。しかし、多様性――つまりその経済が輸出する製品の種類の数――を測るだけでは、あまり意味がない。その経済が輸出する製品の複雑さが加味されていないからだ。輸出する製品の数がまったく同じでも、ふたつの経済の複雑さが等しいとはかぎらない。輸出する製品の複雑さに差があるケースもあるからだ。ここでもやはり調整が必要だ。今回は、普遍性を用いて、ある経済の輸出する製品の個別性についての情報を組み込むことにする。ある国の多様性と、その国の輸出する製品の平均的な普遍性の両方を考えることで、その国の経済をより繊細に記述することができるのだ。

ある経済の輸出する製品の普遍性を考えることで、経済の特徴づけを一歩進めることはできるのだが、それでもこの方法にはたくさんの欠点がある。前にもお話ししたとおり、製品の普遍性は、製品の複雑さの指標としてはかなり雑である。したがって、輸出製品の数とその製品の平均的な普遍性で経済を特徴づけるのでは、その経済を大ざっぱに記述することにしかならない。この経済の指標をいっそう向上させるためには、その経済の輸出する製品の指標に再び改善を加える必要がある。ここでもやはり、ある製品の輸出国の多様性を用いることで、その製品の普遍性に含まれる情報を改良することができる。

と聞くと、やや循環論に聞こえるかもしれない。国々の多様性を用いて製品の指標を改善しようとしている一方で、製品の普遍性を用いて国家の指標を改善しようとしているわけだから。しかし、この循環性には、厳密に定義された数学的上限がある。このプロセスの結果として、私が二〇〇八年に確立したのが、「経済複雑性（economic complexity）」という指標だ。あとで説明するとおり、この指標の特長は、将来の経済成長をかなり正確に予測できるという点だ[20]。

この経済複雑性という指標の仕組みを理解するため、ひとつ例を見てみよう。図13aは、国家のひとり当たりGDPと、その国の多様性（輸出製品の数で測ったもの）との関係をプロットしたものだ。図13bはもう少し複雑で、ひとり当たりGDPと、ある経済の輸出製品を輸出する国々が輸出する製品を輸出する国々の多様性の平均を加味した指標との関係をプロットしたものだ。このほうが経済複雑性指標に近い。舌を噛《か》みそうな定義で、平易な言葉で説明しようとするとこれが限界なのだが、これから説明するとおり、より単純な多様性の指標よりもいくつか明確なメリットがある。

図13aと13bでは、シンガポール、チリ、パキスタンの三つの国をハイライトした。この三つを選んだのは、どの国も二〇〇〇年の輸出製品の数は同じであり、輸出品目の数――つまり多様性――だけでは区別できないからだ。シンガポール、チリ、パキスタンは、ひとり当たりGDPでは大きく異なるが、輸出製品の数は同じなので、図13aでは縦一列に並んでいる。しかし、この三つの国の輸出する製品の普遍性と、同じ製品を輸出する国々の多様性に関する情報を組み込んだとたん、縦一列ではなくなる。図13bでは、シンガポールがチリの右、チリがパキスタンの右にある。つまり、ある国が輸出する製品の個別性に関する情報（製品の普遍性と、同じ製品を輸出する国々の多様性）を組み込むと、シンガポールの経済はチリよりも、そしてチリの経済はパキスタンよりも複雑だということ

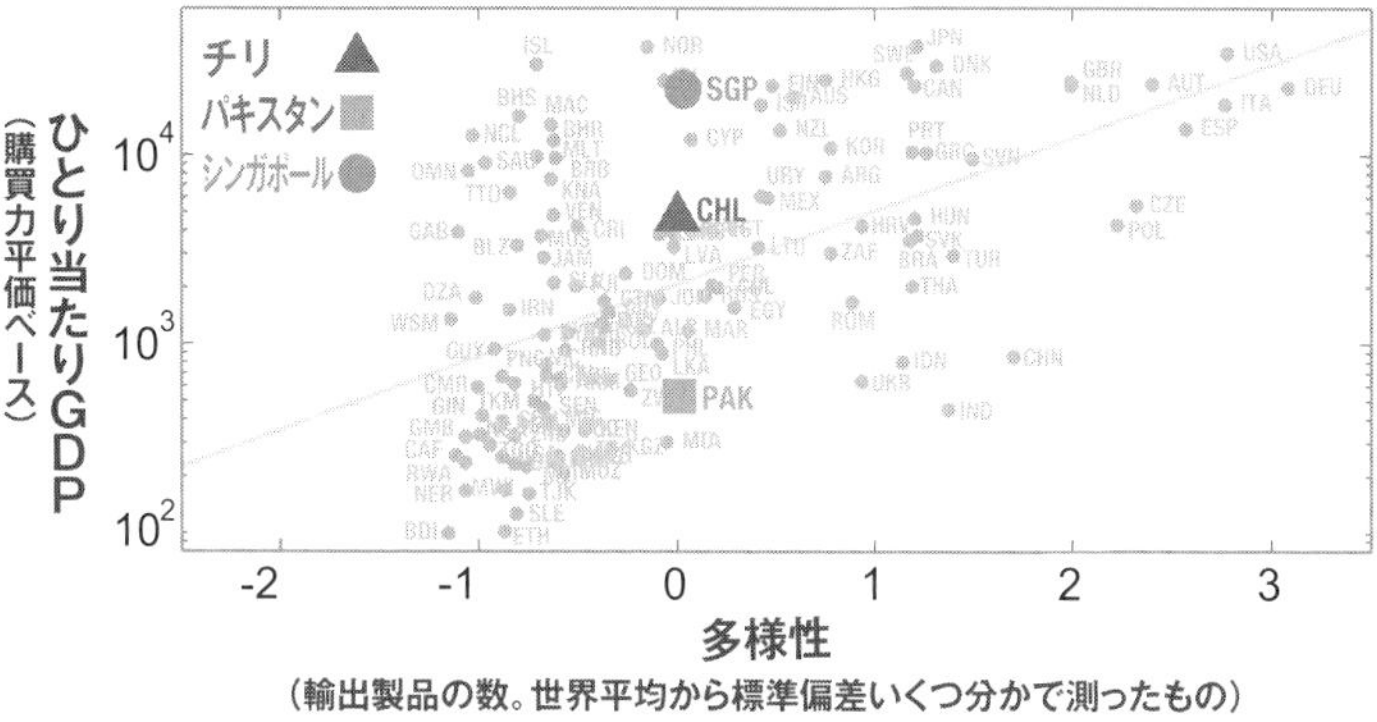

図13a：2000年におけるひとり当たりGDPと輸出の多様性との関係。

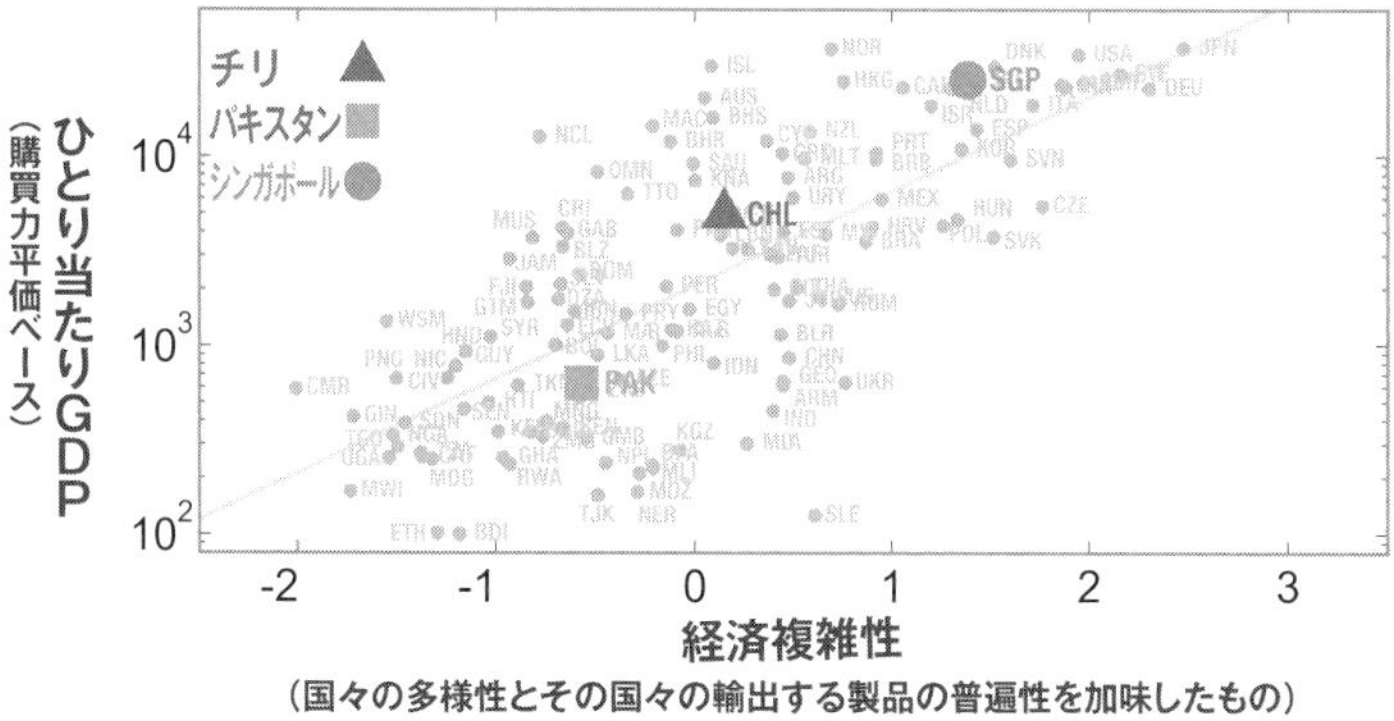

図13b：2000年におけるひとり当たりGDPと経済複雑性との関係。

がわかる。
しかし、もっとも意外なのは、この経済複雑性指標とひとり当たりＧＤＰとの相関関係ではない。重要なのは、この経済複雑性指標でひとり当たりＧＤＰの長期的な変化を説明できるという点なのだ。

経済複雑性で経済成長を説明できるとはどういうことなのか？　図14を見てほしい。この図は、一九八五年における経済複雑性（完全な数式を用いて計算したもの）とひとり当たりＧＤＰの関係を示している。この図である国が取る位置は三つ考えられる。実線よりも上にある国は、ひとり当たりＧＤＰが経済複雑性から期待される値よりも高い。実線よりも下にある国は、ひとり当たりＧＤＰが経済複雑性から期待される値よりも低い。そして、実線上にある国は、ひとり当たりＧＤＰが経済複雑性から期待される値どおりである。

さて、このギャップは時間とともにどう変化していくのだろうか？　おおむね、実線よりも下にある国々、たとえばインドや中国は、実線上か実線よりも上にある国々より速く成長する傾向がある（図15）。つまり、長期的に見ると、国家の所得はこの経済複雑性指標がとらえる情報に従う傾向がある。つまり、経済複雑性から国家の所得が予測されるわけだ。稼ぎたくば作るべし、ということだ。

しかし、いったいどれくらいのタイムスケールで、経済複雑性から将来の経済成長率を予測できるのか？　興味深いことに、五年未満のような短いタイムスケールでは、経済複雑性から経済成長率を正確には予測できない。短期的に見ると、経済成長率は一時的な経済危機や物価変動、そしてある程度は為替変動によっても変化するからだ。ところが、一〇～一五年という長期的なスパンで見ると、

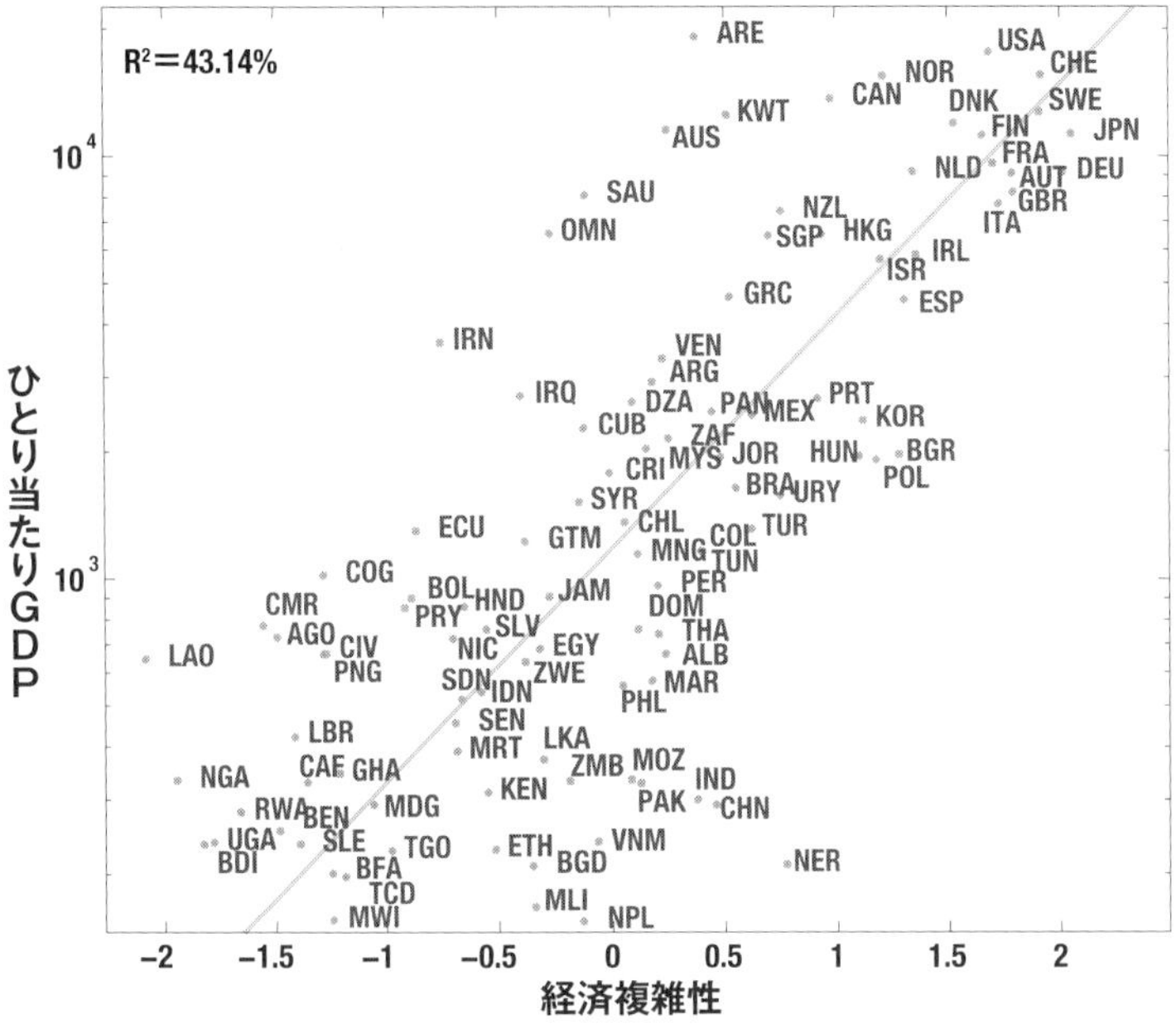

図14：1985年における経済複雑性とひとり当たりGDPとの関係。

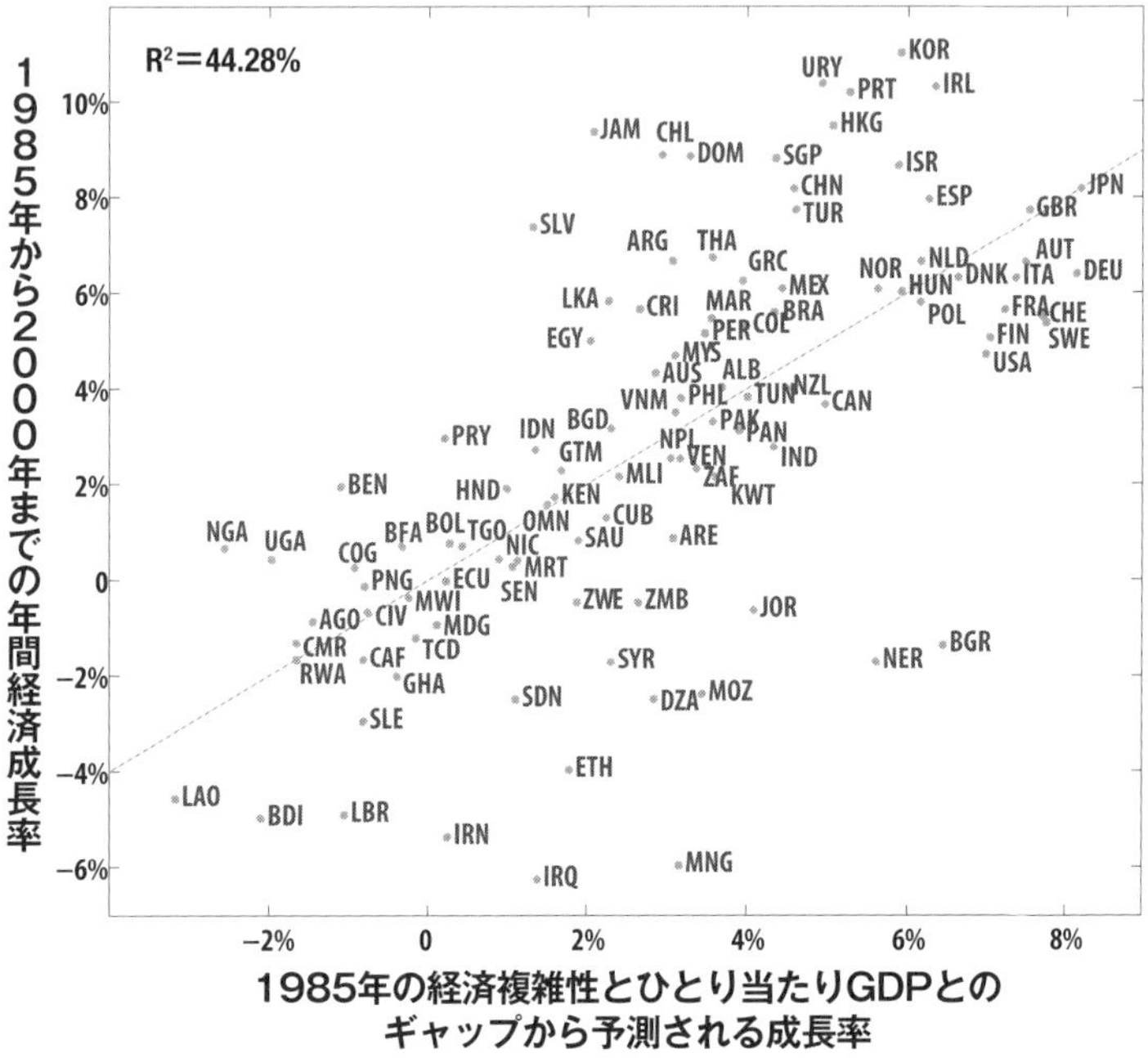

図15：1985年の経済複雑性とひとり当たりGDPとのギャップから予測される成長率と、1985年から2000年までの実際の成長率とを比較したもの。

経済複雑性から将来の経済成長率をかなり正確に予測できる。つまり、経済複雑性指標は、所得を生み出す経済の長期的な潜在能力を示しているといえる。

　経済成長と経済複雑性のあいだに働く力関係は、次のように考えられる。ある国が生産し輸出する製品によって、その国の均衡所得水準が決まる。つまり、ある国の平均所得は、同水準の経済複雑性を持つほかの国々の平均所得にゆっくりと近づいていくはずなのだ。また、それぞれの産業や職業の所得水準が、固有の所得水準へと引き寄せられていく、という考え方もできる。たとえば、経験豊富なソフトウェア開発者はどこで働いても高賃金だが、果物の収穫者はどこで果物を摘《つ》んでも低賃金だ。もちろん、すべての職業や産業の賃金がどの国でも均一というわけではない。現実を見れば明らかだ。ここで言いたいのはむしろ、賃金の国際的な格差があれば、ゆっくりと少しずつとはいえ、同じ産業で働く人々の賃金が同一の額に近づいていくということだ。(21)

　ひとり当たりＧＤＰと経済複雑性とを並べて世界を見てみると、ほかにもたくさんのことがわかる。すぐにわかるのは、低賃金自体は経済的メリットをもたらさない、ということ。他国にとって経済的メリットがあるのは、経済複雑性と比べて賃金が低い国だけなのだ。

　アメリカから中国への製造の移転を考えてみよう。この数十年間、アメリカのメディアは低賃金を移転の理由として繰り返し唱えてきた。しかし、中国よりも大幅に賃金が低く、しかも相当な人口を抱える国はいくつもある。人口二億を超えるインドネシア、人口八〇〇〇万のエチオピア、人口一億を超えるナイジェリアがその例だ。ナイジェリアとインドネシアのひとり当たりＧＤＰは中国の約半分、エチオピアにいたっては一〇分の一と推定されている。製造がこういった国々に移転していない理由は単純だ——中国の都市、企業、人々に具象化されているような生産能力がないからだ。深圳《シンセン》（訳注：「中国のシリコンバレー」「製造業界のハリウッド」とも呼ばれる中国の巨大経済特区で、世界じゅうのモノづくりが集積する）のような中国の生産拠点で製品を製造する人の話を聞けば、正式な証拠とはいえないが、中国が高い生産能力を持つ証拠が集まるだろう。深圳を携帯電話や電気機器の製造拠点にしている外国人にその場所を選んだ理由を訊《き》けば、そこが生産に打ってつけの場所だからだと答えるだろう。深圳では、さまざまな製品の生産に必要な知識が、油を差した状態で用意されている。企業が深圳で製造を行なおうとするのは、主にそうした生産能力を活用したいからであって、賃金が低いからだけではないのだ[22]。

＊

本章ではまず、物的資本、人的資本、社会関係資本といった生産要素と経済成長とのよく知られた関係についておさらいした。こうした生産要素は、経済成長の世界的な変動のかなりの部分を説明できたが、技術的・概念的に大きな弱点があることも述べた。弱点のひとつは、集計では経済を構成する個々の要素の個別性がうやむやになってしまうという点だ。多様性ではなくストックに着目することで、リンゴとオレンジ、オーブンと冷蔵庫、グラフィック・デザイナーと電気技師を一緒くたにしてしまっていた。この制約が問題であることは前々から知られており、レオンチェフらが集計の危険について警鐘を鳴らしていた。しかし、実際問題として解決するのは難しかった。

しかし、各国の輸出する製品のデータを用いれば、個々の要素の個別性を保つ経済指標を生み出すことができる。それが可能なひとつの理由は、国家とその国の輸出品目を関連づけるデータがネットワーク形式を取るからだ。ネットワークでは、ある要素の個別性は内部特性（ある製品や国の個別性を本質的に特徴づけるような特性）に表われるだけでなく、ノードの接続パターンにも表われる。国を固定して見たとき、あるノードの接続パターンには、その最初の隣接ノード（接続されている製品の数）、その次の隣接ノード（その国が生産する製品の普遍性）、そのまた次の隣接ノード（その国と接続されている製品と接続されている国の数の平均）……などが含まれる。

もちろん、これだけが経済の複雑性を測る方法ではない。同じデータでも扱い方は何通りもありうるのだ。また、別のデータを使うことも考えられる。たとえば、国と産業、産業と職業区分を関連づけるデータを用いて、産業と立地ではなく場所と職業のネットワーク構造に基づく指標を作ることもできる。本章で言いたいのは、経済複雑性が唯一最善の指標だということではなくて、経済の個々の要素の個別性を保つネットワーク手法を確立することで経済の複雑性を測定できるということなのだ。

とはいえ、この新しい指標には大きなメリットがある。経済複雑性指標は、社会制度、社会関係資本、人的資本といった、これまで考慮されてきた要素に関する情報だけでなく、経済に集団レベルで蓄積される知識やノウハウに関する情報までも組み込んだ、経済の総産出量の予測指標となるからだ。

次章では、国家経済、生産要素、GDPとはいったん距離を置き、物語、生物学、歴史という視点から話を進めていきたいと思う。知識や情報をパッケージ化したり、その逆に取り出したりする人間集団の能力を、生物の似たようなメカニズムにたとえて説明してみたい。そうすることで、システムが情報を成長させる能力を複製していくメカニズムについて考察できるのではないかと思っている。

第11章　知識、ノウハウ、情報の密接な関係

これまでは、ノウハウや知識、その実用的用途、そしてそれらを蓄積して広めるための手段という観点から、経済を描き出してきた。人間にはノウハウや情報をパッケージ化したり、その逆に取り出したりする能力があり、知識やノウハウの実用的用途を製品という形でパッケージ化する能力こそが、人間の生産能力を増強させている。また、企業や人間の保持できるノウハウの量に限界があるために、ノウハウを量子化する必要が生じ、ノウハウが広まるのが妨げられていることも説明した。

情報とノウハウがまったく別の概念であることは、説明してきたとおりだ。「情報」とは、音楽やDNAに見られる配列のように、体系化された配列に具象化されている秩序のことであり、「知識やノウハウ」とは、システムが持つ情報処理能力のことである。ノウハウの例は、光合成を行なう生物のネットワークに見られる。植物は光合成を通じて空気中から炭素を回収する。あるいは、〝車合成〟を行なう人間のネットワークにも見られる。人間の集団は車合成を通じて鉱物から自動車を生産

する。

ノウハウと情報は別物だが、密接に関連しあっている。あるシステムがノウハウをパッケージ化できるかどうかは、情報を用いて、そのノウハウの蓄積に必要な動的ネットワークをどれだけ滑らかに再構築できるかに大きくかかっている。その絶好の例が種《たね》だ。種は、木のような植物を作り出すためのノウハウと情報の両方がセットになった、一種のパッケージといえる。木の成長は、パッケージ化されたノウハウを取り出す壮大なプロセスにほかならず、それを円滑にしているのが遺伝情報だ。種が展開して一本の木へと成長していくプロセスでは、光合成を行なったり、栄養素や水分を地中から葉へと運ぶ構造を築いたり、害虫から身を守ったりするのに必要なノウハウがパッケージから取り出される。種から木への成長は、ノウハウや情報のパッケージが展開され、元よりも複雑な構造へと変化していく例だ。木は種にはない機能を果たせるからだ。

しかし、このノウハウと情報を取り出すプロセスはどうやって起こるのか？ DNAに刻み込まれた情報のおかげなのか、それとも種子の始原細胞に具象化されたノウハウと、DNAに刻まれた情報の両方が複雑に作用しあっているのか？

木が単純にDNAを排泄したり吐き出したりして複製しないのには理由がある。そのような単純な複製方法ではうまくいかないのだ。種は単なる遺伝物質ではない。種にはさまざまな種類の細胞小器官が含まれ、それがなければDNA分子にコード化された情報を読み取ったり、展開したり、複製したりはできない。DNAは生体の複製にとって不可欠だが、DNAに付随するたんぱく質や細胞小器官のネットワークが始原細胞内になければ何の役にも立たない。一本のDNAを地面に蒔《ま》いても、木を植えることにはならない。DNAは自分自身の情報を取り出すノウハウを持たないからだ。DNAは自分自身の情報を取り出す機械の奴隷なのである。

DNAの情報を取り出す生物学的ネットワークは、遺伝子配列に刻まれた鋳型と、DNAに暗黙のうちにコードされた命令を用いて、必要に応じて新しいたんぱく質や細胞小器官を作る。これらのネットワークが種《たね》を木へと変身させるための構造を組み立てる。生物の世界に広がるこのノウハウと情報の密接な関係のおかげで、生体はきわめて効率的にノウハウをパッケージ化したり、その逆に取り出したりできるのだ。

DNAにコードされた情報と種子の生物学的相互作用のネットワークに具象化されたノウハウとの密接な関係は、きわめて効率的なノウハウの複製や拡散をもたらす。条件さえ整えば、数粒の種が森へと成長し、一匹の女王バチがコロニーを形成し、数頭のウサギがオーストラリアを埋め尽くすまで増えることもある。しかし、生物の世界に広がるノウハウと情報の密接な関係は、人間と製品からなるシステム、つまり私たちの経済には存在しない。

生物でも経済でも、ネットワークが大きくなればなるほど、そのなかに具象化されるノウハウの量も多くなる。ウサギに具象化されているノウハウは、ウサギの受精卵に具象化されているノウハウよりも多い。そのノウハウは、生物学で「発生」と呼ばれる展開プロセスを通じて増大していく。生物の世界では、有限量のノウハウを保持できる構造がはっきりと分かれている。器官は細胞の果たせない機能を果たせるし、ウサギは個々の器官が果たせない機能を果たせるし、生態系にはひとつの種《しゅ》の全個体が持つ以上のノウハウが具象化されている（たとえば、生態系は環境を調節する方法を知っている。生態系にその自覚があるわけではないが）。こうした転移点は、前にお話ししたパーソンバイトや企業バイトといった閾値《しきいち》と似ており、ノウハウと情報の密接な関係が崩れはじめるスケールを理解する足がかりになる。

生体に具象化されているノウハウの大部分は、小さな入れ物に詰め込むことができる。その入れ物には、情報に富んだ分子「DNA」と、DNA内にある鋳型や命令を用いて複雑な生物を再現するためのノウハウを持つ「ネットワーク」が含まれる。しかし、生態系に具象化されたノウハウは、そういう小さくすっきりとしたパッケージに詰め込むことができない。だからこそ、生態系の複製は個々の生物の複製よりもずっと難しく、生態系の破壊は大問題になるのだ。また、ネットワークの保持できるノウハウの量の境目が、そのシステムの転移点を決めるというのも、経済と生物の類似点といえる。

大きなスケールで見ると、経済も生態系と同じ複製の限界を抱えている。経済は大量のノウハウを具象化しているが、生態系と同じく、そのノウハウを具象化するには、ノウハウを細分化して、個々のノウハウのネットワークのなかに分散させるしかないのだ。つまり、ノウハウを量子化し、中間構造のなかに具象化するわけだ。経済の場合、企業と人間が群れと生物の代わりになるわけだが、量子化の原理は双方で成り立つ。もっと細かなスケールで見てみても、経済には、DNAに具象化されているようなノウハウと情報の密接な関係、つまり生体がノウハウをぎゅっとパッケージ化することを可能にしているような関係が存在しない。工学、芸術、音楽の本は、エンジニア、芸術家、ミュージシャンを育成する助けにはなるかもしれないが、キリンの胚がDNAを展開してキリンを作り出すのと同じくらい、優雅で効率的にそれができるとはいいがたい。さまざまな命令や鋳型を文字情報として物理的に具象化し、ノウハウをパッケージ化したり、その逆に取り出したりする能力は、経済のほうが生物よりもずっと劣るのである。この違いからわかるのは、経済の場合、主にノウハウは〝パッケージ化されていない〟状態で存在する、ということだ。ノウハウはネットワークに具象化されており、〝読み書き〟を通じてノウハウをある程度パッケージ化することはできるとはいえ、情報を用いてノウハウをパッケージ化する能力はかなり限られている。その結果、先進国のノウハウをそっくりそのままほかの場所に移転させることが不可能になってしまっている。経済は、種《たね》や、DNAと分子ネットワークの密接な関係に相当するものを持ち合わせていない。そのため、ノウハウをほかの場所に移転しようと思えば、生態系全体を丸ごと複製するよりないのである。これで、ノウハウが地理的に固定されてしまう理由がわかる。また、ノウハウや知識の実用的用途を移転するモノ――たとえば自動車――を広めるほうが、その製造に必要な知識やノウハウ自体を広めるよりもずっとラクな理由もわかる。つまり、DNAと細胞のコンビに相当するものが経済にないため、ノウハウをパッケージ化することができない、という点こそが、経済発展の広がりを妨げている。そして、ノウハウをいかにしてパッケージ化したり取り出したりするかが、世界経済の構造を形作る基本的な要因であることを証明している。

ここでひとつ思考実験をしてみよう。一〇人の若者が、絶対に壊れない太陽光発電式のラップトップを持たされ、無人島に送られたとする。そのラップトップには、インターネットの完全コピーと、過去のすべての本や雑誌が入っている。この〝DNA〟だけで、若者たちは五〜一〇世代のうちに、インターネット、本、雑誌に含まれる情報を展開して取り出すことができるだろうか？　私たちが現代社会で当たり前のように享受し、本やウェブサイトのなかに眠っている冶金《やきん》、農業、エレクトロニクスのノウハウを具象化する社会を築くことはできるだろうか？　それとも、その情報を取り出して生産のノウハウに変え、現代社会と同程度のノウハウを持つ社会を作り直すことはムリだろうか？

もちろん、この『蠅の王』ばりのシナリオを実験で再現するのは不可能だが、過去の数々の例が示すとおり、社会集団が孤立するとノウハウが失われることや、ある場所に存在するノウハウを別の場所で再現するのが難しいことは確かである。たとえ、どれだけそれを巧妙に行なおうとしてもだ。

次の三つの例を考えてみよう。ひとつめは、孤立して技術を失ってしまった先住民の話だ。ジャレド・ダイアモンドは『銃・病原菌・鉄』のなかで、「現代におけるもっとも極端な例が、タスマニア島のアボリジニである。彼らは、骨で作った道具や魚釣りまで放棄し、現代世界でもっとも単純な技術だけの社会で暮らしている。オーストラリア大陸のアボリジニも、かつては弓矢を使っていたと思われるが、現在ではそれも放棄してしまっている。トレス海峡諸島の先住民は、カヌーを使わなくなり、ガウア島（サンタマリア島）の人びとは、いったんカヌーを使わなくなったあと、ふたたび使うようになっている。土器は、ポリネシア全域で放棄されてしまった。ポリネシアの部族の大半、そしてメラネシアの部族の多くが、戦場での弓矢の使用をやめている。ポーラー・エスキモーは、弓矢とカヤックの使用をやめている。また、ドーセット・エスキモー（ドーセット島のイヌイット）は、弓矢と弓錐を使わなくなり、犬を飼うこともやめてしまっている」と記している。[1] もちろん、彼らは先ほどの思考実験のような絶対に壊れない太陽光発電式のラップトップなど持っていなかったが、他方で現代社会のノウハウをすべて再現する必要もなかった。孤立する前の社会のノウハウを再現するだけでよいはずだった。

ふたつめに、イギリス人の植民地だったバージニア州ジェームズタウンとマサチューセッツ州プリマスを考えてみよう。現在のアメリカにやってきたイギリス人入植者たちが早くして成功したのは、彼らにヨーロッパ社会を再現する能力があったからではなく、ほかの集団と関係を築いて絶滅を免れたからだった。ジェームズタウンの場合、入植者たちは文字どおりお互いを食べて飢えを凌いでいた。しかし、ジョン・ロルフがタバコの種子を持ってやってくると、イギリスと商業関係を築き、自分たちでは作れない必需品を輸入できるようになった。この商業関係がなければ、ジェームズタウン植民地は、その前に消滅したロアノーク植民地と同じ運命をたどっていただろう。アメリカの人々が感謝祭を祝うのは、先住民の人々が夏には作れない生活必需品を入植者たちに分け与え、命を救ってくれたからだ。ジェームズタウンと同様、プリマス植民地も生き残るためには外的援助が欠かせなかった。イギリスという命綱があったからこそ、やがてこの地域に移転されるノウハウの大部分を蓄積していくことができたのである。

三つめに、もう少し近代の例を考えてみよう。二〇世紀初頭、フォード・モーター社はアマゾンで広大な土地の使用権を得た。コネチカット州の面積に匹敵するその土地は、タパジョス川沿いに位置した。(2) ブラジルの人々にフォードランディア〝植民地〟と呼ばれたその場所は、大規模なゴム園になる予定だった。また、ヘンリー・フォードからすれば、彼が中西部に作ったのと同じくらい〝善良〟な社会を意図的に作り、発展させようという試みでもあった。しかし、フォードランディアは結実することなく終焉を迎えた。フォードランディアの住人はジェームズタウンやロアノークの住人のように飢えることはなかったが、やはり継続的な援助が欠かせなかった――フォードの財産という形で。フォードランディアの歴史は長く、そして悲惨だ。政治的な紛争や道徳面での対立、技術的な制約、そして害虫との戦い……。フォード・モーターを成功に導いた熟練の技術者や管理者のノウハウと経験を結集した事業でもあったが、一九二〇年代のミシガンをアマゾンのジャングルで再現しようという試みは失敗に終わった。全能のフォード・モーターがどれだけ試行錯誤しても、ミシガン半島の人々のネットワークに具象化されたノウハウを、タパジョス川沿いへと移転させることは叶わなかった。

ここまでの議論から、ノウハウや情報をパッケージ化したり取り出したりする能力、限られたノウハウしか保持できない人々のネットワークにノウハウを具象化する能力、そのノウハウの実用的用途を具象化し、人間の力を増強するモノを作り出す能力、という視点から経済のプロセスを理解することの重要性がわかってもらえたと思う。

しかし、私たちの旅はまだ終わりではない。最終章では、物理、社会、経済のシステムや、これらのシステムが持つ情報の成長メカニズムについて、これまで学んできたことをおさらいしてみたい。

パート5

エピローグ

第12章　物理的秩序の進化——原子から経済まで

宇宙はエネルギー、物質、情報でできている。エネルギーと物質はもともと存在するが、情報は生じる道を探さなければならない。それは必ずしも容易ではない。

初めに、情報を成長させる基本的な物理的メカニズムについていくつか説明した。重要な概念は次の三つ——非平衡系における情報の自然な発生（渦がその例）、固体としての情報の蓄積（たんぱく質やDNA）、そして物質の持つ計算能力だ。

ひとつめの概念は、情報をエネルギーと結びつける。情報は非平衡系で自然に発生するからだ。非平衡系は多数の粒子からなり、大量のエネルギーが流入する系である。エネルギーの流入によって、物質は自己組織化できるようになる。プリゴジンが教えるとおり、系を非平衡の状態に保つエネルギーの流入によって、秩序や情報の自然な発生が説明できる。非平衡系は、動的定常状態へと組織化するに伴って情報を自然と生じさせる。そういう系の身の回りの例として、浴槽の栓を抜いたときにできる渦、コーヒーにミルクを垂らしたときに生じる渦が挙げられる。

しかし、非平衡系ではより複雑な情報についてはうまく理解できない。そこで残りのふたつ、固体の存在と物質の計算能力の出番となる。

エントロピーはひたすら増大に向かって行進していく。この事実は、情報が常に破壊の瀬戸際にあることを意味する。生き残るためには、情報はどこかに身を隠す必要がある。情報が短命な宇宙とは、裏を返せば、情報が成長しえない宇宙でもあるからだ。固体は、エントロピーの増大を払いのける強さを情報に与える。情報を生き延びさせることで、固体は情報の再結合を可能にする。この再結合こそ、情報が継続的に成長していくのに欠かせないものなのだ。

エルヴィン・シュレーディンガーは、一九四四年の著書『生命とは何か』で、生命において固体が情報の重要な担い手であることを強調した。彼は、生命とは情報を蓄えたり処理したりする能力に優れた、平衡から遠く離れた系であることを理解していた。また、たんぱく質やDNAのような固体は、情報を蓄えて保持するのに不可欠であり、こうした分子が情報を具象化できるのは、その固体性のおかげだけではないことも理解していた。

シュレーディンガーは、DNAのような結晶性の固体の非周期性こそが、情報を具象化するのに欠かせないと指摘した。言語に短距離相関と長距離相関があるおかげで、ランダムな単語の羅列では具象化できないアイデアを表現できるのと同じで、DNAに長距離相関と短距離相関があるからこそ、そこに大量の情報を詰め込むことができる。

つまり、情報の成長という謎を解くふたつめの鍵は、情報が生き残るのに欠かせない固体の存在といえる。ただし、どんな固体でも情報を保持できるわけではない。情報を保持するには豊かな構造が必要だ。ランダムな固体や周期的な固体では、より複雑な構造、たとえばDNAのように情報を具象化することはできないのだ。

情報の成長に固体が欠かせないという点から、もっとも情報が成長しやすい環境条件もわかる。温度範囲の狭さだ。情報は完全に凍結した環境では成長しない。そういう環境では情報は固定され、再結合できないからだ。(1)また、高温すぎる環境でも情報は成長できない。太陽のような灼熱《しゃくねつ》の世界では、平衡から遠く離れた渦は至るところにあるが、固体が存在しないため、情報が生き残り、再結合し、成長していく術《すべ》はない。太陽にはたんぱく質の長い鎖なんてものは存在しない。実際、あまりの高温によって、絶えず運動する太陽の原子の渦のなかで踊るうちに、原子は電子をはぎ取られてしまう。したがって、灼熱の世界では単純な情報は生まれるとしても、固体がなければ、その情報がもっとも原始的な状態からその先へと成長していくことは不可能なのだ。

情報が生まれるにはエネルギーが、そして情報が生き残るには固体が必要だということはわかった。しかし、情報が爆発的に成長するには、もうひとつの要素が必要だ――物質の計算能力である。

物質に計算能力があるというのは、宇宙のもっとも驚くべき事実のひとつだ。考えてみてほしい。物質に計算能力がなければ、生命は存在しない。細菌も、植物も、あなたも私も、みんな技術的にはコンピュータである。人間の細胞は私たち自身にもよくわからない方法で絶えず情報を処理している。

前にもお話ししたとおり、物質の計算能力は生命が生まれる前提条件といえる。また、物質の計算能力は、宇宙が情報を生み出す重要な出発点でもある。物質は計算能力を獲得するにつれて、蓄積する情報、複製する構造を厳選するようになる。突き詰めていえば、情報が爆発的に成長できるのは、物質の持つ計算能力のおかげなのだ。

非平衡系、固体、物質の計算能力は、宇宙における情報の存在や成長を理解する手がかりになる。この三つのメカニズムのおかげで、物質はエントロピー増大という行進の列を抜け出すことができる――もちろん、宇宙の好きな場所でというわけではなくて、細胞、人間、都市、惑星という限定されたポケットのなかだけなら。しかし、この考えを今日《こんにち》の現実に当てはめるためには、人間、社会、経済の言語で焼き直す必要がある。経済における情報の成長も、先ほどの基本的なメカニズムの結果なのだが、今日の大規模な社会や経済のシステムのなかでは、新しい形のメカニズムが働く。

私たちの世界は、渦やたんぱく質よりも複雑な構造で占められている。人間やモノがその例だ。人間は物質の持つ計算能力の究極の化身《けしん》である。人間は新しい形態の情報を生み出すよう脳や社会を組織化していく過程で、その計算能力を具象化する。私たちが情報を蓄える場所はモノである。モノがあるからこそ、メッセージを伝えたり、社会的活動や仕事を連携させたりできるのだが、より重要なのは、知識やノウハウの実用的用途を伝えられる、という点だ。

初期のヒトの経済と二一世紀の社会とでは大違いだが、ひとつだけ重大な共通点がある。モノに情報を蓄積する、という点だ。現代社会が初期のヒトの社会と異なるのは、そこに存在するモノ、つまり原子の配列だけなのだ。

情報を物理的に具象化するという行為は、人間社会にとって血液のようなものだ。モノとメッセージが私たちを結びつけ、情報をいっそう成長させることを可能にしている。人間は何万年にもわたって、矢や槍からエスプレッソ・マシン、ジェット機まで、情報を固体状のモノのなかに具象化してきた。最近では、携帯電話や無線ルーターが送信する光子に情報を具象化する術《すべ》まで身につけた。しかし、私たちの具象化する情報に関してもっとも驚くべき点は、情報の入れ物の物質性ではなくて、私たちの入れる情報が脳から生まれたものである、という点だ。私たちはただ環境内に情報を蓄えるのではなく、想像を結晶化するのだ。

想像を結晶化する能力とは、虚構作品として生まれたモノを実際に作り上げる能力といえる。飛行機、ヘリコプター、ヒュー・ハーのロボット義足――どれも作る前に頭で考えられたものだ。想像を結晶化する能力こそ、人類とほかの種《しゅ》とを隔てる特徴だ。想像を結晶化する能力のおかげで、私たちは柔軟な頭脳のなかで創造活動を行ない、そうしてできた創造物を、頑丈な惑星のなかで具象化することができるのである。

しかし、想像を結晶化するのは易しくない。情報を物質に具象化するには、私たちの計算能力を限界まで引き延ばし、たいていはひとりの人間では実現不能なレベルまで押し上げなければならない。現代社会を満たす複雑な情報を生み出すには、人間のネットワークを用いた複雑な計算を行なう必要がある。つまり、現代の社会や経済は、情報を生み出すのに必要な知識やノウハウを蓄積する一種の分散型コンピュータ・ネットワークのような働きをするわけだ。

超正統派の経済学者なら、このコンピュータは価格システムの働きによって最適な状態へと自己組織化していく、と主張するだろう。しかし現実には、経済のコンピュータはそれよりもずっとぎこちない。

経済は、経済活動の前から存在して経済活動を束縛する、社会的ネットワークや職業的ネットワークのなかに埋め込まれている。こうしたネットワークが重要なのは、私たちが大量の知識やノウハウを蓄積できる唯一の構造だからだ。しかし、グラノヴェッター、パットナム、フクヤマが示したように、こうしたネットワークの規模、形状、発展は、社会の信頼の高さや家族関係の相対的な重要性のような、歴史的・制度的な要因によって制約を受ける。

つまり、私たちが必死で解決しようとしている社会や経済の問題は、いかにして人間のネットワークに知識やノウハウを具象化するか、という問題なのである。そうすることで、私たちは人類の計算能力を進化させ、最終的には情報を成長させているのだ。

つまり、経済成長の本質である情報の成長は、人類が持つ集団レベルでの計算能力と、想像の結晶がもたらす増強効果との共進化によって生まれる。飛行機から歯磨き粉まで、想像の結晶は、私たちの社会の知識、ノウハウ、想像力の実用的用途を増幅し、新しい形態の情報を生み出す人間の能力を増強する。さらに、ますます多くの知識やノウハウを具象化するネットワークを形成し、集団レベルでの情報処理能力を高められるようにしてくれる。

しかし、なぜネットワークを形成する必要があるのか？　それにはひとつの重要な理由がある——個人の具象化できる知識やノウハウの量には限度があるからだ。この個人の限界と戦うためには、共同作業が必要だ。私たちがより多くの知識やノウハウを具象化できるネットワークを築くのは、そうしなければ、情報を処理し、想像の結晶を生み出す能力が大幅に制限されてしまうからだ。こうしたネットワークは、ひとりの人間に具象化しきれない知識やノウハウを必要とする製品を作るうえで不可欠だ。単純化のため、本書ではひとりが具象化できる知識やノウハウの最大量のことを一パーソンバイトと呼んだ。

パーソンバイト理論は、ある経済活動の複雑さと、その経済活動の実行に必要な社会的ネットワークや職業的ネットワークの規模とのあいだに関係があることを示している。より多くの知識やノウハウが必要な活動を実行するには、それだけ巨大なネットワークが必要になる。この関係から、地球上の産業の構造と発展が説明できる。パーソンバイト理論は、次のことを示唆している。①単純な経済活動ほど多くの場所で見られる。②複雑な経済活動を実行できるのは多様化した経済だけである。③国々は関連する製品へと多様化していく。④長期的に見ると、ある地域の所得水準はその経済の複雑性の度合いへと近づいていく。経済複雑性は、ある地域が生産し輸出する製品の構成を調べることで近似できる。製品はその地域に知識やノウハウが存在することを物語るからだ。どの予測も実験的に検証することが可能で、しかも既存のデータと一致する。

つまり、原子の世界でも経済の世界でも、情報と計算とのあいだの永遠《とわ》のダンスが情報の成長を引き起こしているのである。このダンスを突き動かしているのは、エネルギーの流入、固体の存在、物質の計算能力だ。エネルギーの流入は自己組織化を促すが、物質の計算能力も高める。一方、固体は、たんぱく質から建物まで、秩序を維持する。秩序を生み出すのに必要なエネルギーを最小限にし、情報をエントロピー増大から守る。しかし、舞踏会の主役は、集団レベルでの計算能力だ。集団レベルでの計算能力は地球の至るところに見られる。私たちの細胞は、分裂、分化、そして死のタイミングまでも決定づける細胞小器官やシグナル伝達経路を形成するたんぱく質のネットワークである。そして、私たちの社会もまた、集団的なコンピュータであり、私たちが新しい情報を計算するために生み出す製品によって増強されていくのだ。

*

宇宙が進化し、エントロピーが増大していくなかで、私たちの地球だけが情報に満ちたポケットとして反乱の道を歩みつづけている。秩序の増大の奴隷となった私たちは、社会関係を築き、提携を組み、子どもを作り、そしてもちろん、笑い、泣く。だが、往々にして私たちは情報の美しさを見落としてしまう。私たちの頭脳は渦のごとく回転し、過去の存在しない宇宙のなかで、私たちの生活はひたすら前進を続ける。そうして、私たちは今という瞬間に忙殺される。お金や税金の心配ばかりし、神の手を借りずして生まれたこの創造物を守り抜くという責任を忘れてしまう——ささやかな物理原理から生まれ、今こうして私たちが享受している創造物を。

謝辞

このあとの謝辞の内容は、本書の執筆に至った一連の出来事とは切っても切り離せないものである。キーボードの前で血肉を削ったことのある人なら誰でも知っているとおり、書く技術とは単なる伝える技術ではなく、伝えたい話を見つける技術でもある。しかし、見つけるのは易しくない。

自分の内にある本を見つけるのは、不快きわまる作業だ。毎日、自分の精神が吐き出したものを食べつづける行為にほかならない。食べては、吐き、生焼けのアイデアを再び消化する——そうするうちに文章が浄化されていくことを願いながら。実際、そうなってくれることもある。

本書は、私がもともとエージェントや出版元に売り込んだ本でもなければ、最初から書こうと思っていた本でもない。本書は、別の本、つまり経済成長、経済複雑性、経済発展に関する本を書くプロセスのなかで見つけたものだ。執筆の過程で、経済成長は底の浅いテーマだと気づいた。経済成長は、社会や経済という宇宙のほんの表層で起きている現象にすぎない。私たちの取るに足らない生活と、私たちの生活が向上していっているはずだという切なる願望（そして私たちが他者の生活を向上させているはずだというお節介な感情）とを結びつける現象にすぎないのだ。しかし、人間の快楽的でお節介な本能は、抽象的な深奥《しんおう》を暴き出す手段としてはなんとも心許ない。科学が人間に教えてくれたことがひとつあるとすれば、宇宙のもっとも重要な側面はふつう表層から見えないところに隠れている、ということだ。そこには、人間の浅はかな願いや欲望を超えた意外な真実がある。

　私は数年前から魅了されてきた問題を離れ、貧困、罪悪、繁栄、最適化、均衡、富という仰々しい言葉から逃れようとした。その過程で、経済成長とはもっと巨大で、もっと普遍的で、もっと重要な現象の不随物にすぎないのだと気づいた。それは記事の見出しや政治の議題にのぼるような成長ではなくて、密かに生命や社会を存在せしめている成長だ。それは物理的秩序、つまり情報の成長である。すぐに、私は情報がすべてなのだと認めざるをえなくなった。そこまで来ると、私はもう経済を所得、規制、経済主体の観点からとらえられなくなっていた。経済とはもっと奥深い何かが人間俗世に発現したものであり、情報の増大が社会に現われたものなのだ。その情報の成長こそ、私が考察すべきものだった。

　本書の最初の数ページを書いたのは、二〇一二年一〇月二日だった。ブリュッセルへの道中、ボストンのローガン空港にいたときのことだ。私はＭＩＴの主催する産学連携プログラムでプレゼンテーションを行なうため、ボストンで一泊する予定だった。出張の連続、過密スケジュール、オーバーワークな学者生活のストレスのなかで、私は言葉をラップトップに吐き出しはじめた。

思い返せば、書くのにあまりふさわしい時期ではなかった。九月から一一月だけで、天津、北京、京都、東京、ワシントン、ブリュッセル、ニューヨーク、サンティアゴ、リスボンを訪れた。私は相次ぐ出張で疲れ切り、すっかり言葉を吐き出す体力を奪われた。私は新年の誓いに、二〇一三年は家族と執筆に専念するためまるまる一年出張をしないと決めた。その誓いはほとんど守られた。

二〇一二年一二月と二〇一三年一月、私は時間、やる気、体力を振り絞って、それまでに殴り書きした言葉を、第4〜6章の原型となるものへと変えていった。本書はそこから膨らんでいった。最初の草稿のもとになったのは「想像の結晶化（crystallized imagination）」というアイデアだった。この言葉は本書の仮題となり、私がまめに文書を保存するドロップボックス・フォルダの名前にもなった。

また、二〇一二年から二〇一三年にかけての冬には、妻のアンナが娘を身ごもり、私はアンナと二人三脚の子育ての旅を始めた。アンナは私の人生と仕事をずっと支えてくれている。どんなに感謝してもしきれない。

このころには、親友のムリドゥにも支えられた。彼女は何度も私の隣に座って、私がその日に書いた内容を読み上げるのを聞いてくれた。執筆を主に支えてくれたムリドゥには、とても感謝している。ムリドゥの支えがなければ、本書は完成しなかっただろうし、今のような形にはならなかったと思う。

本書を出版社に売り込むのも、その冬の大仕事だった。本の権利を販売するのはなんとも不思議なプロセスだが、カティンカ・マトソンの支えに恵まれた。カティンカは本書の提案を磨き上げ、面接の指導をしてくれた。また、何人かの編集者も紹介してくれた。そのひとりがティム・バートレットだ。当時ベーシック・ブックスに勤務していたティムは、本書が経済成長の話にとどまらない壮大な本だと信じてくれた。彼は私の狂気を理解してくれたらしく、私が考えを二転三転させたときも、そして私が繰り返しスランプに陥ったときも、支えつづけてくれた。ティムは文章力も磨いてくれた。文章に流れを付ける一文を加えるだけでだいぶ読みやすくなることを教えられた。たとえば、次に書こうとしている内容や、直前の話とのつながりを伝えるような一文だ。また、完全原稿をふたつも読み、フィードバックを寄せてくれたのもティムだ。残念ながら、彼は二〇一三年終盤にベーシック・ブックスを退社したが。

執筆の習慣が身に付いたのも二〇一三年だ。毎朝、三〇分歩いて〈ボルテージ〉という店に通うようになった。ボルテージはMIT近くにあるヒップスター風のカフェで、もっぱらそこが私の推敲作業の場となった。毎朝、八時から一〇時のあいだにカフェに着き、午後一時くらいまで作業する。言葉をひねり出し、段落と格闘したあと、次に何を書こうかと考えながら店を飛び出す。夕方になると、私は徒歩で帰宅しながらイグナシア・エチェベリアと電話をした。統計物理学者の彼女は、喜んでエントロピー、エンタルピー、情報の話をしてくれた。

ボルテージでは毎回、「キッチュ・アンド・カクタス」（アガベ・シロップで甘くしたラテ）と、裏メニューのアボカド・プレーン・ベーグルを注文した。また、バリスタのサラ、リリアン、アンナ、エミリー、リーともよく短いおしゃべりをした。一日に交わす言葉はわずかでも、二年間で関係はゆっくりと深まった。短い会話とはいえ、彼らの支えは励みになったし、何より執筆の環境作りという点でとてもお世話になった。感謝せずにはいられない。

二〇一三年夏、ボルテージで第6章と第7章の原型となるものを書き上げた。ロナルド・コースやオリバー・ウィリアムソンの思想についてもそこで研究した。それがパート3の基礎になった。

二〇一三年秋、本書は未完成だったが、娘が日の目を見ようとしていた。アイリスの誕生はこの本を変えた。ひとつ前の原稿でも、出産を不思議なプロセスとして描いてはいたが（アンナの妊娠がきっかけだった）、実際の出産を目《ま》の当たりにして、そこに感情が加わった。アイリスの出産のおかげで、私はこのアイデアをはっきりと語るだけでなく、新しい考え方ができるようにもなった。

アイリスは二〇一三年一〇月六日、土曜日から日曜日にかけて生まれた。翌月曜日、私はマサチューセッツ総合病院近くのケンブリッジ・ストリートで見つけたレストラン〈ティップ・タップ・ルーム〉へと抜け出し、スーツ姿のランチ客で賑わうなか、新しい第1章を吐き出した。第一段落は、何十回という推敲のあとも手つかずで残った。

娘が生まれる時期には、ジェームズ・グリックの名著『インフォメーション』も音声で繰り返し聴いていた。私は車内のiPodで『インフォメーション』をリピート再生するうち、シャノン、ウィーバー、ウィーナー本人の著作を読んでみたいという気になった。また、現在の第2章を書くきっかけにもなった。結局、第2章は最後まで修正を重ねることになったが。第2章の最初の原稿は、インマン・スクエアにある〈カフェ１３６９〉で書き上げた。

二〇一三年秋、私は情報という概念を本書の中核に盛り込みはじめた。また、このころ秩序の物理的起源にもますます興味を持つようになったが、情報理論では情報の物理的性質やその起源を説明することはできないと気づいた。情報理論は通信の数学的性質に着目するものだからだ。グループ会議で、私がそのことを学生に話すと、私のグループに所属する学生のフランシスコ・ヒュメレスが、イリヤ・プリゴジンという名前を教えてくれた。恥ずかしながら、プリゴジンの研究については知らなかったので、私は慌ててウェブで彼の著書を大量に購入した。彼の著書は時間の矢や秩序の起源を理解する手がかりになった。私は一一月をプリゴジンの著作研究に当て、現在の第3章を書き上げた。

　本書のもともとの締切は二〇一四年二月だったが、二〇一三年一二月になると、いよいよ締切を守れるかどうかが心配になってきた。それに、社会的ネットワークや職業的ネットワークの起源や構造についてももう少し加筆したかった。人間社会が知識やノウハウを蓄積する基本単位はネットワークであり、ネットワークの持つ蓄積能力が社会制度や社会学的プロセスによって左右されるというのはわかっていた。そこで、社会的ネットワークや社会関係資本《ソーシャル・キャピタル》に関する文献をあさりはじめた。これは私が博士課程で学んだもの、つまり物理学者の提唱するネットワークの記述に特化した文献のリストにはなかったものである。

　また、ロヨラ大学の政治学者でアンナの友人であるオリガ・アヴデーエヴァは、フランシス・フクヤマの著書『「信」無くば立たず』を勧めてくれた。すばらしい提案だった。私は一一月とクリスマス休暇の大半を、娘の世話と、フクヤマ、グラノヴェッター、パットナムなどの社会関係資本の巨匠たちの著作を読むことに費やした。そして二〇一四年一月、こうして得たアイデアを現在の第8章にまとめた。

二月の締切を迎えるころには、文章はほとんど完成していたが、まだ書名、テーマ、序文には一〇パーセント満足できていなかった。また、担当編集者も付いておらず、書く者としてはかなり孤独だった。二月、三月、四月は、教職、研究論文、プロジェクトなどで忙しく、執筆のほうはあまり進まなかった。

二〇一四年五月、ムリドゥが街に戻ってくると、私は一息ついた。彼女は二〇一三年終盤にシアトルに越してきていた。私のマンションの駐車場タワーからボストンのスカイラインを見つめながら、ふたりでじっくりと本書の話をした。また、ようやく私のメールや電話に応対してくれる新しい編集者も付いた。ベーシック・ブックスのT・J・ケラハーだ。ムリドゥやT・Jと話しあった結果、私は序文を一から書き直した。そこで初めて、私はルートヴィッヒ・ボルツマンを序文の主役に持ってきた。しかし、この書き直しの最中も、私は情報の成長ではなく、情報の成長を難しくするメカニズムを本書の中心テーマに掲げていた。新しい序文は、情報や計算の量子化を中心として本書を構成したものだった。情報と計算の両方を常に物理的に具象化する必要があるという発想からだった。本書の仮題も『想像の結晶化（*Crystallized Imagination*）』から『ビットと原子（*The Bit and The Atom*）』に改められた。

二〇一四年夏はつらい時期だった。原稿の完成という仕事を抱えながらも、MITで昇進の申請書類を準備するなど、山ほど書き仕事や出張が待っていた。八月、アンナやアイリスとサンクトペテルブルクを訪れたときも、市《まち》のカフェで必死に執筆を続けた。第9章はふたつのカフェで書き上げた。市の中心部、エルミタージュ美術館近くにあるカフェ〈キャンディーズ〉と、私たちのアパートの近く、ペトログラード側（訳注：同市の北側で、この市でもっとも古い歴史をもつ地区）にある質素なカフェ〈コムナルカ〉だ。この時期、私は半分死んだような気分だった。

サンクトペテルブルクの次はコロンビア、ブラジル、チリだった。この過密な旅のあいだ、私は憂鬱から抜け出した。日々の仕事と良い仲間のおかげで、未完成の原稿への不安を忘れられた。また、書名で二転三転していたころ、私はイギリスのペンギン・ブックスのヘレン・コンフォードと短いメッセージのやり取りをした。出版社は私が検討していた『想像の結晶化』という書名をボツにした――あまりに空想的すぎるという理由で。

サンティアゴでは、友人でデサロージョ大学の学者のカルロス・ロドリゲスの研究室を訪れた。彼と会う前には、高校時代の友人のマリア・ホセ・バディネラとも連絡を取った。彼女とは高校卒業以来、会っていなかった。ふたりに本の内容を説明し、カルロスと夜のお酒とタバコを楽しんだあと、私は実家に帰った。すると突然、「秩序はなぜ成長するのか」というフレーズが思い浮かび、頭のなかをぐるぐると駆け巡った。しっくり来た。これこそ二年間ずっと探しつづけていた言葉に違いない。本の内容を一言で表わしている。翌日、私はこのフレーズを「情報はなぜ成長するのか（Why Information Grows）」に変更した。この三つの単語の並びが珍しいと知ったときはびっくりした（少なくともグーグル検索では）。二〇一四年一一月一一日時点で、「why information grows」はグーグルで

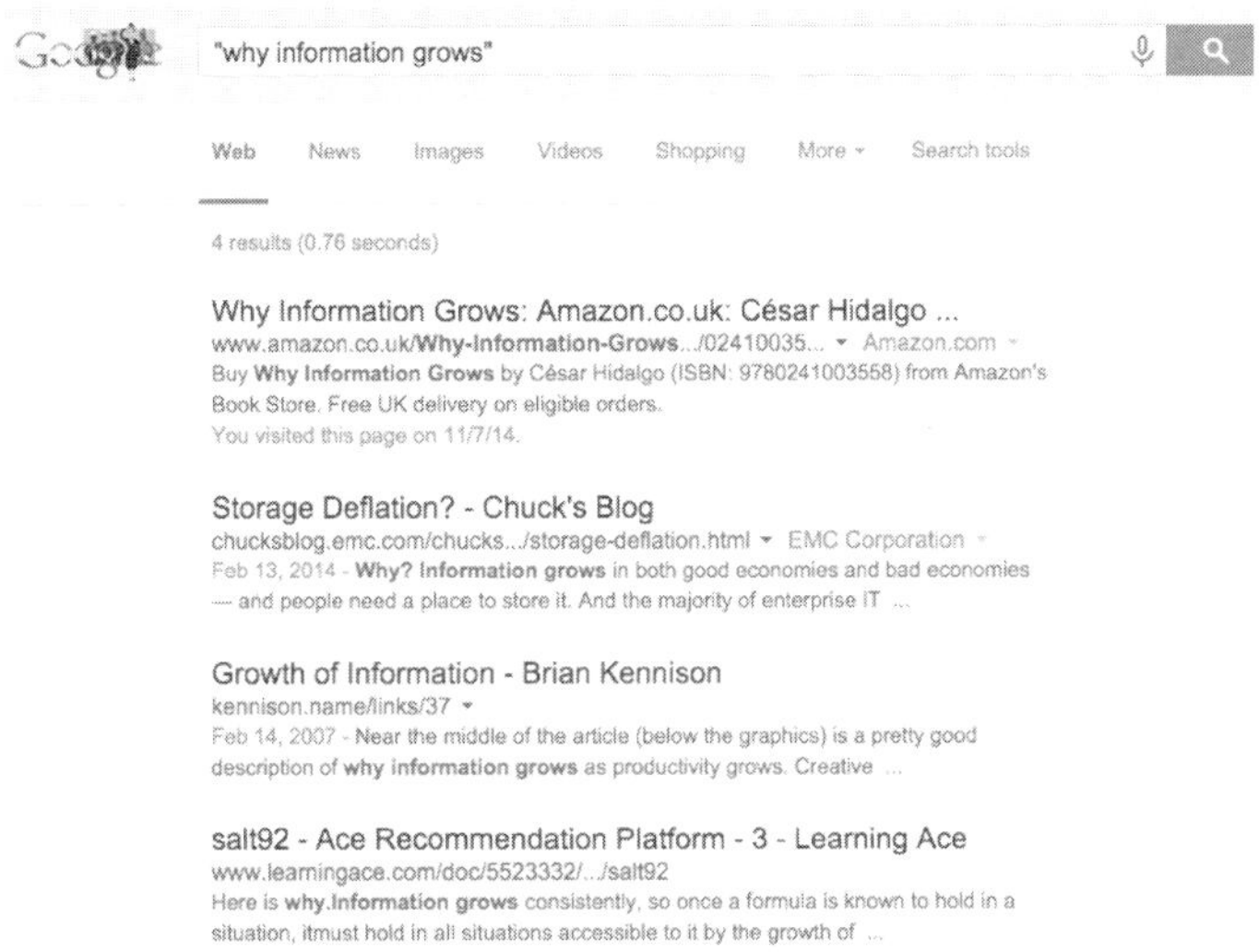
"why information grows"
Web
News
Images
Videos
Shopping
More
Search tools
4 results (0.76 seconds)
Why Information Grows: Amazon.co.uk: César Hidalgo ...
www.amazon.co.uk/Why-Information-Grows.../02410035... Amazon.com
Buy Why Information Grows by César Hidalgo (ISBN: 9780241003558) from Amazon's Book Store. Free UK delivery on eligible orders.
You visited this page on 11/7/14.
Storage Deflation? - Chuck's Blog
chucksblog.emc.com/chucks.../storage-deflation.html EMC Corporation
Feb 13, 2014 - Why? Information grows in both good economies and bad economies — and people need a place to store it. And the majority of enterprise IT ...
Growth of Information - Brian Kennison
kennison.name/links/37
Feb 14, 2007 - Near the middle of the article (below the graphics) is a pretty good description of why information grows as productivity grows. Creative ...
salt92 - Ace Recommendation Platform - 3 - Learning Ace
www.learningace.com/doc/5523332/.../salt92
Here is why.Information grows consistently, so once a formula is known to hold in a situation, itmust hold in all situations accessible to it by the growth of ...

四件しかヒットしない。一件めは、イギリスの出版社が本書のために作成したアマゾン・プロフィールのものだ。残りの二件は、単語が疑問符や句点で区切られているので完全とはいえない（対照的に、「経済はなぜ成長するのか」というフレーズは二万六〇〇〇件以上ヒットする）。

この三単語がチリ旅行の唯一のお土産だとしても、私はこの旅行を大成功と呼ぶだろう。しかし、そうなると、本書の残りの部分を完全に構成し直す必要が出てくる。時間はなかったが、断念する気はなかった。そこで私は最後にひとつ、荒療治《あらりょうじ》を試みることにした——章の順序とそのあいだのつなぎの部分を変更したのだ。

私はその週の土曜日にサンティアゴ発の飛行機に乗り（一カ月近く、毎週土曜日に同じことを繰り返していた）、バージニア州リーズバーグに向かった。米州開発銀行の主催するイベントでプレゼンテーションを行なう予定になっていたのだ。イベントの前の日曜日、ひと昔前ふうのプレッピーなゴルフクラブで本書を現在の形へと組み直した。

この最後の組み直しは苛酷な作業だった――あまりにも。そのあとにはニューヘイブン、ニューヨーク、ロンドン、サウジアラビアへの出張が残っていたし、その合間に研究室を新しい建物に移転し、私の研究グループに四人の新入生を迎えた。原稿を編集者に提出するまでの猶予は三週間。私は悪戦苦闘した。その三週間のあいだ、私は何度も真夜中に目を覚まし、過度なストレスから来る吐き気と、明け方まで起きて仕事をしなければという不安にさいなまれた。この最後の大量編集によって一万ワードほどが削られた。アンナの支えだけが頼みだった――もちろんそれまでもずっとそうだったが。

その三週間は、なじみだったボルテージからも遠ざかり、MIT近くのレストラン〈コモンウェルス〉で最終章を書き上げた。ボルテージはいつの間にか人気店になっていたが、午前中のコモンウェルスは空《す》いていたので、最後の仕上げに専念するにはぴったりだった。

ここまで来て、私は一応の区切りを付けた。執筆経験のある人ならわかると思うが、本に完成はない。どこで区切りを付けるかの問題なのだ。それでも、私が生んだ孤児は、人々の頭のなかに居場所を見つけられるくらいまでは成長してくれたと信じている。

このおてんばな孤児を育てるのは簡単ではなく、本書の制作に携《たずさ》わる人々、私の友人になってくれた心優しい人々のサポートがあったからこそできたことだ。この場をお借りして、執筆を支えてくれた大切な人々に感謝したい。アレックス・シモエスとデーブ・ランドリーは、開発者や視覚化の専門家として一流であるだけでなく、優しく思いやりのある仲間でもある。ジェニファー・ガーラは、誰よりも友だちと呼べる存在だ。ドミニク・ハートマン、ジャーミン・カミンスキー、アリ・アルモサウィ、イーサン・ズーカマンは、この原稿がまだオタマジャクシの状態のときから読み、意見を寄せてくれた。私の両親、祖父母、姉妹であるセサル・E・イダルゴ、ヌリア・ラマチョッティ、カテリーナ・イダルゴ、ヌリア・イダルゴ、アントニオ・ラマチョッティ、ヌリア・フェレ、学生や元学生のシャハル・ロネン、ダニエル・スミルコフ、ディーパック・ジャグディーシュ、ブラジルのミナスジェライス州の友人のアンドレ・バレンスとエミリア・パイヴァ、そしてもちろん、過去に離れて久しい人々にもお礼を言いたい。

私は今、本書を誰かが読んでくれるという確信もないまま、苛酷な旅を終えたあとの虚無感に浸《ひた》っている。これを幸福と呼ぶのかどうか——それはわからないが、仮に幸福でないとしても、孤独な不幸でないことには感謝している。娘のアイリスはハイハイをし、立ち、歩こうとしている。そして、日に日に情報処理能力を身につけ、親への愛情を深めていっている——いつかは間違いなく忘れてしまう愛情を。アイリスとアンナは、私の生きる意欲の最大の源泉であり、たとえふたりが直接執筆を手伝ってくれたわけでなくとも、それでもやはり、すべてはふたりのおかげなのだ。

訳者あとがき

世界でもっとも経済が洗練されている国は日本――それが本書*Why Information Grows*の著者セザー・ヒダルゴらの開発した「経済複雑性」という独自の指標から導き出された結論だ。

日本が経済大国と呼ばれるようになって久しい。近年になって世界第二の経済大国（ＧＤＰベース）の地位を中国に明け渡し、ひとりあたりＧＤＰではすでに他の先進国に大きく水を開けられている日本だが、著者らが開発した「経済複雑性指標」では二〇〇〇年以降、日本が一六年連続で世界第一位を維持しつづけている（詳しくは経済複雑性観測所〔The Observatory of Economic Complexity〕のサイトhttp://atlas.media.mit.edu/en/rankings/country/を参照）。

この経済複雑性指標とはいったい何物なのか？　経済の複雑さについて説明するとき、ヒダルゴ氏がよく引き合いに出す例が二種類のアップルだ。ひとつはアップル製品という意味のアップルで、いまひとつは自然界に存在するほうのアップルである（その意味ではアップルでもパイナップルでもいいのだが）。この二種類のアップルの違いは、前者だけが人間の想像の産物であるという点だ。著者は人間の想像を形にしたモノのことを「想像の結晶」と呼んでいる。ヒダルゴ流の解釈に従えば、（複雑な）経済活動とは想像を結晶に変えることであり、想像を結晶に変える能力が高ければ高いほどその経済は複雑で洗練されていることになる。先ほどの二種類のアップルでいえば、アップル製品は人間の想像を結晶化したものであり、果物のアップルは自然界に元から存在するものなので、たとえ輸出額自体が同じであっても、果物のアップルを輸出している国よりもアップル製品を輸出している国のほうが経済は高度だといえる。

この経済の複雑さの度合いを数値化したものが経済複雑性指標である。本書によれば、多様でなおかつ稀少な品目を輸出している国ほど、経済複雑性指標の値は高くなる。しかし、この定義だけでは、ウラン鉱石のようなただ自然界に稀少なだけの製品と、生産に高度な知識やノウハウが必要なために稀少である精密機器のような製品とを区別することができない。無論、経済がより高度なのは後者の国のほうだ。そこでヒダルゴ氏は、その製品が輸出品目の多様な国で生産されているかどうかも計算に組み込んでいる。要するに、精密機器を生産できるような国は、間違いなく衣料品のような普遍性の高い製品も生産できるので、輸出品目は多様となり、経済複雑性指標の値は高く評価されるという理屈だろう。そして、この想像を結晶化する能力の違いが、国家間の経済格差を生み出すのだと著者は考える。貿易収支を想像力収支（つまり、想像力の輸出量から輸入量を差し引いたもの）で考える著者のアイデアには目から鱗が落ちた。

そう考えると、とりわけ天然資源に乏しく、複雑な製品の輸出に大きく頼っている日本が経済複雑性指標で一位を保ちつづけているのは合点がいく。本書を読んでいて印象深かったのは、「世界には富という点では豊かなのに経済が未発達な国がたくさんある」という著者の文章だ。過日、『ブラック・スワン』の著者ナシーム・ニコラス・タレブのある著書でも似たような記述を目にした。タレブは、国の石油収入で大学を建て、外国から一流教授を引き抜き、若者を学校に通わせれば石油を知識に変えられると思い込んでいる国を見ると心配になるとの主旨のことを述べている。この発言はヒダルゴ氏の経済複雑性の考え方にも通じるところがあるように思う。天然資源はやがて尽きる。だが、人間の想像は尽きない。

しかしウラを返せば、日本のような天然資源の（今のところ）乏しい国々が生き残るためには、想像の結晶を買ってくれる他国との関係性や円滑な取引が不可欠だともいえるだろう。皮肉なことに、たとえ想像を結晶化する能力に優れていたとしても、その結晶を買ってくれる相手がいなければ経済は発展しえない。世界が脱グローバリズム、保護主義へと向かうひとつの潮流が見えつつあるなかで、各国の経済はこれからどういう方向へと進んでいくのか――そんなことまで想像させてくれるのもまた本書なのかもしれない。

そして、経済複雑性指標の特長は、経済の現状を可視化することだけにとどまらない。各国の未来の経済成長を予測するツールとしても使えるのだ。ヒダルゴ曰く、経済複雑性指標の値と比べて相対的にGDPの低い国は、長期的に見て経済複雑性指標の値が同じ国と同水準のGDPへと収束していくはずだという。詳しくは第10章で解説されているが、平たくいえば、経済が十分に複雑なのに、まだGDPがそれに追いついていない国は、将来的にあるべきGDP水準へと近づいていくということだろう。実際、ヒダルゴの統計モデルは、従来の経済指標よりも正確に未来のGDP成長を予測していたとされる。

このように、どうしても経済の話（本書の後半）に目が行ってしまうのだが、本書の枠組みは経済だけに収まらない。経済の成長を情報の成長という斬新な視点でとらえ、原子から人、人々、企業、そして経済へと物理的秩序が成長していく壮大なプロセスを、情報というたった一本の撚《よ》り糸を使って紡ぎ上げているのが本書だ。無秩序へと向かって一方的に行進を続けるこの宇宙のなかにあって、なぜ地球上だけは、情報が蓄積し、秩序が生まれ、そして高度な経済にいたるまで発展することができたのか？　本書はそのひとつの答えを提案している。名づけるなら力の統一理論ならぬ情報成長の統一理論だ。

原子から経済までを統一的に説明しているためか、原書のレビューでは話の方向性が少し見えづらいという感想もあるようだが（事実、著者自身も謝辞で土壇場の章の入れ替えや多数の文章の削除など悪戦苦闘ぶりを明かしている）、それもまた著者の豊かな発想の裏返しなのかもしれない。

さて、そんな斬新な考えを思いついたセザー・ヒダルゴ氏とはいったいどんな人物なのか？　ごく簡単にご紹介しておきたい。彼は米ノートルダム大学にて、ネットワーク研究の第一人者で『新ネットワーク思考』の著者として知る人ぞ知るアルバート＝ラズロ・バラバシに師事し、物理学の博士号を取得。以来、ネットワークを用いた経済発展プロセスの研究を続けてきた。現在では、MITメディアラボで唯一のヒスパニック系の教員（准教授）として、「集団的学習（Collective Learning）」グループを率いるとともに、大量のデータを視覚化するツール群を開発している。その成果のひとつであるヒダルゴらの「経済複雑性指標」は一躍脚光を浴びており、彼は二〇一二年のイギリス版《ワイアード》誌で「経済、ネットワーク、データ科学を用いて経済成長の理解に貢献している若手研究者」として、「世界を変える五〇人」にも推薦された。

と聞くと、さぞかし理性的で冷静沈着な人物を想像するかもしれないが、動画で見る彼は文字どおりラテン系の情熱にあふれている。大げさな身ぶり手ぶりを交えつつ、息つく間もなくスタッカートで単語を連発する彼の話しぶりは、まさしくマシンガントークという言葉がぴったりと当てはまる。そんな彼自身は、「僕には何の才能もないし、これといって自慢できる趣味もないんだ」と、いたって謙虚だ（以下、HUBweekのインタビュー記事より）。他人《ひと》からもらった人生最高のアドバイスは、大学院を探していたときに指導教授から言われた「大学ではなく人で選びなさい」というもので、バラバシと出会えたのもこのアドバイスの賜物だったという（ちなみに、人生最悪のアドバイスは「ヒゲを剃ったほうがいい」だそうだ。新しい恋人と出会うたびに言われたそうだが、実際に剃ってみせると、相手はやっと前言を引っこめるらしい）。今いちばんほしいものは「時間」。ぎゅうぎゅう詰めの予定の合間を縫い、本書に登場する娘アイリスの送り迎えをする毎日だ。「時は金《かね》なりと言うけど、どこに金を持っていけば時間を少しばかり売ってもらえるんだろうね」

最後になったが、本書の刊行にあたり、多大なる編集の労をおとりいただいた早川書房の伊藤浩さんと、校正者の二タ村発生さんにお礼を申し上げたい。科学から経済まで話題が広範囲に及ぶために、訳語選びに難儀することも多かったが、私の知識の不足するぶんを鵜の目鷹の目でチェックしていただいた。とはいえ本書の翻訳に不備があるとすれば、それはすべて訳者の責任である。

一点、著者名のカタカナ表記について。著者はチリ人なので「セサル・イダルゴ」とスペイン語読みする案も出たが、アメリカに永住権を持ち、MITを拠点としていることから、英語読みを採用することとなった。著者に興味のある方は、「セサル」「セザール」「セザー」「イダルゴ」「ヒダルゴ」などの組み合わせでも検索してみてほしい。

二〇一七年三月　　千葉敏生

注　記

はじめに――原子から人間、そして経済へ

1　ここでは、「原子」という単語は主に個別の粒子を指して使われている。原子も分子も含む。

2　進化と行動の相互関係について説明した名著としては、Richard Dawkins, *The Selfish Gene* (Oxford: Oxford University Press, 2006)（邦訳：リチャード・ドーキンス著『利己的な遺伝子』日高敏隆・岸由二・羽田節子・垂水雄二訳、紀伊國屋書店、2006）と、Steven Pinker, *The Blank Slate: The Modern Denial of Human Nature* (New York: Penguin, 2003)（邦訳：スティーブン・ピンカー著『人間の本性を考える――心は「空白の石版」か』山下篤子訳、NHK出版、2004）の2冊が挙げられる。

3　情報理論には量子版もあり、量子情報理論と呼ばれている。しかし、量子情報理論があるからといって、古典的情報はほかの理論ではありえないような範囲のスケールで成り立つ概念であるという主張がただちに無効になるわけではない。

4　Friedrich Hayek, "The Use of Knowledge in Society," *American Economic Review* 35, no. 4 (1945): 519–530.（邦訳：一例として、フリードリヒ・ハイエク著『市場・知識・自由』田中真晴・田中秀夫訳、ミネルヴァ書房、1986年、第2章に所収の「社会における知識の利用」がある。引用部分は同書65ページにある）

5　George A. Akerlof, "The Market for 'Lemons': Quality Uncertainty and the Market Mechanism," *Quarterly Journal of Economics* 84, no. 3 (1970): 488–500.

6　Claude E. Shannon and Warren Weaver, *The Mathematical Theory of Communication* (Urbana: University of Illinois Press, 1963), 8.（邦訳：クロード・シャノン&ウォーレン・ウィーバー著『通信の数学的理論』植松友彦訳、

筑摩書房、2009、23ページより引用）

7　同31.（邦訳：同61〜62ページより引用）

8　ボルツマンのエントロピーS_Bは、$S_B = k_B \ln(W)$という式で表わされる。ここで、k_Bはエネルギー/温度を単位とするボルツマン定数であり、Wはある巨視的状態に対応する微視的状態の数である。ギブズは、同等な微視的状態の総数（W）の代わりに、ある系が特定の微視的状態を取る確率（p_i）という観点からエントロピーを定義することで、エントロピーの式を一般化した。ギブズのエントロピーS_Gは、$S_G = -\sum_i p_i \ln(p_i)$と定義される。すべての$i$に対して$p_i = 1/N$のとき、ボルツマンとギブズのエントロピーは同値（$S_G = S_B$）である点に注意。つまり、熱平衡にある系ではギブズの式はボルツマンの式に還元されるということである。熱平衡系ではすべての微視的状態が等確率で発生するためだ。

シャノンの情報エントロピーの式は$H = -\sum_i p_i \log_2(p_i)$で表わされる。ここで、$p_i$はある文字が発生する確率。シャノンの数式とギブズのエントロピーは、乗数が異なるだけで機能的には等しい。一定の定数を使えば、対数の底の変更（底2から自然対数の底eへの変更）とボルツマン定数の両方を吸収することができる。

第1章　タイムトラベルの秘密

1　人間とほかの種を隔てるもうひとつの重要な性質は、虚構の言語を使う能力である。つまり、言語を使って物語を作る能力だ。面白いことに、虚構の言語を使う能力と複雑なモノを作る能力の進化は、密接に絡み合っている。

人間の言語が生まれた年代を特定するのは難しい。なぜなら、話し言葉が生まれたのは書き言葉よりもだいぶ前だからだ。書き言葉の最古の記録は約8000年前なので、話し言葉の生まれた年代を推定しようと思えば、考古学者はほかの形態の証拠に頼る必要がある。そのひとつは、考古学的記録に見られる製品の複雑さである。複雑な製品から、人間の言語が生まれた年代を割り出せるという考えは、ふたつの議論に基づいている。ひとつめに、先が石でできた槍やキャブレターのような、複雑な道具が作れる人は、さまざまな部品の組み合わせ方を理解している。これは、言語を使える人が、さまざま

な単語を組み合わせて文章を作り、文章を組み合わせて物語を作れるのと似ている。言い換えれば、複雑な道具を作れる人は、その道具を構成する各部品を心のなかに描く方法を持っており、部品を組み立てるのに必要な一連の行動を思い描く能力を持っている可能性が高い。複雑な製品を想起し、組み立てるための思考プロセスは、ある種、文法の原型と考えることができ、どちらも似たような脳の活動パターンを特徴づけることがわかっている。複雑な製品が作れるのは、人間の言語にあるのと似たような組み合わせ能力のおかげなのだ。製品を組み立てる能力があるからといって、必ずしも言語を用いているとはかぎらないが、このふたつの認知能力が同時期に誕生したと考えるのが合理的だろう。

ふたつめに、矢や槍といった複雑なモノを作るのに必要な知識の広まりの問題がある。矢や槍の広まりは、人間の初期の言語が存在したしるしと考えられる。矢の組み立て方を学ぶのは、石でクルミを割る方法を学ぶのとはワケが違うからだ。簡単な作業なら観察と模倣ですぐに学べるが、複雑なモノの製造には微妙なコツがあり、同じ言語を使う人々どうしのほうがずっと効率的に伝えられる。たとえば、同じ言語を使う人々のほうが、槍先に塗る毒の安全な扱い方や、石斧を木の柄に固定する方法を効率的に学べるだろう。

最新の考古学的記録によると、ヒトは現代の狩猟採集民が使っているのと同じくらい複雑な道具を、7〜10万年前にはもう作っていたことがわかっている。つまり、想像を結晶化する人間の能力は、書き言葉が生まれるずっと前から存在していたということであり、言語や複雑な製品が生まれたのは、初期の人類がアフリカを出る前ということになる。とすれば、人類の祖先とほかの種との違いは、単純な道具を使う能力ではなく、自然界にはない複雑な製品を作る能力と考えられるのだ。詳しくは、E. O. Wilson, *The Social Conquest of Earth* (New York: W. W. Norton, 2012)（邦訳：エドワード・O・ウィルソン著『人類はどこから来て、どこへ行くのか』斉藤隆央訳、化学同人、2013）および Yuval Harari, *Sapiens: A Brief History of Humankind* (New York: Random House, 2014)（邦訳：ユヴァル・ノア・ハラリ著『サピエンス全史——文明の構造と人類の幸福』柴田裕之訳、河出書房新社、2016）を参照。

2 Randall Davis, Howard Shrobe, and Peter Szolovits, "What Is a Knowledge Representation?," *AI Magazine* 14, no. 1 (1993): 17–33にこうある。「ひとつめに、知識表現とは、ごく単純化していうと代理、つまり実物の代わりとなるものである。この代理物を使うことで、行動ではなく思考によって、つまり実世

界で行動を取るのではなく実世界について推論することによって、その結果を判断できるのである」

3　この分野に詳しいみなさんのために言っておくと、私はマイケル・ポランニーが半世紀前に提唱した形式知と暗黙知の区別に基づいて話を進めたいと思う。本書では、暗黙知のことを指して「ノウハウ」という言葉を用いることにする。というのも、形式知と暗黙知というふたつの異なる概念を表わすのに、まったく違う単語を用いるほうが、同じ名詞に別の形容詞（「形式」「暗黙」）をくっつけるよりはわかりやすいと思うからだ。暗黙知と形式知の概略については、Harry Collins, *Tacit and Explicit Knowledge* (Chicago: University of Chicago Press, 2010) がオススメ。この本で、コリンズは暗黙知を数種類に分類している。関係的（relational）暗黙知とは、原理的には説明できるのだが、説明できないことが多い物事。身体的（somatic）暗黙知とは、体では実行できるが言葉では説明できない物事（自転車の乗り方など）。集団的（collective）暗黙知とは、言語の規則など、社会的交流から意味を引き出すような知識。

4　この引用は、マービン・ミンスキーの略歴より。Computer History Museum, http://www.computerhistory.org/fellowawards/hall/bios/Marvin,Minsky/を参照。

第2章　無意味の実体

1　この計算方法は、数年前に私の友人で大学の指導教授であるフランシスコ・クラロから教わったもの。そのときに彼が挙げた例は戦闘機だった。

2　goldprice.org（2013/1/14、東部標準時16:45）のデータによると、正確な価格は1キログラム当たり5万3586ドル。

3　詳しい議論は、Eric Beinhocker, *The Origin of Wealth* (Boston: Harvard Business School Press, 2005)にある。

4　ブガッティの価値は物理的秩序や情報だけではないと反論されるかもしれな

い。同感だ。ぜひ先を読んでほしい。ほかの要因については追い追い考察していきたいと思う。

5 「秩序（order）」という単語にはいろいろな意味がある。クロゼット内の洋服の順序（order）や、レストランでの食べ物の注文（order）など。そのため、この先で使う「秩序」の意味をはっきりさせておきたいと思う。本書でいう「秩序」とは物理的秩序、つまりあるシステムの部分部分がどう配列されているかを指す（クロゼットのなかの洋服の配列と同様）。この定義から、物理的秩序は情報だ。物理的秩序こそ、激突前のブガッティと激突で大破したブガッティとの違いである。

6 これはシャノンの理論の説明に使えるもっとも単純な例である。この例では、すべてのツイートや文字が等確率で発生すると仮定しているからだ。現実には、すべての文字や文字列が等確率で発生するわけではない。「http://」という文字列を含むツイートのほうが、「qwzykq」という文字列を含むツイートよりもずっと高確率で発生するはずだ。ブライアンがこの事実を知っていれば、それを利用して質問の回数を減らせるだろう。この単純化した仮定がどうもしっくりと来ないみなさんは、アビーとブライアンが別の惑星の住人で、ブライアンはアビーのアルファベットが32種類の文字からなるということしか知らないと仮定すればよい。

7 700という数字は、考えうるツイートの総数である2^{700}という数値にも現われる。一般的な式で表わすと$N\log_2(S)$となる。ここで、Nはツイートの文字数、Sはアルファベットの種類の数である。この値は$\log_2(SN)$に等しい。ここでSNは考えうるツイートの総数（訳注：$S×N$という意味ではなく、SNを、考えうるツイートの総数を表わすひとつの変数として定義しているものと思われる。実際には$SN=S^N$となる）。一般的に、あるメッセージの情報量は、考えうるメッセージの総数の対数（底は2）を取ったものである。なぜなら、あるメッセージを一意に特定するのにもっとも効率的な方法は、候補の数を繰り返し半分にしていく、というものだからだ。

8 人々が最終的にこれらの状態に到達しうるような意思決定の基準はたくさんある。人々が結果的にスタジアムや客席の上半分に座ることになるような行動の多様性については、Thomas Schelling, *Micromotives and Macrobehavior*

(New York: W. W. Norton, 2006)の第1章がたいへんわかりやすい。

9　Manfred Eigen, *From Strange Simplicity to Complex Familiarity: A Treatise on Matter, Information, Life and Thought* (Oxford: Oxford University Press, 2013), 310.

10　Tomas Rokicki et al., "The Diameter of the Rubik's Cube Group Is Twenty," *SIAM Journal on Discrete Mathematics* 27, no. 2 (2013): 1082–1105.

11　最初、ルービック・キューブを完成させるのに必要な手数は1981年7月時点で52手と見積もられていた。その後、手数は徐々に短くなり、1990年に42手、2000年に29手、2008年に22手となり、最終的に20手に達した。"Mathematics of the Rubik's Cube," Ruwix, http://ruwix.com/the-rubiks-cube/mathematics-of-the-rubiks-cube-permutation-group/を参照。

12　情報には非周期性とさまざまな長さの相関が含まれるという考えは、Douglas R. Hofstadter, *Gödel, Escher, Bach: An Eternal Golden Braid* (New York: Basic Books, 1979)（邦訳：ダグラス・ホフスタッター著『ゲーデル、エッシャー、バッハ――あるいは不思議の環』野崎昭弘・柳瀬尚紀・はやしはじめ訳、白揚社、2005）でも考察されている。たとえば、第6章「意味の所在」を参照。

13　近年では、情報の概念から生まれた手法を用いて、遺伝子間物質と考えられていたもののなかで新しい遺伝子が次々と特定されている。Anne-Ruxandra Carvunis et al., "Proto-genes and De Novo Gene Birth," *Nature* 487, no. 7407 (2012): 370–374を参照。

14　Dave Munger, "A Simple Toy, and What It Says About How We Learn to Mentally Rotate Objects," *Cognitive Daily* blog, September 17, 2008, http://scienceblogs.com/cognitivedaily/2008/09/17/a-simple-toy-and-what-it-says および Helena Örnkloo and Claes von Hofsten, "Fitting Objects into Holes: On the Development of Spatial Cognition Skills," *Developmental Psychology* 43, no. 2 (2007): 404を参照。

第3章　永遠の異常

1　タイムトラベル映画では日常茶飯事だが、過去、現在、未来という考え方には問題がある。未来は存在しない、というのが現在の物理学の理解だ。未来はその瞬間その瞬間に構築される。実際、完全には予測できないような方法で、直前の過去から絶えず計算されている現在があるだけなのだ。ただし、現在が直前の過去から計算されているといっても、遠い過去の情報の影響を否定しているわけではない。現在に影響を及ぼすには、直近の過去のどこかに情報が物理的に具象化される必要がある、ということが言いたいのだ。

2　物理学では、このような性質は「対称性」と呼ばれる。対称とは、ある物理学モデルの結果に影響を及ぼさないような変数の変更と考えられる。時間反転対称性とは、時間tを$-t$に変換しても、運動方程式が依然として成り立つケースを指す。この場合、時間が逆向きに進む世界は、その運動方程式を導き出すのに用いられた物理原理と矛盾するわけではないので、その原理に関しては有効ということになる。

3　「自由エネルギー」とは、ある系の内部で仕事を生み出すのに使えるエネルギーとして定義される専門的概念である。熱エネルギーは含まれない。高い棚の上にボウリングの球《たま》があるとしよう。この系全体のエネルギーは、ボウリングの球の熱エネルギー（球の温度は絶対零度ではないため）と、棚の上にある球の位置エネルギーの和だ。このうち、位置エネルギーだけが自由エネルギーである。

4　Nobel Media AB, “The Nobel Prize in Chemistry 1977,” www.nobelprize.org/nobel_prizes/chemistry/laureates/1977.

5　渦中の水分子の速度分布はとうていランダムではないので、渦は情報に富んだ定常状態といえる。しかし、プリゴジンはこう記している。「長い間、乱流は無秩序や雑音と同一視されていた。今日《こんにち》では、われわれはそうでないことを知っている。事実、巨視的スケールでは乱流は不規則あるいは混沌として見えるが、ミクロのスケールでは逆で、高度に組織化されているのである」。Ilya Prigogine and Isabelle Stengers, *Order Out of Chaos: Man's New Dialogue*

with Nature (New York: Bantam, 1984), 141.（邦訳：I・プリゴジン&I・スタンジェール著『混沌からの秩序』伏見康治・伏見譲・松枝秀明訳、みすず書房、1987、202ページより引用）

6　Ilya Prigogine, “Étude thermodynamique des phénomènes irréversibles,” PhD thesis, Université Libre de Bruxelles, 1947.

7　L. M. Martyushev and V. D. Seleznev, “Maximum Entropy Production Principle in Physics, Chemistry and Biology,” *Physics Reports* 426, no.1 (2006): 1–45.

8　Ilya Prigogine and Grégoire Nicolis, “Biological Order, Structure and Instabilities,” *Quarterly Reviews of Biophysics* 4, nos. 2–3 (1971): 107–148. 統計物理学、秩序、生命の関係に関するより最近の議論については、Jeremy L. England, “Statistical Physics of Self-Replication,” *Journal of Chemical Physics* 139, no. 12 (2013): 121923を参照。

9　この思考実験は物理的には正確とはいえない。渦を凍らせれば、渦は停止してしまうだろう。しかし、人間には想像力があるので、脳内で実験を行なうことはできる。渦を凍らせるところを想像してもらったのは、あくまでも説明のためだ。

10　もちろん、水分子の位置情報は残るだろうが、その速度、つまり運動量に含まれる情報は消失する。

11　DNAに遺伝情報が含まれることを示す1944年のアベリー＝マクラウド＝マッカーティの実験は、シュレーディンガーの著書の刊行と時期が重なった。そのため、シュレーディンガーは、たんぱく質ではなくDNAに遺伝情報が含まれることを知らなかった。

12　この点は見るスケールによって変わる。固体が凍っていると考えられるのは、固体の構造が変化しないほど熱変動が小さい場合だ。室温下における建物や自動車はそうだ。一方、たんぱく質は、秩序と無秩序のすれすれで生きている。熱変動はたんぱく質の折り畳みにとって重要な意味を持つが、たんぱく質の構造は、室温で起こる熱変動に対しては依然として安定している。

13　専門用語では「分岐（bifurcation）」と呼ばれる。分岐は非線形性を持つ系で起こる。非線形性は、ある中間化合物{M}または生成物{O}の生成に、それぞれ投入物{I}および中間化合物{M}の組み合わせが必要であるという事実から生じる。

14　これはStuart Kauffman, *The Origins of Order: Self-Organization and Selection in Evolution* (New York: Oxford University Press, 1993)で説明されている中心的な概念のひとつであり、彼のランダムなブール式ネットワーク・モデルの示唆するところでもある。

15　詳しい説明については、前出のPrigogine and Stengers, *Order Out of Chaos*（『混沌からの秩序』）と、Ilya Prigogine and Isabelle Stengers, *The End of Certainty: Time, Chaos, and the New Laws of Nature* (New York: Free Press, 1997)を参照。

第4章　脳に生まれて

1　なぜ比喩として結晶を選んだのか？　結晶は、静的で秩序立った原子の配列である。製品を作るとき、私たちは形のあるモノやデジタルのモノを作るわけだが、それはずっと流動的で動的なプロセスである「想像」を固体化または凍結したものといえる。いったん自動車を作ると、その車は2015年モデルとなり、次世代モデルが登場するまでいわば凍結状態となる。同じことが本書にもいえる。仮にのちの版で改訂があったとしても、初版に物理的に具象化された情報を変更することはできない。そういう意味で、私たちの作る製品は想像の結晶といえる。私たちの考えを静的に具象化したものだからだ。

2　経済学では、技術を、ある生産活動から得られる合計経済産出量（利益で表わされる）と、その経済活動で消費される投入量（コストで表わされることが多い）との比率で記述することが一般的だ。この定義は、財政的な観点からすれば魅力的だが、技術を開発する人々がよく使う「技術」という言葉とは一致しない。一般的に、技術者が使う「技術」という単語は情報パケットという意味で使われており、マイクロチップのように形のあるモノと、ソフ

トウェア・ライブラリのようにデジタルのモノを含み、何かを成し遂げる人間の能力を広げるものを指す。技術は何かを高速化したり効率化したりするだけではない。不可能を可能にし、新しい物事を成し遂げられるようにするのだ。経済学で使われている従来の技術の定義に従うなら、産出量に影響を及ぼさずに給料をカットすれば、技術が向上したことになる。少ない投入量で同じ産出量を実現できるからだ（全要素生産性の増加）。しかし、技術者の観点から見ると、これはとうてい技術の向上とはみなせない。新しい物事を成し遂げる能力は向上しないからである。

3　当然、この輸出自体を行なっているのは、国ではなく会社である。しかし、国の輸出全体は数多くの会社の輸出を合計したものなので、単純化のため、ここでは国単位で輸出について論じていきたいと思う。

4　“Products That Chile Exports to South Korea (2012),” Observatory of Economic Complexity, MIT Media Lab, http://atlas.media.mit.edu/explore/tree_map/hs/export/chl/kor/show/2012.

5　“Products That Chile Imports from South Korea (2012),” Observatory of Economic Complexity, MIT Media Lab, http://atlas.media.mit.edu/explore/tree_map/hs/import/chl/kor/show/2012.

6　アンガス・マディソンによる歴史的なGDPの推定によると、1900年時点で、チリのひとり当たりGDPは2194ドル（恒常ドル）だったのに対し、スペインが1786ドル、スウェーデンが2083ドル、フィンランドが1877ドルだった。

7　“Products Exported by Chile (2012),” Observatory of Economic Complexity, MIT Media Lab, http://atlas.media.mit.edu/oi5z2n .

8　厳密には、チリの平均世帯人数の正式な推定値は2.9人。www.ministeriodesarrollosocial.gob.cl/casen2009/familia.php を参照。

9　International Energy Agency, “Electricity/Heat in World in 2009,” www.iea.org/stats/electricitydata.asp?COUNTRY_CODE=29 .

10　その前にも、石油は灯油ランプの燃料として使われていたが。

11　Nikola Tesla, *My Inventions* (n.p.: Philovox, 2013).（邦訳：ニコラ・テスラ著『テスラ自伝――わが発明と生涯』新戸雅章訳、テスラ研究所、2009）

12　人間が効用を最大化するために行動するという世界観は、その経験的検証、つまり顕示選好という概念と組み合わせて考えると、論理的に脆弱であることがわかる。単純にいえば、理論（効用の最大化）と経験的検証（個人の選択に個人の選好が反映されること）とを別個に考えてみると、この議論が循環論であることが理解しやすくなる。個人は効用を最大化するという考えを仮説と考えると、この仮説を検証するには、個人が効用を最大化しないような結果を取りうるテストが必要である。顕示選好はこのテストには当たらない。顕示選好は、個人の取る行動は常にその人にとってもっとも好ましい選択と一致するものと仮定するので、その構造からして、個人が効用を最大化しないような結果を取りうるテストではないのだ。したがって、効用の最大化と顕示選好という概念の組み合わせは、個人が自己利益等のために行動する証拠とは考えられない。フランシス・フクヤマはこの点を見事に指摘している。効用の最大化という概念に対する経済学者の態度に関して、彼はこう記す。「このような問題点を回避するために、〝効用〟の定義の拡大を試みる経済学者もいる。彼らは、快楽やお金のほかに、〝正しいことをすること〟の代償として得られる〝精神的な喜び〟や、他の人々が消費してくれることに対して感じる〝喜び〟といった他の動機づけも考慮に入れようと試みている。さらに、経済学者たちによれば、何が有用かということは、それが人々によって選択されたときにはじめて、すなわち〝顕示された選好〟によってはじめて明らかになる。これによれば、奴隷制度をやめさせるために死んでいく奴隷制度廃止論者と、利子率を予測して山を張る投資銀行家は、ともに〝効用〟を追求している、と言われる。両者の違いは、前者の効用が精神的な種類のものだということだけにすぎないとされる。こうして極限に至ると、〝効用〟はまったく形式的な概念に転化してしまうので、人々の追求する目的もしくは選好はすべてこの概念を使って説明できるということになる。しかし、このタイプの単なる形だけの効用の定義は、経済学の基本的な前提を、人々はそれが何であれ最大化しようと決めたことを最大化するという主張に、すなわちモデルからいっさいの興趣もしくは説明力を奪う無内容な言説に変えてしまう」。Francis Fukuyama, *Trust: The Social Virtues and the*

Creation of Prosperity (New York: Free Press, 1995), 19.（邦訳：フランシス・フクヤマ著『「信」無くば立たず』加藤寛訳、三笠書房、1996、54ページより引用）

第5章　増幅エンジン

1　この点は、都市活動家のジェイン・ジェイコブズの考えと一致する。ジェイコブズは、経済における私利私欲の重要性について訊《たず》ねられると、こう答えた。「あなたは経済についていちばん大事なことを忘れています。欲望の対象がなければ、欲望などありえないのです」。経済の性質に関するジェイン・ジェイコブズのインタビュー動画は、https://www.youtube.com/watch?v=UPNPpdBCqzUにある。

2　George Johnson, *The Ten Most Beautiful Experiments* (New York: Knopf, 2008), 76–86.（邦訳：ジョージ・ジョンソン著『もうひとつの「世界でもっとも美しい10の科学実験」』吉田三知世訳、日経BP社、2009、112〜127ページ）

3　私の独断により、この例は大幅に拡張させていただいた。ウィーナーの著書に出てくる例はかなり複雑なうえに、おかしな冷戦の政治議論と絡み合っているからだ。Norbert Wiener, *The Human Use of Human Beings: Cybernetics and Society* (Boston: Houghton Mifflin, 1950).（邦訳：ノーバート・ウィーナー著『人間機械論――人間の人間的な利用』〔第2版新装版〕鎮目恭夫・池原止戈夫訳、みすず書房、2014）

第6章　個人の限界

1　どういう産業がどこにどうして立地するのかという疑問から、少なくとも4つの理論的な研究潮流が生まれた。産業クラスターに関する研究、「新経済地理学」（新古典派的な研究潮流）、制度や文化に着目する経済地理学、そして進化経済地理学である。これらの研究潮流は、学問の連携や分裂を反映したものともいえるが、私は学問の分裂として説明するつもりはない。むしろ、経済的優位性の源泉や、さまざまな立地に見られる産業の多様化や専門化の

パターンについて、どう概念化しているかという観点で説明したいと思う。

最初に考えるのは、個人の役割を強調するアプローチである。これにはポール・クルーグマン、藤田昌久、アンソニー・ベナブルズの新古典派的アプローチが含まれる。クルーグマンが説明するとおり、新経済地理学は、産業が特定の立地に集積する理由を解明するための理論的な試みである。新経済地理学の目標は、完全に内生的な一般均衡モデルを確立することだ。それは資金や資源に関する制約が重視され、供給、需要、人口がモデル自身から内生的に決まるようなモデルである。この目標を実現するため、新経済地理学では、こうしたモデルを扱いやすくするためのいくつかの理論的トリックを用いる。たとえば、ディキシットとスティグリッツの独占的競争モデル（Avinash K. Dixit and Joseph E. Stiglitz, "Monopolistic Competition and Optimum Product Diversity," *American Economic Review* 67, no. 3〔1977〕: 297–308）やポール・サミュエルソンの氷山コスト（Paul A. Samuelson, "The Transfer Problem and Transport Costs, II: Analysis of Effects of Trade Impediments," *Economic Journal* 64, no. 254〔1954〕: 264–289）を用いるものがある。しかし、これらのモデルは、その非常に定型化された性質から、経験的検証が妨げられてきた。実際、モデルを調整しようという初期の試みでは、実体経済で観察されるよりも集積の度合いが強くなる傾向があることがわかった（たとえば、Paul Krugman, "What's New About the New Economic Geography?," *Oxford Review of Economic Policy* 14, no. 2〔1998〕: 7–17などを参照）。また、証拠を探そうとする近年の試みでは、答えよりも論議を呼び込む結果となった（たとえば、Stephen J. Redding, "The Empirics of the New Economic Geography," *Journal of Regional Science* 50, no. 1〔2010〕: 297–311などを参照）。

個人に着目するとはいえ、新経済地理学とは異なるもうひとつのアプローチが、都市理論家のリチャード・フロリダの研究だ。フロリダは、都市集積の競争力は主にクリエイティブな人材を惹きつけられるかどうかで決まると強く主張してきた（Richard Florida, *The Rise of the Creative Class and How It's Transforming Work, Leisure, Community, and Everyday Life*〔New York: Basic Books, 2002〕〔邦訳：リチャード・フロリダ著『クリエイティブ資本論——新たな経済階級の台頭』井口典夫訳、ダイヤモンド社、2008〕）。

個人の役割ではなく、地域の性質や、その地域に所在する企業のネットワークの性質に着目するアプローチもある。そのひとつが産業クラスターに着目したもので、ハーバード・ビジネス・スクール教授のマイケル・ポーターと結びつけられることが多い（たとえば、Michael E. Porter, *On Competition*

〔Boston: Harvard Business School Press, 2008〕〔邦訳：マイケル・E・ポーター著『競争戦略論』竹内弘高訳、ダイヤモンド社、1999〕を参照)。しかし、この研究は、より原始的な形とはいえ、アルフレッド・マーシャルの19世紀の産業地帯の研究までさかのぼることができる（たとえば、*Principles of Economics*〔London: Macmillan, 1890〕〔邦訳：アルフレッド・マーシャル著『経済学原理』馬場啓之助訳、東洋経済新報社、1965～1967〕を参照)。ポーターは、需要条件、要素条件、戦略、関連産業の観点から産業クラスターについて論じている。最後の項目に関しては、彼は地域の価値連鎖（value chain）の重要性を強調し、アルバート・ハーシュマンの後方連関に関する研究に一定の同意を見せている（たとえば、Albert O. Hirschman, "The Strategy of Economic Development," in A. N. Agarwal and S. P. Singh, eds., *Accelerating Investment in Developing Economies*〔London: Oxford University Press, 1969〕を参照)。

地域の役割を強調するアプローチとしては、経済地理学者たちのアプローチがある。経済地理学者たちは、地域の性質の違いを説明するのに貢献してきた。たとえば、ある立地の特徴の違い、特に社会制度や公的制度の違いに基づいて、産業クラスターの構成の違いを説明する、制度論的な研究がある（一例を挙げると、Francis Fukuyama, *Trust: The Social Virtues and the Creation of Prosperity*〔New York: Free Press, 1995〕〔『「信」無くば立たず』〕、AnnaLee Saxenian, *Regional Advantage*〔Cambridge, MA: Harvard University Press, 1996〕〔邦訳：アナリー・サクセニアン著『現代の二都物語』山形浩生・柏木亮二訳、日経BP社、2009〕、Daron Acemoglu and James A. Robinson, *Why Nations Fail: The Origins of Power, Prosperity, and Poverty*〔New York: Crown Business, 2012〕〔邦訳：ダロン・アセモグル＆ジェイムズ・A・ロビンソン著『国家はなぜ衰退するのか――権力・繁栄・貧困の起源』鬼澤忍訳、早川書房、2013〕がある)。たとえば、ふたつの産業クラスターの構成と成功の違いを、そのクラスターで働く人々の文化（宗教、家族志向の強さなど)、またはその場所の公的な規則という観点から説明しようとする議論は、それぞれ社会制度、公的制度に基づく理論に分類されるだろう。

最後が進化経済地理学の研究だ。知識が企業やそのネットワークにどう蓄積していくかを考察するものだ。この研究は、リチャード・R・ネルソンとシドニー・G・ウィンターの提唱する「ルーティーン」の概念に基づき（Richard R. Nelson and Sidney G. Winter, *An Evolutionary Theory of Economic Change*〔Cambridge, MA: Harvard University Press, 1982〕〔邦訳：リチャード・R・

ネルソン＆シドニー・G・ウィンター著『経済変動の進化理論』角南篤・田中辰雄・後藤晃訳、慶應義塾大学出版会、2007〕)、会社に埋め込まれた知識の暗黙性、暗黙知を吸収する企業の能力、知識の再結合に着目している。これはシュンペーターの発想に刺激を受けたものだ（たとえば、Joseph A. Schumpeter, *The Theory of Economic Development: An Inquiry into Profits, Capital, Credit, Interest, and the Business Cycle*〔Cambridge, MA: Harvard University Press, 1934〕)。進化経済地理学の研究とほかのアプローチを見事に比較した考察として、Ron A. Boschma and Koen Frenken, "Why Is Economic Geography Not an Evolutionary Science? Towards an Evolutionary Economic Geography," *Journal of Economic Geography* 6, no. 3 (2006): 273–302がある。

2 経済主体がみずからの作るものの作り方を理解しなければならないという考えは、単純すぎるとはいえ経済学に深く染みついた一部の前提に疑問を投げかけた。経済学者のリカルド・ハウスマンとダニ・ロドリックは、起業家がある場所における生産コストを探索しなければならないという事実に注目を促している。こうした探索コストは主流派経済学のモデルに欠けていた要素である（Ricardo Hausmann and Dani Rodrik, "Economic Development as Self-Discovery," *Journal of Development Economics* 72, no. 2〔2003〕: 603–633)。

3 Michael Polanyi, *The Tacit Dimension* (Garden City, NY: Doubleday, 1966), 4.（邦訳：マイケル・ポランニー著『暗黙知の次元』高橋勇夫訳、筑摩書房、2003、18ページより引用）

4 Walter Powell, "Neither Market nor Hierarchy," *Research in Organizational Behavior* 12 (1990): 295–336. 暗黙知の詳しい議論は、Richard R. Nelson and Sidney G. Winter, *An Evolutionary Theory of Economic Change* (Cambridge, MA: Harvard University Press, 1982), ch. 4, sec. 2（邦訳：リチャード・R・ネルソン＆シドニー・G・ウィンター著『経済変動の進化理論』第4章の第2節）にある。

5 社会的学習の独創的な入門書として、Albert Bandura, *Social Learning Theory* (Englewood Cliffs, NJ: Prentice-Hall, 1977)（邦訳：A・バンデュラ著『社会的学習理論——人間理解と教育の基礎』原野広太郎訳、金子書房、2012）がある。特に原書305〜316ページを参照。社会的学習の優位性や利点を実験的に実証した最近の例としては、Luke Rendell et al., "Why Copy Others? Insights from

the Social Learning Strategies Tournament," *Science* 328, no. 5975 (2010): 208–213がある。

6　厳密にいうと、同じ施設や環境にアクセスすることで学習するのは、社会的学習ではなく文脈ベースの学習（context-based learning）の一種である。

7　もちろん、人間の認知能力には個人差がある。そのため、ほかの人より多くのパーソンバイトを保持できる人もいる、という反論もあるだろう。しかし、認知能力の個人差は、世界一優秀な人が保持できる知識の量と、社会全体が保持できる知識の量との差と比べれば、はるかに微小である。したがって、複雑な製品や人々のネットワークを含む集団的なプロセスについて理解するには、パーソンバイトを生産的知識の基本単位と考えるのが便利なのだ。

8　念のために指摘しておくと、経済機能としては、大量の知識を蓄積する人間のネットワークが持つ能力は、社会的ネットワークの経済的重要性について論じるときによく強調される経済機能とは異なるものである。一般的に、社会的ネットワークは情報の移転、報酬や罰、信頼のみなもとという形で経済に影響を及ぼす。社会学者のマーク・グラノヴェッターはこう説明する。「社会構造、特に社会的ネットワークという形の社会構造は、主に3つの理由で経済的成果に影響を及ぼす。ひとつめに、社会的ネットワークは情報の流れと質に影響を及ぼす。多くの情報は繊細で、ニュアンスを持ち、検証しにくいので、人々は匿名の情報源を信じず、知り合いに頼ろうとする。ふたつめに、社会的ネットワークは報酬と罰の重要な源泉である。報酬と罰は、個人的な知り合いから与えられると影響力を増すことが多いからだ。3つめに、信頼、つまり何の得がなくても〝正しい〟ことをしてくれるだろうという他者への確信は、もしも生まれるとすれば社会的ネットワークのなかで生まれる」（Mark Granovetter, "The Impact of Social Structure on Economic Outcomes," *Journal of Economic Perspective* 19, no. 1〔2005〕: 33–50より）。社会的ネットワークと経済ネットワークを関連づける研究については、第8章でより詳しく考察する。

9　社会的学習が知識の蓄積を遅らせるといえるのは、社会的学習の機会を見つけるのは難しく、コストがかかるからだ。一般的に、社会的学習が存在するとほかの学習の速度は上がる。専門家から学ぶほうが早いからだ。ここで言

いたいのは、具体的な知識の習得に必要な社会的学習の機会を見つけるのは個人にとって難しいので、社会的学習が必要になると知識の蓄積が遅くなる、ということである。

10 遺伝子が人間の行動に対して及ぼす影響について見事に説明している名著として、Steven Pinker, *The Blank Slate: The Modern Denial of Human Nature* (New York: Penguin, 2003)（『人間の本性を考える』）がある。

11 この数十年間で、遺伝政治学の分野で研究を行なう政治学者や生物学者たちは、支持政党と遺伝学を結びつける膨大な量の証拠を集めてきた。一卵性双生児および二卵性双生児のデータを、有権者記録や支持政党と照合することで研究を進めてきたのだ。当然ながら、遺伝政治学は議論を巻き起こす研究分野である。ほとんどの人は遺伝子が政党選択を左右しうるとはなかなか受け入れられないというのも一因だし、一部の政治学者が事実を無視して研究結果を無意味だと言い張ったことも一因である。たとえば、Larry Bartels, "Your Genes Influence Your Political Views. So What?," *Monkey Cage* blog, *Washington Post*, November 12, 2013を参照。遺伝政治学の分野に関する一般向けの説明としては、John Hibbing, "Why Biology Belongs in the Study of Politics," *Monkey Cage* blog, *Washington Post*, November 27, 2013がオススメ。政治思想と遺伝学を関連づける学術論文としては、John R. Alford, Carolyn L. Funk, and John R. Hibbing, "Are Political Orientations Genetically Transmitted?," *American Political Science Review* 99, no. 2 (2005): 153–167、Carolyn L. Funk et al., "Genetic and Environmental Transmission of Political Orientations," *Political Psychology* 34, no. 6 (2013), 805–819; Christian Kandler, Wiebke Bleidorn, and Rainer Riemann, "Left or Right? Sources of Political Orientation: The Roles of Genetic Factors, Cultural Transmission, Assortative Mating, and Personality," *Journal of Personality and Social Psychology* 102, no. 3 (2012): 633を参照。遺伝子と政治参加に着目した論文としては、James H. Fowler, Laura A. Baker, and Christopher T. Dawes, "Genetic Variation in Political Participation," *American Political Science Review* 102, no. 2 (2008): 233–248、James H. Fowler and Christopher T. Dawes, "Two Genes Predict Voter Turnout," *Journal of Politics* 70, no. 3 (2008): 579–594、James H. Fowler and Christopher T. Dawes, "In Defense of Genopolitics," *American Political Science Review* 107, no. 2 (2013): 362–374を参照。

12 Brett Stetka, "What Do Great Musicians Have in Common? DNA," *Scientific American*, August 4, 2014.

13 個人間の遺伝的差異のほうが集団間の遺伝的差異よりもずっと大きいという事実は、差別主義的で優生学的な議論をかわす主な根拠である。この説明は、Pinker, *The Blank Slate*（『人間の本性を考える』）の議論の要《かなめ》となっている。

14 人間の脳が持つ知識や情報の保持能力について考えてみるとなかなか面白い。最初にそれを試みたのは、ハンガリーの多才な学者、ジョン・フォン・ノイマンであり、彼はマンハッタン計画に取り組んでいる最中にコンピュータに興味を持った。この話題に関する彼の考察は、著書*The Computer and the Brain* (New Haven, CT: Yale University Press, 1958)（邦訳：ジョン・フォン・ノイマン著『計算機と脳』柴田裕之訳、筑摩書房、2011）で説明されている。この本のなかで、彼は脳の構造はコンピュータとはまるきり別物だと指摘している。コンピュータはふたつの入力を受け取ってひとつの出力を生み出すトランジスタでできているが、脳は最大数万もの入力を受け取ってたったひとつの出力を生み出せるニューロンでできている。この違いは重大だ。彼は脳の周波数を100ヘルツ程度と指摘したが、この値に、入力の多重性を考慮した係数を掛ける必要があるからだ。

脳の記憶容量を概算するには、一般的な人間の脳に存在するニューロンとシナプスの数を調べればよい――ニューロンが約10^{10}個、シナプスが約10^{14}個だ（ニューロン1個につき平均1万個のシナプス）。脳の情報記憶容量を見積もる単純な方法のひとつは、各シナプスをビットとみなすというもので、そうすると100テラバイトという数値が出る。もう少し大胆とはいえやはり単純な見積もりの方法は、すでに形成されているシナプスを1、形成しうるがまだ形成されていないシナプスを0と考えるというものだ。ひとつのニューロンに存在する1万個のシナプスが、それぞれ10万通りのシナプスの集合のなかから選ばれると仮定すると、脳の情報記憶容量は1000テラバイト、つまり1ペタバイトと推定される。

第7章 関係構築のコスト

1 Greg Grandin, *Fordlandia: The Rise and Fall of Henry Ford's Forgotten Jungle*

City (New York: Metropolitan Books, 2009).

2 ほとんどの企業は、ダイムラーとベンツ、ジョブズとウォズニアックのように、少人数のチームから始まるので、実際にはこれらの商品の生産には数パーソンバイトしかかかっていないと主張することもできるだろう。ダイムラーの初期の自動車やApple Iが少人数のグループで生産できるのは確かだが、その後の洗練されたモデルとなるとそうはいかない。企業は事業を拡大してより複雑な製品へと移行するにつれ、大量の生産知識を蓄積していく。したがって、2014年のメルセデス・ベンツ300モデルを製造して世界的に流通させるのが、エンジン駆動の自動車を何台か特別に作るのとは大違いだということを考えると、たとえカテゴリーは同じに見えても、こうした複雑な製品を生産するのにそれだけ多くのパーソンバイトが必要だという事実を受け入れざるをえないだろう。

3 企業の知識の蓄積能力に限界があることだけが、企業が分割する原因である、と結論づけるのは早計すぎるだろう。大半の企業の規模は、もっとわかりやすい別の要因によって制限されている。特に大きいのは、企業が雇える従業員の数だ。しかし、どんなに資金力の豊富な企業であっても、いつかは知識の保持能力が有限であるという壁にぶつかる。この点は、本章でのちほど考察するロナルド・コースの企業理論とも一致し、ある活動を社内で行なうのと市場で調達するのとの価格差に表われる。

4 Ronald H. Coase, "The Nature of the Firm," *Economica* 4, no. 16 (1937): 386–405.（邦訳：ロナルド・H・コース著『企業・市場・法』宮沢健一・後藤晃・藤垣芳文訳、東洋経済新報社、1992の第2章に所収の「企業の本質」）また、John R. Commons, "Institutional Economics," *American Economic Review* 21 (1931): 648–657も開始点として使える。取引コスト理論、制度派経済学、そしてさらに新しい新制度派経済学は、経済主体どうしの相互作用、経済主体どうしを相互作用させる意思決定、そうした相互作用を仲介する契約や統治構造について研究する学問である。この研究分野に関する手引きとしては、Howard A. Shelanski, and Peter G. Klein. "Empirical Research in Transaction Cost Economics: A Review and Assessment," *Journal of Law, Economics, and Organization* 11, no. 2 (1995): 335–361もある。

5　この話はRonald Coase, "The Institutional Structure of Production," *American Economic Review* 82, no. 4 (1992): 713–719より。

6　知らない人のために言っておくと、アインシュタインの台詞はこうだ。「すべての物事はなるべくシンプルにすべきだが、必要以上にシンプルであってはならない（Everything should be made as simple as possible, but not simpler）」。この台詞の歴史、そして本当にアインシュタインが発した言葉なのかどうかについては、http://quoteinvestigator.com/2011/05/13/einstein-simpleを参照。

7　企業の規模を制限するさらにシンプルな理論を考えることもできる。たとえば、雇用のプロセスを関係的な視点でとらえると、つまり人は雇う余裕がある場合にかぎってほかの人を雇うと仮定すると、企業の規模はその収益によって制限されるだろう。

8　Miyoung Kim, "Analysis: Friend and Foe; Samsung, Apple Won't Want to Damage Parts Deal," Reuters, August 27, 2012.

9　Walter Isaacson, *Steve Jobs* (New York: Simon and Schuster, 2011).（邦訳：ウォルター・アイザックソン著『スティーブ・ジョブズ』井口耕二訳、講談社、2015）

10　iPadのゲームに興味のある方には、本篇で紹介した3つに加えて、XCom: Enemy Unknown、Civilization Revolution、シムシティ、Waking Mars、Cyto、Osmosがオススメ。

11　Oliver Williamson, "Transaction-Cost Economics: The Governance of Contractual Relations," *Journal of Law and Economics* 22, no. 2 (1979): 233–261.

12　彼はこれを「投資の特性（investment characteristic）」と呼んでいる。

13　ブライアン・ウッツィは1997年の論文で、衣料品メーカーとその供給業者とのあいだの関係の埋め込みについて詳しく調べている。Brian Uzzi, "Social Structure and Competition in Interfirm Networks: The Paradox of Embeddedness," *Administrative Science Quarterly* 42, no. 1 (1997): 35–67を参照。

14 “Free Exchange: Down Towns,” *The Economist*, August 15, 2013. しかし、通信技術の変化はおおむね質的なものだ。コストの変化を正当に見積もるためには、19世紀終盤の実業家が電子メールのような非同期通信技術や単純なスカイプ通話にいくら支払うかを知る必要があるだろう。そして面白いことに、James Gleick, *The Information: A History, a Theory, a Flood* (New York: Pantheon, 2011)（邦訳：ジェイムズ・グリック著『インフォメーション――情報技術の人類史』楡井浩一訳、新潮社、2013）で著者が見事に説明しているとおり、フランスの発明した腕木通信《テレグラフ》は、腕木《うでぎ》の位置で情報を伝達するという仕掛けに基づいたものだった。「テレグラフ」と聞くと、ふつうの人は電信という意味のテレグラフをイメージするだろう。しかし、この機械的なテレグラフ（腕木通信）は、私たちにとってお馴染みの電気的なテレグラフ（電信）よりもずっと前に存在していたのだ。

15 Coase, “The Institutional Structure of Production”では、標準化という役割こそ、貨幣のもっとも基本的で見落とされがちな性質だと説明されている。

16 現在、USBデバイスを製造するための標準的なライセンス料は年間4000ドル（http://www.usb.org/developers/vendor）。

17 電圧やコンセントの形状のような地域的な標準もあれば、自転車タイヤのサイズ、椅子やテーブルの高さのような、驚くほどグローバルな標準もある。Webは、TCP/IPプロトコル、CSS、HTMLなど、無数の標準の上に構築されたグローバルなシステムの好例といえる。お金も、商業の発展や経済取引の負担を減らす必要性から生まれた標準化技術の一例である。フリードリヒ・ハイエクは1945年の論文（“The Use of Knowledge in Society,” *American Economic Review* 35, no. 4〔1945〕: 519–530〔邦訳：ハイエク著『市場・知識・自由』第2章に所収の「社会における知識の利用」〕）でこの点を指摘したことで有名だ。この論文で、ハイエクはお金を、経済の各所における商品の供給や需要といった情報を明らかにする情報開示メカニズムとしてとらえた。

18 J. C. Scott, *Seeing like a State: How Certain Schemes to Improve the Human Condition Have Failed* (New Haven, CT: Yale University Press, 1998).

19　M. Pagel, "Human Language as a Culturally Transmitted Replicator," *Nature Reviews Genetics* 10, no. 6 (2009): 405–415.

20　Ronen Shahar, Bruno Goncalves, Kevin Hu, Alessandro Vespignani, Steven Pinker, and César A. Hidalgo, "Links That Speak: The Global Language Network and Its Association to Global Fame," *Proceedings of the National Academy of Sciences*, (10.1073/pnas.1410931111〔2014〕).

21　G. F. Davis, *Managed by the Markets: How Finance Re-shaped America* (New York: Oxford University Press, 2009).

22　L. P. Casalino et al., "What Does It Cost Physician Practices to Interact with Health Insurance Plans?," *Health Affairs* 28, no. 4 (2009): w533–w543.

23　Henry J. Aaron, "The Costs of Health Care Administration in the United States and Canada: Questionable Answers to a Questionable Question," *New England Journal of Medicine* 349, no. 8 (2003): 801–803、S. Woolhandler, T. Campbell, and D. U. Himmelstein, "Costs of Health Care Administration in the United States and Canada," *New England Journal of Medicine* 349, no. 8 (2003): 768–775.

24　Woolhandler, Campbell, and Himmelstein, "Costs of Health Care Administration."

25　製造工程の分割には金銭的な動機もあった。Davis, *Managed by the Markets* を参照。

26　Benjamin Ginsberg, *The Fall of the Faculty: The Rise of the All-Administrative University and Why It Matters* (Oxford: Oxford University Press, 2011).

27　Woolhandler, Campbell, and Himmelstein, "Costs of Health Care Administration."

第8章　信頼の重要性

1　あなたの考えを経済学者に真剣に検討してもらいたいなら、世界のどのような側面を経済的議論に組み込もうとしているのであれ、後ろに「資本」という言葉を付けたほうがいい。この例はそのことを示しているといえる。

2　しかし、社会的ネットワークや信頼が持つ経済的な重要性と、経済の主流の記述とを両立させるのは、かねてからの難題である。従来の（新古典派の）経済の記述では、社会構造を形成する市場や公的制度の力が過度に強調されがちだ。そのため、過小に社会化された人間観を採り入れてしまう傾向がある。経済学者の社会理論に対する批判はその正反対といえる。社会学者は過大に社会化された個人を想定してしまう傾向がある、という批判だ。意外にも、こうした批判を有名にしたのは社会学者のデニス・ロングだった。彼は1960年代初頭、社会学者が提唱した過大に社会化された人間観を批判した。詳しくは、“The Oversocialized Conception of Man in Modern Sociology,” *American Sociological Review* 26, no. 2 (1961): 183–193を参照。ジェームズ・コールマンは、社会関係資本に関する独創的な論文のなかで、その両方の批判を繰り広げた。ここでは彼の説明をご紹介したい。“Social Capital in the Creation of Human Capital,” *American Journal of Sociology* 94 (1988): S95–S120.（邦訳：『リーディングス ネットワーク論――家族・コミュニティ・社会関係資本』野沢慎司監訳、勁草書房、2006の第6章に所収のジェームズ・S・コールマン著「人的資本の形成における社会関係資本」金光淳訳、205～207ページより引用）

　社会的行為を記述し、説明するのに二つの代表的な知的潮流が存在する。ひとつは、大部分の社会学者の研究に特徴的なものであるが、行為者は、社会規範、規則、恩義によって社会化され、その行為はそれらに支配されているとするものである。このような知的潮流の利点は、主として、行為を社会的な文脈において記述することができ、行為が社会的な文脈によってどのように陶冶され、制約され、新たな方向を与えられるかを説明できる点にある。

　もう一方の知的潮流は、大部分の経済学者の研究に特徴的なものであるが、行為者とは、おのおの独立に到達される目標を持ち、独立に行動し、まったく自己利益的なものであるとみる立場である。そのような見方の利点は、主として、行為の原則を持っているという点にある。その原則とは、

功利性を最大化するというものである。この行為の原則は、ひとつの経験的一般化（限界効用の低下）と一緒になって、功利主義、契約主義、自然権などのいくつかのバラエティーを持った政治哲学の成長をもたらすと同時に、新古典派経済理論の大成長をもたらした。（中略）

これら二つの知的潮流はともに大きな欠陥を抱えている。社会学的潮流の方は、行為者は「行為のエンジン」を持たないという、理論的な企てとしては決定的な欠陥をもっている。行為者は環境によって陶冶されるが、行為者に目的や方向を与えるような行為の内的なバネが存在しないのである。（中略）

他方、経済学的な潮流の方は、次のような経験的な現実に直面すると逃げ出してしまうことになる。すなわち、人間の行為は社会的文脈によって陶冶され、方向づけ直され、制約されるものであり、規範（norm）、個人間の信頼（trust）、社会的ネットワーク（social networks）、社会組織というものは社会だけでなく経済が機能する際にも重要である、という経験的現実である。

もうひとつ、かねてから社会理論と経済理論のあいだには摩擦の生じている点がある。経済学者たちは、社会構造や社会制度を、社会的相互作用の歴史が何の役割も果たさないような動的または進化的なプロセスとして説明するモデルを構築しようとしてきたのだ。マーク・グラノヴェッターはこう言う。「この学派［新制度派経済学］によって語られる一般的な話は、以前には法的、歴史的、社会的、あるいは、政治的な力の偶然の結果と思われていた社会制度と取り決めが、特定の経済問題の能率的な解決法として考えたほうがよく分かるというものである。その口調は、1940年代から1960年代の構造機能社会学のそれと類似している」（Mark Granovetter, “Economic Action and Social Structure: The Problem of Embeddedness,” *American Journal of Sociology* 91, no. 3 [1985]: 481–510〔邦訳：M・グラノヴェター著『転職――ネットワークとキャリアの研究』渡辺深訳、ミネルヴァ書房、1998の付論Dに所収の「経済行為と社会構造――埋め込みの問題」、249ページから一部修正して引用〕）。フランシス・フクヤマも、同じような観点から制度派経済学を批判している。「経済学者のほとんどは、集団の形成は倫理的習慣には依存しておらず、所有権や契約法のような制度が確立すれば、それに続いて自然に生じて来るものだと決めてかかっている」。Francis Fukuyama, *Trust: The Social Virtues and the Creation of Prosperity* (New York: Free Press, 1995).（邦

訳：フクヤマ著『「信」無くば立たず』98ページより引用）

3 Mark Granovetter, *Getting a Job: A Study of Contacts and Careers* (Cambridge, MA: Harvard University Press, 1974).（『転職』）

4 同上。

5 Nelson D. Schwartz, "In Hiring, a Friend in Need Is a Prospect, Indeed," *New York Times*, January 27, 2013.

6 今や社会関係資本に関する定番書となった著書『孤独なボウリング』で、ロバート・パットナムもグラノヴェッターの一部の見解に同意している。彼は労働市場や融資において社会的ネットワークが経済的に重要であることを強調するため、いくつかの例を考察している。「ロサンゼルスにおいては、過去5年以内に職を探していた白人・黒人女性の3分の2は、直近の、または現在の地位に就くにあたってその会社内の知人の助けを借りていた」。融資に関していえば、韓国系実業家の70パーセントが事業を始めるにあたって資金借り入れを行なっていたが、「そのうち41パーセントは家族から、24パーセントは友人からの借り入れを（金融機関からの37パーセントと比較して）行なっていた」。Putnam, *Bowling Alone: The Collapse and Revival of American Community* (New York: Simon and Schuster, 2000), 320.（邦訳：ロバート・D・パットナム著『孤独なボウリング——米国コミュニティの崩壊と再生』柴内康文訳、柏書房、2006、393ページより一部修正して引用）

7 Granovetter, "Economic Action and Social Structure."（「経済行為と社会構造」）

8 Fukuyama, *Trust*, 49.（邦訳：フクヤマ著『「信」無くば立たず』99ページより引用）

9 パットナムは結束型の社会関係資本と橋渡し型の社会関係資本を区別している。結束型の社会関係資本とは、人々がお互いに目を向けあうような密接なネットワークの内部で生まれる社会関係資本。一方の橋渡し型の社会関係資本とは、人々がネットワークの遠い部分（ロナルド・バートのいう構造的空《くう》隙《げき》）へと簡単に到達できるような社会関係資本。パットナムはこう指摘する。

「結束型社会関係資本が、社会学的な強力接着剤なら、橋渡し型社会関係資本は社会学的な潤滑油である」。Putnam, *Bowling Alone*, 23.（邦訳：パットナム著『孤独なボウリング』20ページより引用）

10　Coren L. Apicella et al., “Social Networks and Cooperation in Hunter-Gatherers,” *Nature* 481, no. 7382 (2012): 497–501.

11　同上。協調性をテストするため、彼らはある公共財ゲームの変種を用いた。つまり、協調性を自己報告で測ったのではなく、個人が協力的にも非協力的にも行動できるような偽の娯楽活動を行ない、どういう行動を取ったかで測ったということだ。

12　Fukuyama, *Trust*, 352.（邦訳：フクヤマ著『「信」無くば立たず』502ページより引用）

13　Coleman, “Social Capital in the Creation of Human Capital.”（「人的資本の形成に関する社会関係資本」）

14　AnnaLee Saxenian, “Inside-Out: Regional Networks and Industrial Adaptation in Silicon Valley and Route 128,” *Cityscape*, May 1996, 41–60.

15　適応性に関する議論は、Walter Powell, “Neither Market nor Hierarchy: Network Forms of Organization,” in Michael J. Handel, ed., *The Sociology of Organizations: Classic, Contemporary, and Critical Readings* (Thousand Oaks, CA: Sage Publications, 2003), 104–117も参照。

16　社会学者のウォルター・パウエルは、「ネットワークは（中略）イノベーションやカスタマイズされた製品を重視する環境に対処するうえで、一定の比較優位を持つ」と指摘した（同上）。ネットワークの適応性が階層構造と比べて高いのは、パートナーシップや連携のほうが社内開発よりも適応の手段としてはすばやいからである（Michael E. Porter and Mark B. Fuller, “Coalitions and Global Strategy,” *Competition in Global Industries* 1, no. 10〔1986〕: 315–343を参照）。しかし、それだけでなく、地域クラスター内の企業が市場やテクノロジーの変化について知るのに欠かせない情報を効率的に伝えられ

るからでもある。

17 Schwartz, "In Hiring, a Friend in Need Is a Prospect, Indeed."

18 Putnam, *Bowling Alone*, ch. 23.（『孤独なボウリング』第23章）

19 Fukuyama, *Trust*, 351（邦訳：フクヤマ著『「信」無くば立たず』501ページより引用）. また、社会制度は地理的に限定されているだけでなく、少なくとも数世代のあいだは、移民とともに移動する傾向もある。ある経済学者たちが発見したように、家族の絆の強さは、家族の規模、社会的な流動性、女性の就労率に影響を及ぼす。しかも、その傾向は数世代がたっても移民のなかで残りつづける。Alberto Alesina and Paola Giuliano, "The Power of the Family," *Journal of Economic Growth* 15, no. 2 (2010): 93–125を参照。

20 Putnam, *Bowling Alone*, 345.（邦訳：パットナム著『孤独なボウリング』426ページより引用）

21 Fukuyama, *Trust*, 113.（邦訳：フクヤマ著『「信」無くば立たず』186～187ページより引用）

22 同62.（邦訳：同117ページより引用）

23. Barry Wellman et al., "Does the Internet Increase, Decrease, or Supplement Social Capital? Social Networks, Participation, and Community Commitment," *American Behavioral Scientist* 45, no. 3 (2001): 436–455.

第9章　経済の複雑性の進化

1 P. M. Visscher, "Sizing Up Human Height Variation," *Nature Genetics* 40, no. 5 (2008): 489–490およびG. Lettre et al., "Identification of Ten Loci Associated with Height Highlights New Biological Pathways in Human Growth," *Nature Genetics* 40, no. 5 (2008): 584–591を参照。

2　ある製品を作るのに必要な知識が存在する場所は1カ所のみだと仮定するつもりはない。前章でお話ししたとおり、この種の知識は分割され、世界じゅうの企業ネットワークに分散されていることが多い。しかし、こうした企業どうしのやり取りには、中間製品の取引が介在している。したがって、ある場所（国や都市など）が自動車を製造している場合、自動車の組み立て方の知識が存在するということ以外は仮定しないものとする。なぜなら、ゴムの処理、金属の精錬、エンジンの製造に必要な知識は、ほかの場所に存在する可能性も十分にあるからだ。

3　生態系の入れ子性に関する文献は幅広く、種と生息地とを関連づける在・不在マトリックスを扱うものと、花と送粉者とを関連づけるような共生ネットワークを扱うものの両方がある。最近の考察として、この話題に興味のある人にまずお勧めするのは、W. Ulrich, M. Almeida-Neto, and N. J. Gotelli, "A Consumer's Guide to Nestedness Analysis," *Oikos* 118, no. 1 (2009): 3–17である。

4　ここでは、ある国がある製品の輸出国であるとは、その製品のひとり当たりの輸出額が世界平均の25パーセントを超える場合とする。そうすることで、その製品の世界市場の規模やその国の人口規模に対して調整を行なうことができる。

5　ホンジュラスとアルゼンチンの場合、このような重複の観察される確率（専門用語でいえばp値）は4.4×10^{-4}である。同じ確率がホンジュラスとオランダでは2×10^{-2}、アルゼンチンとオランダでは4×10^{-3}となる。

6　César A. Hidalgo and Ricardo Hausmann, "The Building Blocks of Economic Complexity," *Proceedings of the National Academy of Sciences* 106, no. 26 (2009): 10570–10575.

7　関連ある多様性（related variety）という概念は、地域経済開発や戦略的マネジメントの分野で人気を集めている。たとえば、Koen Frenken, Frank Van Oort, and Thijs Verburg, "Related Variety, Unrelated Variety and Regional Economic Growth," *Regional Studies* 41, no. 5 (2007): 685–669や、Ron Boschma and Simona Iammarino, "Related Variety, Trade Linkages, and Regional Growth in Italy," *Economic Geography* 85, no. 3 (2009): 289–311を参照。

8　専門的にいうと、馬とシマウマの共通祖先のほうが、馬とワニの共通祖先よりも年代が新しいからである。

9　同時立地や同時輸出に関するデータは、大きな空間的規模で見れば有効だが、小さな空間的規模（地域レベル）で見るとあまり有効ではない。なぜなら、小さな規模では、供給の制約よりも需要要因のほうが同時立地を大きく左右するからだ。たとえば、ある交差点に美容院とパン屋が隣接しているからといって、両産業で用いられる知識が類似しているということにはならない。この場合はむしろ、ふたつのサービスが非常に局所的な需要に応《こた》えていると考えられる。つまり、パンを買ったり髪を切ったりするためだけに別の町に行こうと思う人が少ないのだ。一方、輸出産業はもっと広い地域へとサービスを提供するため、知識の面で有利な立地を探さなければという強い圧力にさらされる。

10　C. A. Hidalgo, B. Klinger, A. L. Barabási, and R. Hausmann, "The Product Space Conditions the Development of Nations," *Science* 317, no. 5837 (2007): 482–487.

11　Dataviva.infoを参照。

12　F. Neffke, M. Henning, and R. Boschma, "How Do Regions Diversify over Time? Industry Relatedness and the Development of New Growth Paths in Regions." *Economic Geography* 87, no. 3 (2011): 237–265、F. Neffke and M. Henning, "Skill Relatedness and Firm Diversification," *Strategic Management Journal* 34, no. 3 (2013): 297–316、およびFrank Neffke and Martin Svensson Henning, "Revealed Relatedness: Mapping Industry Space," *Papers in Evolutionary Economic Geography* 8 (2008): 19.

13　それだけではない。この考え方の正式な数学的モデルを使えば、これらのマトリックスに見られる多様性、同時立地、近接性の分布も説明できるし（R. Hausmann and C. A. Hidalgo, "The Network Structure of Economic Output," *Journal of Economic Growth* 16, 4〔2011〕: 309–342）、これらの変数の時間的な動向も説明できる（この点については、クリスティアン・フィゲロアとともに研究中）。

第10章　第六の物質

1 ただし、物的資本の定義は厳密には機器よりも広い。過去の生産物すべてを指すからである。たとえば、製粉工場が所有する穀物のストックも物的資本といえる。

2 Adam Smith, *The Wealth of Nations* (London: T. Nelson and Sons, 1887), 116.（邦訳：アダム・スミス著『国富論』山岡洋一訳、日本経済新聞出版社、2007、上巻290ページより引用）

3 同上。（邦訳：同『国富論』など）

4 最初、クズネッツは国民総生産（GNP）の概念を生み出し、GNPは当時の正式な指標となった。国内総生産（GDP）がGNPに代わって正式な指標となったのは1990年代のことだ。GDPは国内で生み出された財とサービスについて考えるものだ。GNPは国民が生み出した財とサービスについて考えるものだが、生み出されたのがその国の国境の内側かどうかは問わない。

5 Simon Kuznets, "Modern Economic Growth: Findings and Reflections," *American Economic Review* 63, no. 3 (1973): 247–258.

6 専門的には、全要素生産性はこの統計モデルの残差または誤差項に当たるものである。また、経済学者は全要素生産性のことを技術と呼ぶことも多い。しかし、この呼び方は、実際に技術を開発したことのある人が使う「技術」の定義とは意味的なずれがある。経済学の用語でいう技術とは、それが何であれ、同じコストでより多くのことを行なう能力である。技術の発明者にとって、技術とは、まったく新しい物事を行なう能力であり、これには新機能の開発も含まれることが多い。たとえば、コンピュータとタイプライターを比べてみよう。書類をタイプする速度が上がるとはいえ、コンピュータは高速なタイプライターではない。なぜなら、コンピュータを使えば、ゲーム、3D建築モデルの作成、3Dプリンタの制御など、タイプライターでは不可能なことができるからだ。しかし、発明者は、「技術」という単語をもっと狭い

意味で、つまり特定の機能を指して使うことも多い。たとえば、巨大磁気抵抗（GMR）は、ハード・ディスクから情報を読み取るのに使われる技術だ。これはシングル磁気記録（SMR）とは異なる。SMRはより最近の情報読み取り手法であり、ハード・ディスクのサイズを数十テラバイトまで押し上げる可能性がある。

7 結合（coupled）常微分方程式という数学の概念に基づく。

8 Wassily Leontief, "Theoretical Assumptions and Non-observed Facts," *American Economic Review* 61, no. 1 (1971): 1–7.

9 Michael Porter, *On Competition* (Boston: Harvard Business School Press, 2008), 188（邦訳：ポーター著『競争戦略論』Ⅱ巻14〜15ページより一部修正して引用）. 集計を避けるべきだと訴えてきたほかの経済学者としては、エスター・デュフロ、アビジット・バナジー、ロバート・ルーカスがいる。デュフロとバナジーは、経済内の生産性の差が大きすぎるために、集計的生産関数という概念が無意味と化しているという証拠を示している。Abhijit V. Banerjee and Esther Duflo, "Growth Theory Through the Lens of Development Economics," in *Handbook of Economic Growth*, vol. 1, ed. Philippe Aghion, 473–552 (Amsterdam: Elsevier, 2005)を参照。ノーベル賞を受賞したロバート・ルーカスは、「経済発展に関する理論、いや、何に関する理論であれ、正しい理論は集計的なモデル化にとどまるものであってはいけない」と主張した。実際、ルーカスはレオンチェフに同意し、その経済が生み出す製品の多様性の増加も盛り込む必要があると主張した。「奇跡的な成長が数十年間にわたって持続するには、単に一定の商品について継続的に学習するのではなく、新しい商品を継続的に導入する必要があるのだ」。R. E. Lucas, "On the Mechanics of Economic Development," *Journal of Monetary Economics* 22, no. 1 (1988): 3–42を参照。

10 Paul M. Romer, "Endogenous Technological Change," *Journal of Political Economy* 98, no. 5 (1990): S71–S102.

11 N. G. Mankiw, D. Romer, and D. N. Weil, "A Contribution to the Empirics of Economic Growth," *Quarterly Journal of Economics* 107, no. 2 (1992): 407–437.

12　1960〜1985年の中等学校における労働年齢の人々の割合の平均が使われた。

13　A. W. Woolley, C. F. Chabris, A. Pentland, N. Hashmi, and T. W. Malone, “Evidence for a Collective Intelligence Factor in the Performance of Human Groups,” *Science* 29, vol. 330, no. 6004 (2010): 686–688, http://www.sciencemag.org/content/330/6004/686.

14　Ronald S. Burt, *Brokerage and Closure: An Introduction to Social Capital* (Oxford: Oxford University Press, 2005).

15　橋渡し型の社会関係資本に関する研究については、Ronald S. Burt, *Structural Holes: The Social Structure of Competition* (Cambridge, MA: Harvard University Press, 2009)、Ronald S. Burt, “The Contingent Value of Social Capital,” *Administrative Science Quarterly* 42, no. 2 (1997): 339–365、Ronald S. Burt, “Secondhand Brokerage: Evidence on the Importance of Local Structure for Managers, Bankers, and Analysts,” *Academy of Management Journal* 50, no. 1 (2007): 119–148、およびAlex Pentland, *Social Physics: How Good Ideas Spread: The Lessons from a New Science* (New York: Penguin, 2014)（邦訳：アレックス・ペントランド著『ソーシャル物理学——「良いアイデアはいかに広がるか」の新しい科学』小林啓倫訳、草思社、2015）を参照。

16　John F. Heliwell and Robert D. Putnam, “Economic Growth and Social Capital in Italy,” *Eastern Economic Journal* 21, 3 (1995): 295–307、Stephen Knack and Philip Keefer, “Does Social Capital Have an Economic Payoff? A Cross-Country Investigation,” *Quarterly Journal of Economics* 112, no. 4 (1997): 1251–1288、およびPaul J. Zak and Stephen Knack, “Trust and Growth,” *Economic Journal* 111, no. 470 (2001): 295–321を参照。

17　私はこの漫画がFacebookで広まるのを何度か目撃した。残念ながら、出所が不明なため、適切な出典を付けられなかった。

18　また、価格によって人々のニーズと商品の供給との相互関係が明らかになるとも仮定している。つまり、需要と供給の関係により、価格から商品の価値がわかるということだ。

19 レオンチェフは投入産出表の作成に生涯の大部分を割いた。投入産出表はお互いに投入物を購入しあう産業どうしを関連づけたものである。レオンチェフは、私たちがダッシュボードでよく目にするGDPのような集計的な指標にとどまらない方法で経済を記述したいと考えた。いわば、〝ボンネットの中身が見える〟ような経済の記述を生み出したかったのだ。

> 建設的な行動を取る前の理解の段階として、国際統計や、「開発」のような大まかな単語の内側を見通す必要がある。経済システムは、たとえ発展途上国の経済であっても、複雑な内部構造を持つ。時計の針の動きが内部の歯車によって制御されるのと同じで、経済の成果は、個々の構成要素の相互関係によって決まるのだ。

レオンチェフはこの考えを断固として訴えつづけた。彼の考えは集計の使用とは逆のものだった。

> 「国民総生産」「総産出額」「製造業付加価値」「個人消費支出」「連邦政府支出」「輸出額」——こうした国民経済計算の項目は、経済システムのお馴染みの外的特徴を記述したものだ。近年、経済システムを学ぶ人々や管理する人々は、こうした集計的な用語では明確に提起することすらできない多くの疑問に直面している。今や、その疑問に答えるには、〝ボンネットの中身〟、つまり経済システムの内部の働きを見る必要があるのだ。

彼は自身の考えを実現するために、ほかの経済学者だけでなく、当時の技術とも格闘しなければならなかった。レオンチェフは投入産出表の作成を目指していたが、1950年代と60年代のコンピュータにとっては計算の負荷が高すぎた。それでも、早くも1965年には、アメリカの81部門を含む投入産出表を作ることに成功した。しかし、レオンチェフのビジョンは後世の人々によって完全に実現したとはいえなかった。コンピュータが強力になり、技術的な制約が減っても、投入産出表が大幅に細分化されることはなかった。現在、毎年作成されているアメリカの投入産出表には69の産業しか含まれていない。アメリカは5年おきに、この経済関係を388のカテゴリーに分類した投入産出表を作成している。Googleやヒトゲノム計画の時代にあって、私たちの経済システムの分析方法は、レオンチェフが20世紀半ばに提唱したものと五十歩

百歩の違いしかないのである。

20　この手法の数学的説明や、数学的モデルや関連研究との関係については、まずCésar A. Hidalgo and Ricardo Hausmann, "The Building Blocks of Economic Complexity," *Proceedings of the National Academy of Sciences* 106, no. 26 (2009): 10570–10575、C. A. Hidalgo, "The Dynamics of Economic Complexity and the Product Space over a 42-Year Period," working paper 189, Center for International Development, Harvard University, 2009、Ricardo Hausmann and César A. Hidalgo, "The Network Structure of Economic Output," *Journal of Economic Growth* 16, no. 4 (2011): 309–342、およびRicardo Hausmann and César A. Hidalgo, *The Atlas of Economic Complexity: Mapping Paths to Prosperity* (Cambridge, MA: MIT Press, 2014)を読むことをお勧めする。

21　経済学の文献では、賃金や価格が平衡に達するメカニズムは「均衡」と呼ばれる。均衡が市場全体に作用する場合には「一般均衡」と呼ばれる。これらの例のように市場の一部にのみ作用する場合には「部分均衡」と呼ばれる。

22　深圳《シンセン》のエコシステムについてわかりやすい言葉で説明したものとしては、Joichi Ito, "Shenzen Trip Report: Visiting the World's Manufacturing Ecosystem," *Pulse* blog, LinkedIn, August 17, 2014, https://www.linkedin.com/pulse/article/20140817060936-1391-shenzhen-trip-report-visiting-the-world-s-manufacturing-ecosystemがある。

第11章　知識、ノウハウ、情報の密接な関係

1　Jared M. Diamond, *Guns, Germs and Steel: The Fates of Human Societies* (New York: Random House, 1998).（邦訳：ジャレド・ダイアモンド著『銃・病原菌・鉄――1万3000年にわたる人類史の謎』倉骨彰訳、草思社、2000、下巻75ページより引用）

2　Greg Grandin, *Fordlandia: The Rise and Fall of Henry Ford's Forgotten Jungle City* (New York: Metropolitan Books, 2009).

第12章　物理的秩序の進化——原子から経済まで

1　そして、そういう環境に、情報の増大を促進するエネルギーの流れを与えるとすれば、その温度も上昇させることになるだろう。

情報《じょうほう》と秩序《ちつじょ》
原子から経済までを動かす根本原理を求めて
2017年4月20日　初版印刷
2017年4月25日　初版発行
＊
著　者　セザー・ヒダルゴ
訳　者　千《ち》葉《ば》敏《とし》生《お》
発行者　早　川　浩
＊
印刷所　三松堂株式会社
製本所　大口製本印刷株式会社
＊
発行所　株式会社　早川書房
東京都千代田区神田多町2－2
電話　03-3252-3111（大代表）
振替　00160-3-47799
http://www.hayakawa-online.co.jp
定価はカバーに表示してあります
ISBN978-4-15-209683-8　C0004
Printed and bound in Japan
乱丁・落丁本は小社制作部宛お送り下さい。
送料小社負担にてお取りかえいたします。